U0937794

全球消费电子巨头的时尚品牌打造、产品策略转型与多种营销模式运用

三星品牌攻略

杨　延/著

SAMSUNG STRATEGIES

南方日报出版社

点击 行业巨头·第二辑
DIANJI HANGYE JUTOU

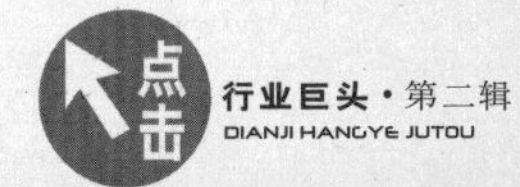

图书在版编目（CIP）数据

三星品牌攻略 / 杨延著.—广州：南方日报出版社，2005
ISBN 7-80652-398-7

Ⅰ.三…　Ⅱ.杨…　Ⅲ.电子工业—工业企业管理—经验—韩国
Ⅳ.F431.266

中国版本图书馆 CIP 数据核字（2005）第 007860 号

三星品牌攻略　　杨延 著

出版发行：南方日报出版社
地　　址：广州市广州大道中 289 号
电　　话：（020）87373998-8502
经　　销：全国新华书店
印　　刷：湛江日报印刷厂
开　　本：787mm×1092mm　1/16
印　　张：16.5
字　　数：250 千字
版　　次：2005 年 5 月第 1 版第 1 次印刷
定　　价：32.00 元

投稿热线：（020）87373998-8503　读者热线：（020）87373998-8502

网址：http://www.nanfangdaily.com.cn/press　http://www.southcn.com/ebook

前 言

一个新兴行业开始时都会有数以百计的竞争者，经历激烈的市场竞争和多次重组后，最终只会有少数几个巨头公司主导整个行业。

如果一个行业全球化，或者当一个行业全球化的时候，随之而来的就是动荡，全球市场将势不可挡地最终形成巨无霸般的行业巨头公司，比如全球快餐业巨头麦当劳，全球零售业巨头沃尔玛、家乐福，等等。

美国著名管理学者杰格迪斯和拉金德拉在长期观察产业发展之后发现，在绝大多数行业，总会有几个最强大而且最有效率的标杆企业，他们控制着70％～90％的市场份额。

对这些可以称得上行业先锋的标杆企业进行长期观察和专门研究，并不仅仅是因为他们作为单个企业在商业上取得的巨大成功，而是要站在行业发展与企业成长的双重背景下，探讨这些行业巨头在特定行业中如何一步步从小到大，如何在特定领域内进行创新，如何获得比竞争对手更大的优势，等等。

三星公司是 21 世纪一颗耀眼的明星，其品牌价值以惊人的速度翻了一倍，由 2001 年的 63.7 亿美元上升到 2003 年的 108.5 亿美元，并连续两年成为全球品牌价值提升最快的公司。三星不仅超过了众多国际知名品牌，而且仅以 5 位之差排在索尼之后，成为亚洲第二大品牌，更是韩国品牌的精神领袖。

三星，创造了一个绝佳的品牌神话。

那么，三星是如何在短短的时间内取得如此令人瞩目的成绩的呢？归纳起来，主要有如下几个方面：

1. 巨额的技术研发投入

三星立志于在所涉及的业务领域做到最强，起到技术领跑者的作用，因此它在技术研发的投入上不惜血本。三星电子的年研发费用超过 40 亿美元，占销售额的 8%。其中，对某些产品——如 CDMA 手机、TFT-LCD 的研发投入则超过了销售额的 10%。三星的专利申请连续多年排在世界前 10 位，也主导着很多行业标准。对研发的巨额投入使得三星的很多产品成为世界第一。

2. 卓越的创新能力

三星认为：不创新就会死。在产品、技术、细节等方面全方位地不断创新正是三星的生命源泉。在数字化时代，三星不断进行新产品的开发，它瞄准 5～10 年后的产品开发，每隔一段时间就推出一些代表最新技术的前沿产品。同时，三星从海外引入一大批人才，投入大笔资金进行新技术的开发工作，从而成为世界顶尖级的技术创新公司。

3. 全力推行 TOP 计划

从 1996 年开始，三星意识到品牌价值在竞争中所起的巨大作用，立志把三星品牌价值迅速提高到世界顶级水平。从此，三星开始大胆地开展全球性的品牌资产管理规划，每年拿出 20 亿美元（体育营销约占 20%）的市场营销费用，并将奥林匹克 TOP 赞助计划作为其体育营销的最高策略。通过一再地赞助 TOP 计划，三星凭借其顶级赞助商的头衔，与可口可乐、柯达这样的世界顶级品牌一起同台表演，跻身于世界一流品牌的行列中。

4. 统一的品牌传播

强有力的品牌传播是树立品牌必不可少的一个方面。当 2001 年全球经济都不景气的时候，三星电子却在全球开始采取统一的品牌传播策略，增加了品牌攻势，加快成为一流电子品牌的速度。三星所有的电视和平面广告的主题都紧紧围绕着品牌的提升，与公司的口号“三星数字世界欢迎您”保持一致，并且不断加强三星公司处在技术前沿地位的公众认知度。通过这种统一的品牌传播，三星迅速有效地提高了品牌知名度、企业形象和产品销量。

5. 灵活多样的营销手段

为了提升品牌形象，三星通过各种可能的营销手段，力求给人以高档的印象。三星电子产品不仅在价格上比同类产品平均高出30个百分点，还从沃尔玛等大型连锁商店中撤出，转而进入品牌专卖店销售。近些年来，三星对重大体育赛事的赞助活动异常热衷，而且频繁地进行以普及数码应用为核心的各种各样的全民数码活动：设立北京数码体验馆，连续举办两届三星Digital Man选拔赛，举办2002年上海Cebit Asia信息技术展览会等。通过灵活多样的营销手段，三星电子崭新的高品质形象和符合消费者需求的生活化产品已经深入人心。

本书以简洁、生动的笔调，从三星的品牌理念、品牌战略、品牌推广、创新法则、与索尼的竞争、品牌的国际化以及在中国的品牌攻略等几个方面进行了详尽而深入的阐释，系统地剖析了三星品牌从无到有、从小到大、从优秀到卓越的成长历程，为各行各业的品牌管理者、企业领导人、电子行业的各级从业人员、致力于品牌研究的学者、学生，以及对品牌管理感兴趣的各界人士提供了富有价值的借鉴和学习材料。

本书还大量采用了我们专为培训而设计的大量的幻灯片，结合三星公司在不同方面的独特做法，生动地讲述了其迅速改变低质廉价的形象、打造世界级强势数码品牌的详细经过。

写作过程中，高涛、江洪俊、李杨、李娟、李晴、刘颖、刘强、潘志航、谭方、王伟、吴妍然、谢云、骆起、孟萍、汪勇、徐玲、闫东、袁龙、张学远、张娟、张丽莉、张树津、邵蕾、周由、祖超、王磊、王培、王艳、王志渊、康丽丽等参与本书资料收集并担任企业采访工作，本书最终得以顺利成书，离不开他们的辛勤付出；南方日报出版社的周山丹编辑以其敬业和专业精神，使得本书得以成功出版，在此一并深表感谢！

最后，要感谢众多读者朋友对此套“点击行业巨头”丛书一如既往的关注与厚爱，我们将不懈追求、精益求精，奉献出更多更好的研究成果。

目 录

第一章 三星的品牌神话

第二章 三星的品牌理念

第三章　三星的品牌战略

关键词点击

品牌战略　自有品牌　数码战略　量产经营　以质经营　先锋形象　战略调整　新经营运动　法兰克福宣言　制造基地　研发中心　企业公民　数字融合革命　工作网络　数字先锋　数字集成　数字化生活　品牌代言人

第四章　三星的营销模式

关键词点击

时尚品牌　体育营销　娱乐营销　游戏营销　公益营销　强势品牌　媒体受众　赞助奥运会　赞助亚运会　“三星快乐时刻”　三星奥运奖　TOP 计划　三星数码馆　黑客手机　品牌影响力　分享式经营　三星文化文库　中韩未来林　全球公民　西部阳光行动

第五章 三星的渠道策略

关键词点击

渠道模式 划区而治 经销商俱乐部 “封闭式”管理 网络化渠道 渠道政策 窜货 SPI管理 表格化管理 “零库存”管理 止损 分利管理 返点 行业渠道 零售渠道 渠道支持 形象店 渠道变革 渠道扁平化 总代理制 区域代理制

第六章 三星的经营理论

关键词点击

第一主义 选择集中 种子产业 苗圃产业 果树产业 枯木产业 技术经营 质量经营 以质取胜 人才经营 速度经营 技术开发模式 生鱼片理论 重建新规则 完美服务 三心服务 “零投诉” E化售后服务体系

第七章 三星的品牌推广

关键词点击

补充式推广 美誉度 科技概念 时尚化推广 引导数字风潮 电子运动会 品牌定位 优势宣传 形象代言 打开数码新世界 媒体投放 数码超人 数码帝国 公关推广 品牌信任度 品牌忠诚度 三星奖学金

第八章 三星的创新法则

关键词点击

“不创新就会死” 产品创新 前沿产品 行业领先优势 先遣部队 可移动网站系统 技术创新 自然影像技术 多媒体通信 细节创新 细节设计 深度创新 以人为本 行业领头羊

第九章 三星的企业文化

关键词点击

执行为王 纠错能力 监察制度 私人小金库 人才第一 三星之星 企业即人 能力主义 适才适用 赏罚分明 绩效评价 强者为王 鼓励创新 内部竞争 容忍失败 “技术谷” 开放式学习 六西格玛管理法 “三星蓝皮书”

第十章 三星的人才管理

关键词点击

人才选拔 责任感 主人翁精神 创新意识 招聘制度 人才汇集中心 新员工培训 员工再培训 三星人力开发院 岗位互换培训 角色意识 总裁学校 适用性分析 自我申告 适应要求 赏罚分明 唯才是用 责任心激励 授权激励 末位淘汰制 忧患意识激励 员工关怀 生涯规划中心

第十一章 三星VS索尼

关键词点击

第一品牌 市场新宠 数字化时代 消费电子 体验经济 科技100强 “转型60”计划 品牌挑战者 集中优势资源 网络时代 新娱乐文化 娱乐经济 WCG电子奥运会 概念产品 随身听时代 水平合作 垂直合作 记忆棒技术

第十二章 三星品牌的国际化

关键词点击

品牌传播 领导品牌 品牌国际化 品牌忠诚度 品牌依赖 核心竞争力 联合作战 经营自主权 企业网络化 全球品牌传播 占领制高点 国际顶级品牌 全球广告运动 数字娱乐 “24/7”策略 情感消费需求

第十三章 三星品牌的中国攻略

关键词点击

品牌战略 全方位投资 战略布点 产业布局 策略定位 “e 站” 多元化策略 生产基地 数码技术领导者 后院工厂 推出新产品 分销策略 本土化渗透 数码应用 业务流程 产业结构 数码解决方案 数码核心技术 技术专利和版权

第一章 三星的品牌神话

创办于 1938 年的三星，起初只是一家小商铺。就在 30 年前，三星也还在为日本三洋公司（Sanyo）打工，制造廉价的 12 英寸黑白电视机。在消费者的心目中，三星只是一个模仿别人制造廉价产品的公司。在美国，三星更被看作是地摊上的廉价产品的代名词。在 20 世纪 90 年代以前，三星的品牌一直都无法与世界上一流的品牌媲美。

然而今天，三星已经一跃成为世界级的一流品牌。

进入 21 世纪后，在两年的时间内，三星的品牌价值以惊人的速度翻了一倍，由 2001 年的 63.7 亿美元上升到 2003 年的 108.5 亿美元，并连续两年成为全球品牌价值提升最快的公司。三星不仅超过了众多国际知名品牌，而且仅以 5 位之差排在索尼之后，成为亚洲第二大品牌，更是韩国品牌的精神领袖。

到了 2004 年，三星的品牌价值继续跃升，在 7 月 23 日美国《商业周刊》发表的“2004 年世界百大品牌”中，韩国三星电子排名第 21 位，品牌价值 125.5 亿美元，比上一年增长 15.7%。该杂志称：“在全球新兴市场公司中，三星公司最为引人注目”。

价格低廉的大路货在短短几年内已经脱胎换骨成长为全球强势大品牌，

■ 三星不仅超过了众多国际知名品牌，而且仅以 5 位之差排在索尼之后，成为亚洲第二大品牌，更是韩国品牌的精神领袖。

三星创造了一个绝佳的品牌神话。

1.1 三星品牌的崛起

如今，三星是世界上最大的记忆芯片及纯平显示器生产商、全球第三大数字电视机生产商、全球第三大 DVD 播放机生产商，包括内存芯片、显示器、显像管、软驱等 19 种电子产品的贴牌生产市场份额全球第一。现在，三星已超过西门子成为全球第三大手机制造商，仅次于诺基亚和摩托罗拉。

在 2003 年 6 月 5 日庆祝其“新经营”理念诞生十周年的聚会上，三星集团会长李健熙为三星描绘了未来的发展蓝图：2010 年营业额要达到 2247 亿美元；将三星的品牌价值从 2002 年的 83 亿美元提升至 700 亿美元；世界排名从第 34 位上升到第一位；市场占有率世界第一；将产品从 19 种发展到 50 种；成为“世界上最受尊敬的企业之一”。

三星品牌是如何崛起的呢?

1.1.1 从“三星商会”到三星集团

1938 年 3 月 1 日，在韩国大邱市成立了一家商号为“三星商会”的企业，这就是三星集团的前身。1947 年，三星商会迁至汉城（首尔），第二年易名为“三星物产公司”。由于朝鲜战争的爆发，三星商会又迁至临时首都釜山，并于 1951 年 1 月更商号为“三星物产株式会社”，一直沿续至今。

创始人李秉喆先生选择“三星”（Samsung）这两个字做商号的名称，是有其深刻含义的。“三星”的“三”表示大、多、强，是朝鲜民族最喜欢

■ 1938 年 3 月 1 日，在韩国大邱市成立了一家商号为“三星商会”的企业，这就是三星集团的前身。

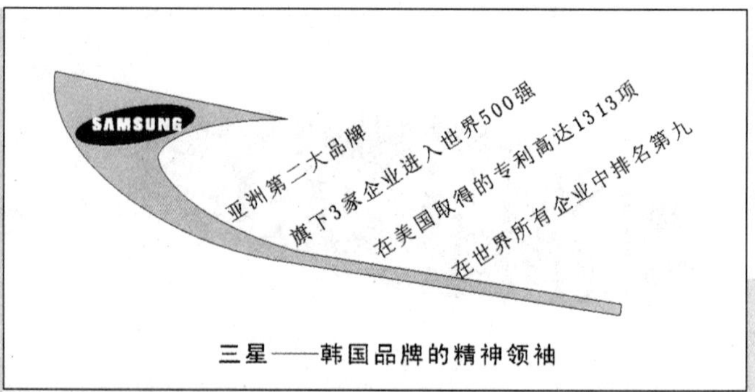

三星——韩国品牌的精神领袖

的一个数字；“星”意味着清澈、明亮、深远和永放光芒。选这两个字做商号的名称，是希望公司天长地久，强大兴旺。

（1）涉足轻纺工业

在战火中开业的“三星物产”经营一年即创利20亿韩元，这个数字相当于资本金的20倍。这给了三星极大的信心，也为其发展奠定了经济基础。1953年6月，朝鲜停战协定签订之前一个月，三星决定进军制造业，并首先选择了制糖业。

1953年8月1日，“第一制糖工业株式会社”注册成立。李秉喆在其自传《湖嵌自传》中写道：“‘第一’，是表示要有一往无前、敢于争先的气概。”糖厂于1953年11月5日正式投产，产品上市后与进口糖展开了竞争。3年后，由于“第一制糖工业株式会社”的作用，韩国结束了进口糖的历史。第一制糖公司的创建和它在经营上的成功，使“三星”被载入了韩国企业发展的史册。

第一制糖公司的成功，极大地鼓舞了“三星”人。1954年9月，从梳毛到织布、印染的毛纺联合企业“第一毛织工业株式会社”的成立又创造了辉煌。“第一毛织工业株式会社”以当时国际一流的技术水平，生产出了可与具有400年毛纺织历史的英国制品相媲美的产品。从此，韩国人穿上了用自己生产出的呢料做成的西装，并使韩国毛织业顺利地完成了进口替代。同时，三星在国际市场上与老牌毛织厂家展开竞争。

（2）跌跤化肥领域

在20世纪50年代前半期，由于制糖厂和毛织厂等企业的成功经营，三星规模大大扩展，并成为韩国最大的企业。从整个韩国经济的走势和战略出

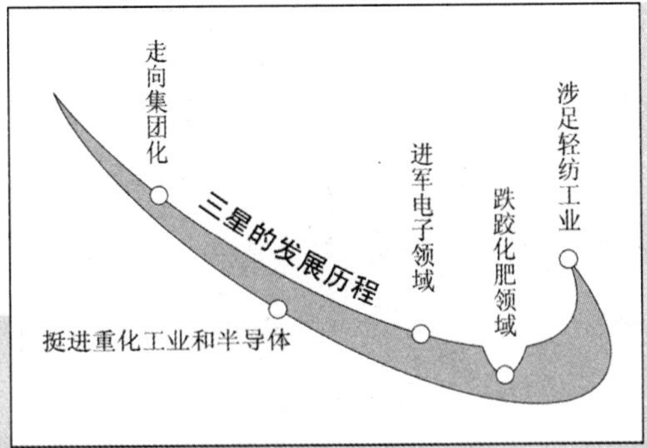

■ 在战火中开业的“三星物产”经营一年即创利20亿韩元，这个数字相当于资本金的20倍。这给了三星极大的信心，也为其发展奠定了经济基础。

发，三星决定建一座现代化的化肥厂。

1964 年，三星正式设立了“韩国肥料株式会社”（简称“韩肥”）。但遗憾的是，在工程即将告成之际，发生了“三星”走私事件，三星最终以向国家交付“韩肥”51％的股份了结此案。几十年后，在国有企业民营化的潮流中，三星人于 1994 年 7 月又将“韩肥”买了回来。

（3）进军电子领域

“韩肥”事件对三星无疑造成了极大的打击。1968 年，三星借鉴日本的经验，决定向电子产业进军。三星发展电子业的基本思路和步骤是，从发达国家引进先进技术，先发展民用电子即家用电器，然后再发展半导体和电子计算机。

三星要进军电子业的消息，立即在产业界引起了轩然大波。多家电子企业联合起来，甚至一些国会议员也参与进来，阻止三星进入电子业。经过一再的努力，三星终于如愿以偿。1969 年 1 月 13 日，三星电子工业公司正式成立。

三星电子后发制人。1978 年，其黑白电视机产量就超过日本的松下，居世界首位，而在 1984 年，则以 500 万台彩色电视机的产量居韩国第一位。20 世纪 80 年代中期，三星电子在韩国首次开发了录放像机，在电子领域，使韩国继日本、荷兰之后成为世界第三个自主开发 VTR 的国家。20 世纪 90 年代，三星电子成为韩国电子企业中出口额最大的企业。如今，三星电子以高超的技术开发力成为三星集团的支柱和旗手。

（4）挺进重化工业和半导体业

韩国的现代企业集团早在 1967 年就进入了汽车业，20 世纪 70 年代则在

■ 三星电子后发制人。1978 年，其黑白电视机产量就超过日本的松下，居世界首位，而在 1984 年，则以 500 万台彩色电视机的产量居韩国第一位。

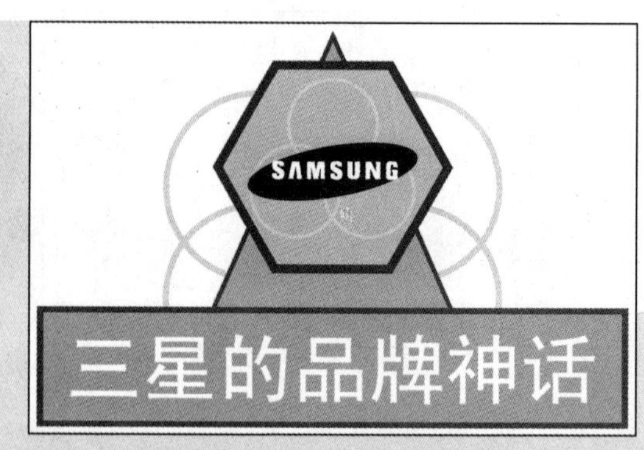

造船、冶金、工程等领域站住了脚跟。相比之下，三星进入重化工业领域的步伐显得有点迟缓，在 70 年代中期才真正开始进入重化工业领域（1974 年，三星重工业；1977 年，三星造船；1974 年，三星石油化学；1980 年，以喷气式飞机、光学仪器为主业的三星航空）。尽管三星起步较晚，但发展十分迅猛，并将重化工业确定为全集团五大领域之一。

20 世纪 70 年代，三星集团决定进军半导体行业。1974 年 12 月至 1979 年 12 月，三星购买了美、韩合资的半导体企业——“韩国半导体股份公司”的全部股份，从而使其变成三星的独资企业，将商号改为“三星半导体”。1980 年 1 月，三星半导体与三星电子合并。从此，三星电子全力倾注在半导体的开发领域上，并使三星成长为一家世界级的跨国公司。

（5）走向集团化

企业的集团化发展是以产业的扩张为前提的，同时产业的扩张又与企业的产业多元化相联系。企业的产业多元化呈两个方向：一是横向多元化即向非关联产业的扩张；二是纵向多元化即向相关联产业的纵深发展。到 20 世纪 70 年代中期为止，三星一直是以横向的非关联产业的扩展为主要特征的。

20 世纪 70 年代末至 80 年代初，三星从注重横向非关联产业多元化向纵向的系列化（即相关联产业的系列化）转变。1981 年至 1990 年，三星向相关联产业继续投资并建立的企业有：食品、纤维 2 家，电器、电子厂 7 家，重化工业 5 家，广告业 1 家。三星数据系统（SDS1985 年）、三星惠普（Samsung HP1984 年）、三星——GE 医疗仪器（1984 年）、三星钟表（SWC 1983 年）、三星—BP 化工（1989 年）、三星信用卡（1988 年）等公司都是在这个时期建立起来的。这种转变使三星在各领域产业内的专业化分工更趋

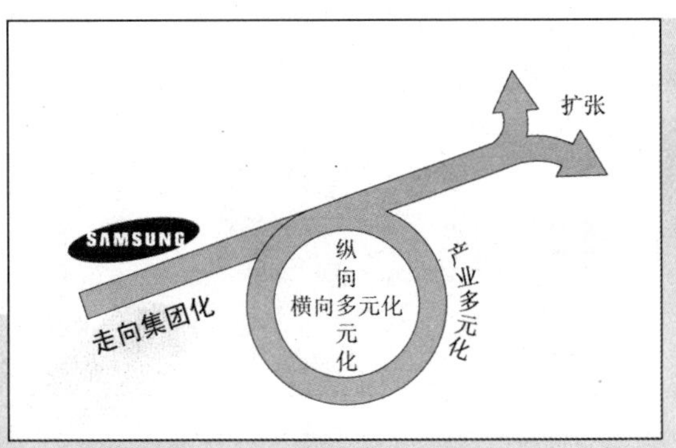

■ 企业的集团化发展是以产业的扩张为前提的，同时产业的扩张又与企业的产业多元化相联系。

向体系化。

1.1.2 三星的品牌低谷

时至今日，三星电子的“数字世界”产品、显示器、家电和半导体芯片已经是家喻户晓，其品牌价值更是连年飙升，在人们的心目中，三星已然成了世界一流品牌。然而，这些成就并非与生俱来的。

20 世纪 90 年代初，当美国人的荷包又鼓起来的时候，三星把大量的微波炉、电视机、冰箱等产品销往美国。但三星当时的产品无论是品质特性，还是品牌档次都远远低于日本的各大品牌。

三星的产品只能以低廉的价格在零售店和折扣店销售。而且质量还不太稳定，总出些小毛病，需要维修。事实上，三星卖出去的每 6 个产品可能就有 1 个会出质量问题。美国消费者开始对三星品牌嗤之以鼻。

在产品大量积压的情况下，三星不得不使用各种促销手段，但都于事无补。美国人理所当然地把三星的产品与地摊上的廉价商品画上了一个大大的等号。陷入困境的三星一方面狠抓质量管理，一方面提高产品的技术含量，重新推出与日本电子产品品质相当的产品。

虽然三星改进了产品品质，但其低劣的品牌形象早已在消费者心中根深蒂固了。标有 Samsung 商标的产品，依然被认为是大路货，无法与日本众多的世界级品牌相提并论。

更不幸的事情接踵而至：1997 年泰国爆发金融危机，而且迅速扩展到整个亚洲，形成了震撼全球的“亚洲金融风暴”。

作为亚洲四小龙之一的韩国是在泰国之后最早受到冲击的亚洲国家，韩

■ 虽然三星改进了产品品质，但其低劣的品牌形象早已在消费者心中根深蒂固了。标有 Samsung 商标的产品，依然被认为是大路货，无法与日本众多的世界级品牌相提并论。

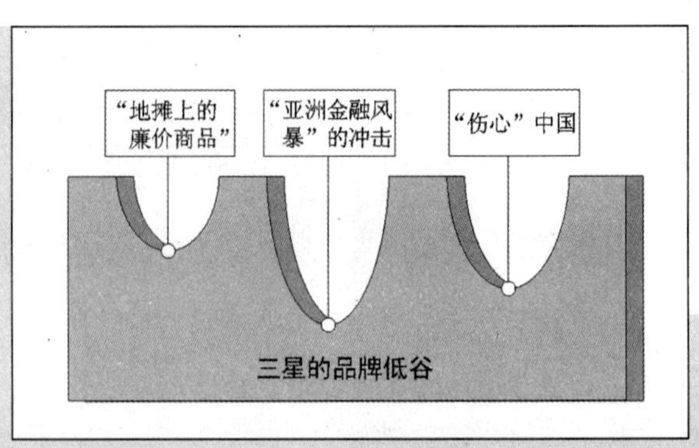

国整个国民经济就像遇到史无前例的大地震，这条从 20 世纪 70 年代到 90 年代一直保持年经济增长率 7%左右的亚洲“小龙”在 1998 年竟然出现了 GDP 负增长 6.7%的严峻局面。

这时一些国际投资商慌忙从韩国撤资，国际游资巨鳄们也趁火打劫，阻击韩元。韩国政府为了防止资金外逃、保持汇率的稳定而动用外汇储备，又引起了外汇储备急速下降。资金外逃的大势已无法遏制。呆账如山的韩国银行系统几近瘫痪，500 家金融机构关门。

一时间，整个韩国的出口额大幅度下滑，经济严重萎缩。众多曾经名噪一时的韩国跨国集团也遭受重创，16 家大财阀倒闭。三星也在劫难逃，仅三星电子每月的亏损额就达到数百万美元。最终随着韩元大幅度贬值，韩国的产品也越发便宜了，三星的所有产品更成了廉价的地摊货。

唯一可以令三星欣慰的是，欧美的品牌更加看重三星这个越来越廉价的 OEM。做 OEM，为日本品牌打工，似乎成了三星的品牌宿命。

那段时间里，三星电子在中国的情况也不好。中国也曾经是韩国三星电子公司管理者们的伤心之地。他们怀着与其他家电巨头执行官们相同的想法，认为中国日益崛起的中产阶级意味着无穷的商机。20 世纪 90 年代中期，三星电子的各个事业部纷纷在中国建厂，设立遍及全国的销售机构，产品从洗衣机到录像机，包罗万象。然而，这些业务相继出现巨大亏损。

1997 年之前，三星电子在中国实行的一直是“以量取胜”的策略，而且试图把产品铺满整个中国，三星电子的产品在中国市场也只是廉价产品的代名词。在 1997 年亚洲金融危机后，三星开始调整在中国的业务，不再力推所有的产品线，而是精心选择高端产品，进行大力度的市场营销，所关注

■ 1997 年之前，三星电子在中国实行的一直是“以量取胜”的策略，而且试图把产品铺满整个中国，三星电子的产品在中国市场也只是廉价产品的代名词。

的范围也从整个中国缩小到10个主要城市。

1.1.3 领跑数码时代

尽管三星是韩国最成功的企业，但三星的梦想不仅仅是做一个供应商，它要打造一个全球最具知名度的品牌，打入西方市场，像索尼那样获得高端的认同。于是，三星在产品生产、广告、渠道等方面均投入了大量资本进行建设，企图提升品牌形象，并最终获得了成功。

（1）学习索尼

为了改变品牌形象，三星设定了一个最强有力的竞争对手，并立志努力去赶上和超越它，这个目标就是日本索尼。

20世纪90年代初，三星还不得不从索尼或者Matsushita公司购买芯片。但自从把索尼作为自己赶超的目标后，三星开始在技术上虚心地学习日本，他们不惜重金派驻自己的人员到索尼等当时技术强大的日本公司学习，终于突破了技术门槛，有了自己强大的研发队伍。

现在的三星已今非昔比。在技术上，三星已成为了世界顶尖的技术创新公司，它在众多的领域创造了一系列的尖端技术，包括移动电话、手持计算设备、平面显示器以及超薄笔记本电脑等。2003年，三星电子的专利数在全球排名第5，仅次于IBM、NEC、佳能和Micron公司，领先于Matsushita、索尼、日立、三菱和富士通公司。

（2）多元化发展

三星的发展道路并不是一帆风顺的。20世纪90年代中后期，亚洲爆发了金融危机，韩国经济开始走下坡路，三星当然也遭受了重创。作为亚洲存

■ 尽管三星是韩国最成功的企业，但三星的梦想不仅仅是做一个供应商，它要打造一个全球最具知名度的品牌，打入西方市场，像索尼那样获得高端的认同。

储器芯片制造业的领头羊，三星电子一直将主业放在制造芯片上，而那时半导体产品价格却一路下跌，使三星电子在劫难逃，甚至威胁到其生存。1998年，三星电子每月的亏损额达到数百万美元。经历过这场芯片风暴后，三星意识到要多样化经营。在接下来的几年里，三星努力把自己转型为一家生产多元化产品的公司，减少了对半导体的依赖。

三星首先进入的是电子消费品领域。对三星电子这样一个经营大规模制造的企业来说，转向品牌产品一个最需要解决的问题就是如何在其他成功品牌的夹缝中建立自己的用户群。起初，三星是为其他品牌贴牌生产家用电器，但慢慢地也开始制造自己的品牌，如数字电视和DVD播放机等产品。虽然三星进军电子消费品领域的时间不长，但该业务的收入目前已经占据了公司整体收入的37%。三星完成这一转变之后还大举挥师移动电话领域，其市场份额不断增加，从2001年前的6.2%增加到2004年的9.6%。目前移动电话业务已占其总收入的35%。而曾作为三星主要收入的芯片业务在整体收入中的比重已经下降为28%，但DRAM芯片业务在全球市场上的份额达到27%，高于2000年的20.9%。三星电子现在的产业布局，半导体、电子消费品和通信产品已经开始三分天下。

(3) 除了妻儿以外一切都要变

作为转型策略的一部分，三星电子认识到，要想彻底脱胎换骨，就要投入到商标品牌的打造中。20世纪90年代初，三星集团董事长李健熙预见到，中国的制造商会很快生产出比韩国产品更便宜的电子产品。于是，他决定三星向生产更高档的产品发展。他带领管理人员用锤子砸碎了三星的劣质产品，喊出了"除了妻儿以外一切都要变!"的口号。

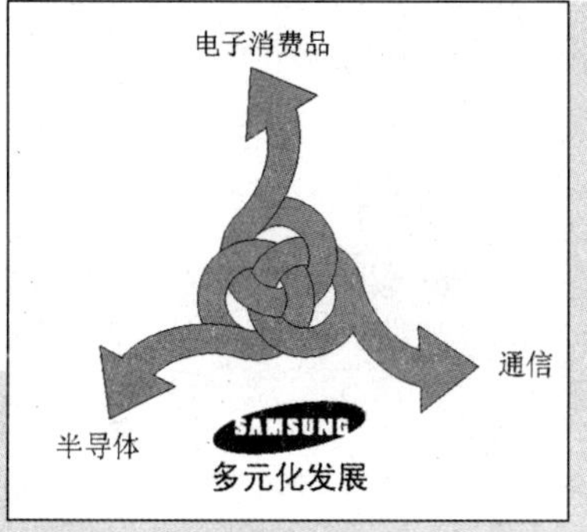

■ 经历过这场芯片风暴后，三星意识到要多样化经营。在接下来的几年里，三星努力把自己转型为一家生产多元化产品的公司，减少了对半导体的依赖。

为了树立一个高档产品的形象，三星在广告宣传和销售渠道上都给消费者以高档的感觉。无论是移动电话、DVD 播放器，还是 MP3，三星都力图将产品定位于高端市场。但是在美国，三星品牌完全被东芝、富士通、松下电器等日本品牌淹没了。对许多美国人来说，他们对三星的质量依然心存芥蒂，在所有这些品牌中，他们的首选是索尼。

于是，近些年来，三星一直投入大量的资金要让美国人重新熟悉三星商标，扭转过去人们把它看作是廉价产品的看法。例如，在盐湖城冬奥会上，三星花了 1500 万美元的巨额赞助费赞助冬奥会，为其产品促销。另外，三星还用一家广告商取代了几十家广告商，以便于三星广告的外观能给人更一致的感觉。随着一系列广告的成功推出，三星的盈利和知名度水涨船高。

三星另一个提升产品公众形象的举措，是将其产品从一些大型连锁商店如沃尔玛和 Kmart 中撤出。因为光顾这些连锁超市的消费者更看重产品的价格，而不是产品的质量。三星将撤出的 DVD、电视以及计算机等产品转移至 Best Buy、Sears、Circuit City 以及其他一些高级专业商店进行销售，因为这些商店看重的是产品的质量和品牌。

（4）领导数码社会

人类进入了一个新的时代，同时三星集团也进入了它的第二个世纪。在新的时代，三星力图站在席卷全球的数码巨浪的浪头上。三星期望用先进的技术，有竞争力的产品，职业化的人力资源领导数码社会。

汉城（首尔）的三星数字多媒体事业部副总裁戴维·斯第尔（David Steel）说："在模拟时代，三星作为追赶者的身份出现；而在数字时代，从资讯到通信，再到消费类家电行业，三星已经拥有先进的影像消费电子背

■ 为了树立一个高档产品的形象，三星在广告宣传和销售渠道上都给消费者以高档的感觉。无论是移动电话、DVD 播放器，还是 MP3，三星都力图将产品定位于高端市场。

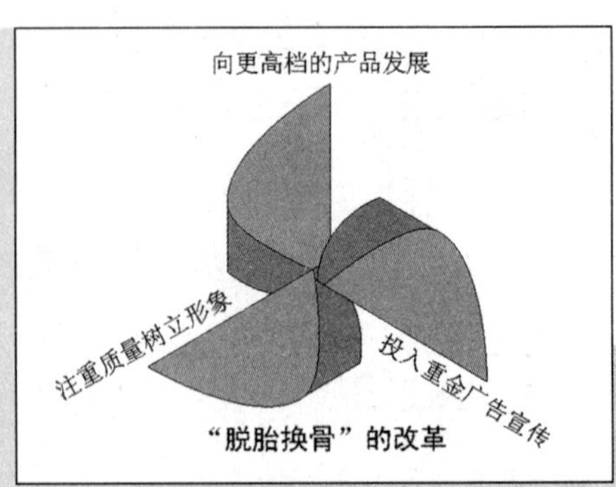

景，这能够使我们成为下一波产业成长的领导者。”

在这个竞争激烈的时代，失败和成功都发生在转瞬之间。但是，三星把挑战看成是机会。因为三星已经占据了良好的位置，成为世界公认的数码技术先锋。

三星的13种产品有全球第一的市场占有率，它已经实现了成为“世界第一”的承诺。目前，三星领先全球市场的产品有半导体产品、TFT-LCD、显示器和CDMA移动电话，在此基础上还将增加数码电视、MT2000和打印机等产品。三星的目标是，到2005年将拥有不少于30种世界顶级产品。

1.2　三星的品牌力

就在几年前，人们对韩国品牌还抱有很大成见，而对日本品牌却青睐有加。在中国，家电要买就买最贵的日本品牌（Sony、松下等），否则就买价格低廉的国产品牌；三星手机尽管款式新颖、功能先进，却往往被认为是低档次的产品。

然而今天，这一切已悄然改变，三星电子已然成为电子行业全球领先的业界翘楚。三星在一些领域已牢牢确立了全球领导地位，半导体内存芯片、纯平显示器和彩电的市场占有率已稳居世界第一位，并以显著的优势成为世界第三大手机制造商，大有与全球手机霸主诺基亚一决胜负的势头！

在如此短的时间内，三星取得如此令人惊奇的进步的秘诀是什么呢？

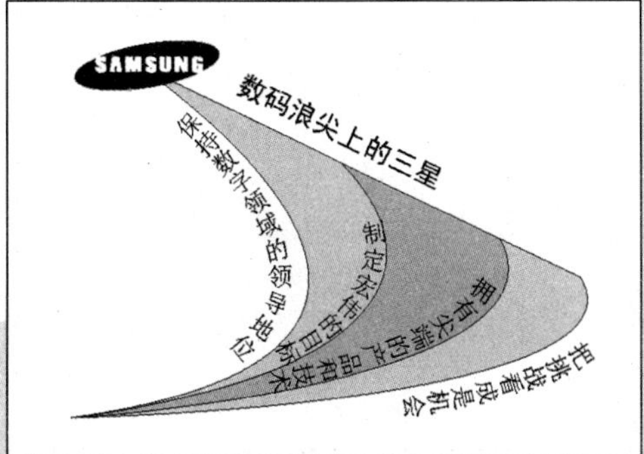

■ 在新的时代，三星力图站在席卷全球的数码巨浪的浪头上。三星期望用先进的技术，有竞争力的产品，职业化的人力资源领导数码社会。

1.2.1 重金投入技术开发

三星对于任何产品都希望拥有自己的知识产权，自己没有研发出来的技术，三星就用资本去换技术，不受制于任何人。

对研发的巨额投入使得三星的很多产品成为世界第一，三星电子的年研发费用超过 40 亿美元，三星的专利申请连续多年排在世界前 10 位，也主导着很多行业标准。

这或许和该企业的理想有关——三星的目标是在涉及的业务领域做到最强，起到技术领跑者的作用，所以三星电子的研发投入占销售额的 8%，其他产品如 CDMA、手机、TFT-LCD 的研发投入则超过了销售额的 10%。

三星并非从一开始起就势力强大，只是在认定目标之后大胆投入资金进行研发，并不轻易改变。1983 年，当三星开发出 64K DRAM 的时候，比世界先进水平落后 5 年，当时需要 20 亿美元的庞大资金进行技术研发，三星仍然决定投入，1992 年之后，三星一直是这个领域的龙头。

三星电子大中华区总裁李相铉说："目前的电子产品市场，整体上处于一个技术完善的阶段，比较新的技术一个是数码，一个就是通信，企业之间日益加剧的竞争现象非常明显。在这种情况下，企业是不是拥有自己的基本技术，是不是拥有属于自己企业的平台类的技术，就是今后决定胜负的关键。成功取决于在研发上的投资和努力。"

2004 年 3 月，三星电子宣布将在全球投入 33 亿美元用于新产品研发。三星早已明白，技术专利掌握在谁手里已变得更重要，它坚决寻求的更是将企业进入市场的这个命门掌握在自己手里。

■ 三星对于任何产品都希望拥有自己的知识产权，自己没有研发出来的技术，三星就用资本去换技术，不受制于任何人。

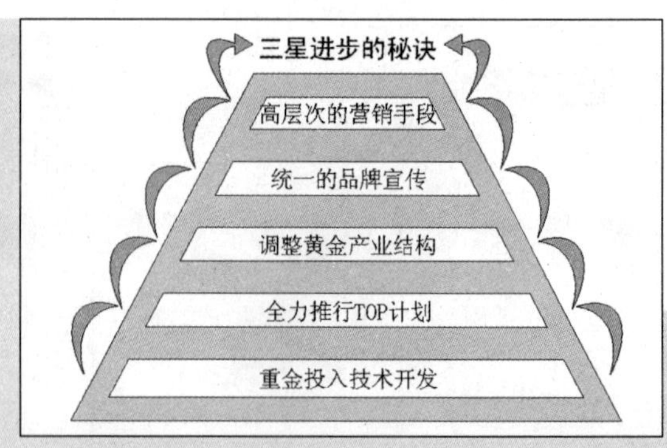

1.2.2　全力推行 TOP 计划

TOP 计划（奥林匹克顶级赞助商）源于 1985 年，又称奥林匹克合作伙伴计划，4 年一期。加入该计划的企业获得“奥林匹克全球合作伙伴”的称谓，享有在全球范围内使用奥林匹克知识产权、开展市场营销等权利及相关的一整套权益回报，并且是奥运会、国际奥委会、奥运会组委会以及 200 多个国家和地区奥委会和奥运会代表团的官方赞助商。

另外，TOP 伙伴还享有在全球范围内产品、技术、服务类别的排他权利。TOP 计划只授予那些国际型企业的顶级赞助商：除了企业及其产品具有居于世界领先地位的高品质和良好形象，是拥有充足的全球性资源的跨国公司外，还要求企业能协助推行国际奥委会的营销计划。TOP 计划同时规定，在同一行业中只能挑选一家企业作为 TOP 伙伴，而每期只有 10～12 家国际一流企业可以作为世界范围的奥运会赞助商。

1996 年，三星意识到品牌价值在竞争中所起的巨大作用，立志把三星的品牌价值迅速提高到世界顶级水平，并坚持认为要成为世界顶级品牌，做奥林匹克顶级赞助商（TOP 计划）是唯一的一条道路。从此，三星电子开始大胆地开展全球性的品牌资产管理规划，并每年拿出 20 亿美元（体育营销约占 20%）的市场营销费用，并将奥林匹克 TOP 赞助计划作为其体育营销的最高策略。

从 1997 年进入第四期 TOP 计划以来，三星 TOP 赞助计划一发而不可收拾：1998 年赞助长野冬季奥运会，2000 年赞助悉尼奥运会，2002 年赞助盐湖城冬季奥运会，2004 年赞助雅典奥运会，2006 年将赞助第 20 届都灵冬

■ 1996 年，三星意识到品牌价值在竞争中所起的巨大作用，立志把三星的品牌价值迅速提高到世界顶级水平，并坚持认为要成为世界顶级品牌，做奥林匹克顶级赞助商（TOP 计划）是唯一的一条道路。

季奥运会。近期三星又将以无线通信设备全球官方合作伙伴的身份，与可口可乐、美国通用电气、松下电器等 8 家巨型企业集团一起，参与 2008 年第 29 届北京奥运会全球赞助商计划。三星再度赞助 TOP 计划，使其有机会在未来的日子里，凭借其顶级赞助商的头衔，再次与可口可乐、柯达这样的世界顶级品牌一起同台表演，三星显然已跻身于世界一流品牌的行列中。对于三星正式签约赞助 2008 年北京奥运会，三星电子负责技术的副总裁朴商镇先生在一次接受记者采访时说："三星将通过自己最先进的无线通信技术，让 2008 年成为不同以往的心旷神怡的奥运会。"那时，三星将使人们能够通过手机观看比赛，而目前三星正在进行周密的计划，要让 4 年后的北京奥运会成为奥运会的典范。可以想象，4 年后三星的无线通信设备和技术必将在北京奥运会出尽风头，三星的品牌价值无疑又将更上一层楼。

1.2.3 黄金产业结构

"如果三星当初不进行结构调整，那么它现在仅是众多电子企业中的普通一员而已。"三星的一位高层说。

如今看来，通过调整自身形成的黄金产业结构——半导体、通信、数字多媒体、家电等四大产业均衡发展——已成为三星核心竞争力之一。一个产业市场低迷的时候，其他产业会产生缓冲作用。"三星正在减少对半导体的依赖。"一份西方杂志评价说，"从而实现利润结构均衡发展的多元化产业发展战略。"

三星产业结构的变革源自 1997 年的金融危机。当时金融危机冲击了整个亚洲的经济。三星总裁李健熙开始调查、分析三星各个子公司的管理体

■ 从 1997 年进入第四期 TOP 计划以来，三星 TOP 赞助计划一发而不可收：1998 年赞助长野冬季奥运会，2000 年赞助悉尼奥运会，2002 年赞助盐湖城冬季奥运会，2004 年赞助雅典奥运会，2006 年将赞助第 20 届都灵冬季奥运会。

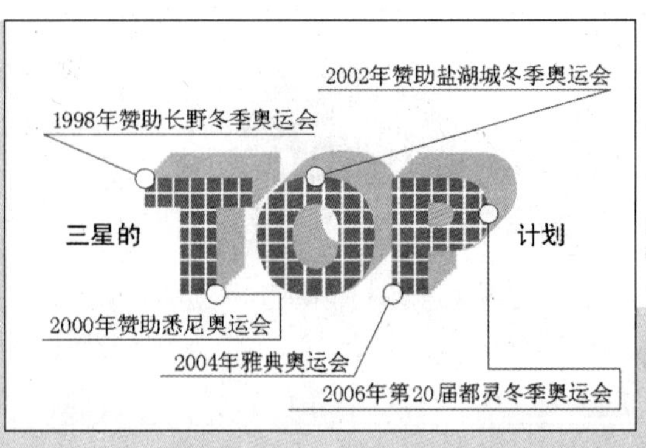

系，决定进行结构调整，调整的原则是：果断撤销局限型及非主打型产业，以半导体及移动电话等高利润产品为主进行产业结构重组；目前盈利但无长远发展前途的产业，也被列为整顿对象。

三星制定了“选择、集中”战略：企业不可能在所有的领域都取得世界第一位，所以要充分考虑到自己企业的实力，选出能在世界上夺取第一的领域，进行集中投资。

在接下来的几年内，三星对电子、金融、贸易和服务等“核心领域”进行了重点扶持和发展，出售或取消了 28 家子公司。而每一个子公司也放弃了一些边缘的、亏损的领域或者非核心领域。而三星的员工数量也减少了 32%。

通过这样的重组，与电子相关的子公司巩固了自己作为三星公司核心企业的地位；公司本身的金融架构也得到了改善，三星公司全部借款在 1997 年以后的两年内下降了 46%，负债率从 366%（1997 年）下降到 166%（1999 年）。同时，到 1999 年底，三星公司全部清除了 1997 年各个子公司之间 2.3 万亿韩元的相互支付担保，使各个子公司完全独立运作。

2001 年，在全球半导体的利润率从 2000 年的 16%下降到－19.9%的时候，三星却整体盈利 7%。这得益于三星的结构调整。一位韩国证券分析师说：“三星半导体部与其他移动通信部、数字多媒体部、生活家电部的关系并不是简单的缓冲关系，已经进入发挥协同效应的阶段。”

调整后的三星产业结构便于三星高层思考以下问题：“今后 5～10 年三星靠什么立足？”

原则上，三星喜欢选择最热门的行业，比如“JUNE”。现在，“JUNE”

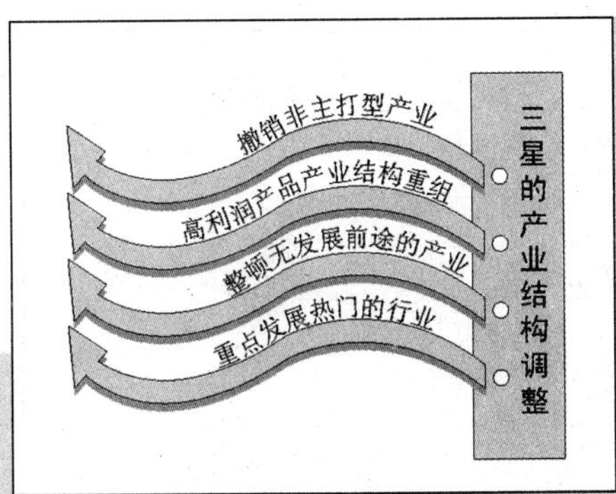

■ 三星制定了“选择、集中”战略：企业不可能在所有的领域都取得世界第一位，所以要充分考虑到自己企业的实力，选出能在世界上夺取第一的领域，进行集中投资。

这个英文单词在22岁以下的韩国年轻人眼中，反应出的不是炎热的六月，而是比六月还热的“3G”。

2002年2月，韩国成为世界上首个开展EV-DO（数字点播）业务的国家。仅仅一年，EV-DO用户数已经达到了210万左右，EV-DO服务的品牌就是“JUNE”。

“JUNE”最典型的一个业务是导航——信息频道里提供各种路况信息；广播频道提供新闻、传输、体育、旅游、保健各种跟日常生活密切相关的信息；而从音乐频道可以听到MP3音乐；另外，可以唱卡拉OK，也可跟随3G动画主持人学习跳舞；电影频道专门为移动电话设置比较短的电影，能看到新发布的录像和游戏电影录像的清单，甚至可以申请电影票销售业务。

这些令人眼花缭乱的“JUNE”业务背后，包含着三星对自己和目前商业格局的判断。

为了不失去未来的机会，在三星设在龟尾的工厂，对目前3G的三个标准（CDMA2000、WCDMA，TDS-CDMA），三星全部在持续关注，并为市场准备了几乎所有操作系统的手机产品。

已经50多岁的三星电子会长的尹钟龙同时还是世界网络游戏组织委员会委员长。“娱乐产业是朝阳产业。”他说，“未来网络游戏市场规模将直追半导体。”所以三星成为网络游戏最热情的组织者。

1.2.4 统一的品牌宣传

自2001年开始，全球经济全面不景气，许多企业都放慢了发展的脚步，但三星电子却在全球开始采取统一的品牌宣传策略，增强了品牌攻势，加快

■ 一位韩国证券分析师说：“三星半导体部与其他移动通信部、数字多媒体部、生活家电部的关系并不是简单的缓冲关系，已经进入发挥协同效应的阶段。”

了挤进一流电子品牌行列的速度。

2002 年 5 月 16 日，三星电子有限公司宣布了高达 2 亿美元的全球广告宣传计划以提升三星在数字集成领域的领导地位。此项名为“数字体验”的宣传计划是 2001 年三星全球品牌计划和 2002 年盐湖城冬季奥运会市场赞助活动的延伸。此项计划主要集中在如何使三星的数字产品满足当今消费者不断变化的需求。所有电视和平面广告的主题都将紧紧围绕着三星品牌的提升。同时，不断加强三星公司处在技术前沿地位的公众认知度，并宣传集通信、娱乐和信息交流功能于一身的数字集成产品如何帮助消费者享受丰富多彩的数字生活。2002 年，三星对整个市场宣传活动的投入超过 9 亿美元，包括电视和平面媒体的导购以及在线市场活动、零售促销和产品展示。2002 年的品牌投资比 2001 年增长了 21%。

三星电子中国区市场总监韩昌镐先生这样说：“我们品牌的一直发展得益于产品技术、市场管理和一些社会公益活动。当然好的广告和市场公关对于提高品牌认知度、好感度起着相当重要的作用，但还有很多其他方面的因素影响品牌形象的提升，诸如公司的产品、服务和消费者的感觉。”众所周知，广告和公关的投入并不能百分之百产生效果，重要的是有一个明确的有针对性的市场定位，围绕着一定的定位展开的广告和公关活动才能有效地传达公司统一的形象和声音。三星的广告目的在于推销产品和提升企业形象，它们与公司的口号“三星数字世界欢迎您”保持一致，强调小型家电在设计上给人的感官享受，以及通过简易的操作控制复杂的功能。此次“数字体验”的宣传口号就是围绕“数码全方位”这个主题的多个方向，包括“数码热力系列”、“数码急速系列”和“数码惊艳系列”，它充分诠释了消费者不

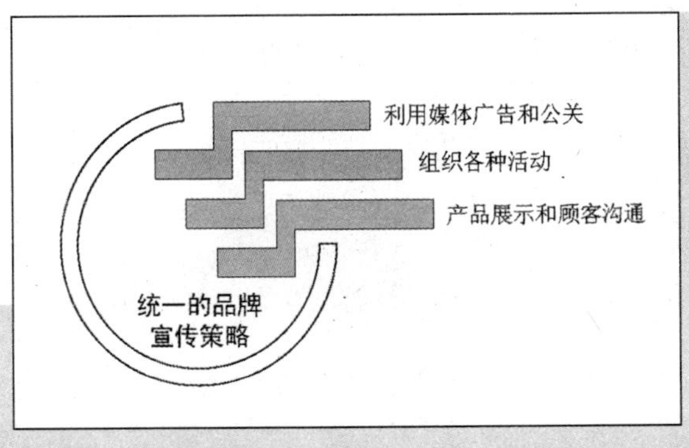

■ 2002 年，三星对整个市场宣传活动的投入超过 9 亿美元，包括电视和平面媒体的导购以及在线市场活动、零售促销和产品展示。

再将购买建立在需求基础上而是愿望和期望上，同时也解释了三星的数字产品是如何在情感层面上影响消费者生活的。

三星在这方面采取了全面宣传、深入渗透的策略：一方面利用媒体广告和公关，使消费者对三星产生初步了解，迅速有效地提高品牌知名度；另一方面组织各种活动并在销售渠道当中通过产品展示与消费者积极沟通，虽然影响范围比较小但渗透很深，因为在活动中消费者会对三星产生一个清晰的印象，了解三星的数码世界到底是什么。三星还十分注重店面柜台的广告牌设置、产品展示以及销售人员与消费者的沟通，其实这也是一种有效的广告形式。

此外，三星为树立品牌形象努力不懈，采取的一个做法是花钱赞助在中国人气较旺的大牌明星。2001 年，三星赞助播出韩国明星安在旭主演的电视剧之后，其电脑显示器的销售额飙升了 50%，达到 160 万美元。出现在三星广告中的明星还有如下阵容：迈克尔·杰克逊、肖恩·康纳利、陈慧琳等。

1.2.5 高层次的营销手段

为了提升品牌形象，在广告宣传上，三星力求给人以高档的印象，并力图将产品定位于高端市场，而不是廉价的大路货。与同类产品相比，一般三星电子产品更具特色，功能更多，这使得其产品价格要高出市场平均价格 30 个百分点。

同时，为了改变三星产品给消费者留下的低质廉价的印象，三星电子还将其产品撤出沃尔玛等大型连锁商店，因为三星认为这些连锁店的顾客更看重

■ 为了提升品牌形象，在广告宣传上，三星力求给人以高档的印象，并力图将产品定位于高端市场，而不是廉价的大路货。

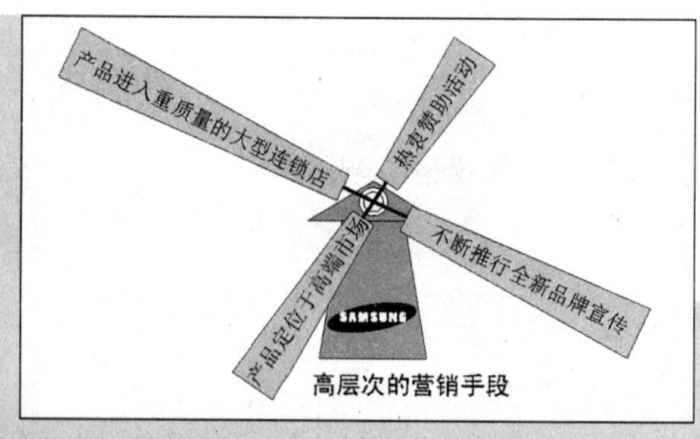

高层次的营销手段

产品的价格而不是产品的质量，在这些商店里销售会影响三星的品牌形象。

为了让用户体验到数字家庭的舒适和便利，三星电子推出了以 TCP/IP 为基础的数字家庭网络解决方案——Home Vita，该工程在韩国拥有 100 个实验室，并在汉城（首尔）、中国香港设立多个体验中心，通过一个无线的 Webpad（网络遥控器）或 WAP 移动电话或任何联网的电脑，就可以对整个家居实现智能化、综合性的控制，把家庭自动化的理想提高到了一个更高的层次。到现在为止，我们仅看到三星电子推出的这种实用的系统。

近些年来，三星不仅对重大体育赛事的赞助活动异常热衷，自 2000 年开始推行全新的品牌宣传——"Samsung Digital：Everyone's Invited TM"（三星数字世界欢迎您）以来，三星针对各个目标地区开展的以普及数码应用为核心的各种各样的全民数码活动也在十分频繁地进行：北京数码体验馆的设立，连续两届三星 Digital Man 选拔赛，2002 年上海 Cebit Asia 信息技术展览会，2003 年 4 月正式开赛的三星杯美丽新视界 2003DV/数码知识电视大赛等。三星就是希望通过上述市场营销方式使得其崭新的高品质的形象深入人心。

1.3　神话的缔造者

每一个企业神话的背后都有一个或几个杰出的神话缔造者。在三星，这样的神话缔造者就是三星的创始人——李秉喆，以及三星的现任会长——李健熙。

■ 为了改变三星产品给消费者留下的低质廉价的印象，三星电子还将其产品撤出沃尔玛等大型连锁商店，因为三星认为这些连锁店的顾客更看重产品的价格而不是产品的质量，在这些商店里销售会影响三星的品牌形象。

1.3.1 创始人李秉喆

三星集团能有今天的成功要归功于李氏家族两代人的努力。李秉喆当年以白手起家打天下，被韩国同行誉为“创业之神”，是韩国经济复兴的实业派代表。

（1）早年的商业磨炼

三星集团的创始人——李秉喆，1910 年 2 月 12 日生于现庆尚南道宜宁郡一富裕的农民家庭。

1931 年 9 月，李秉喆因病中断了在日本早稻田大学的留学生活归国。面对祖国山河破碎，在仕途、独立运动和创办企业这三条路中，他毅然选择了实业报国的道路，决定创办自己的企业。

1936 年春天，李秉喆的父亲将相当于一年的收入——300 石的家产让渡给他。李秉喆便用这一部分资产与密友郑铉庸、朴正源三人合资在家乡附近一镇即现在的马山市办起了一家碾米厂，取商号为“协同精米所”。半年后，也就是 1936 年 8 月，收购了日本人的一家企业——“日出汽车会社”，主营运输业。意气风发的李秉喆又投入到土地投机行业，不到一年工夫，他就成了拥有 200 万坪（相当于 160 公顷）的“大地主”。

然而好景不长，1937 年 7 月，日本在中国挑起了卢沟桥事变，世界政治气候的变化，随即波及到朝鲜，整个朝鲜的经济环境发生了巨变：银行停贷，地价大跌。李秉喆不得不变卖土地、碾米厂和日出运输公司，以清偿债务。顷刻间李秉喆一贫如洗。

近两年的苦心经营化为乌有，但李秉喆却从中积累了一大笔宝贵的精神

■ 每一个企业神话的背后都有一个或几个杰出的神话缔造者。在三星，这样的神话缔造者就是三星的创始人——李秉喆，以及三星的现任会长——李健熙。

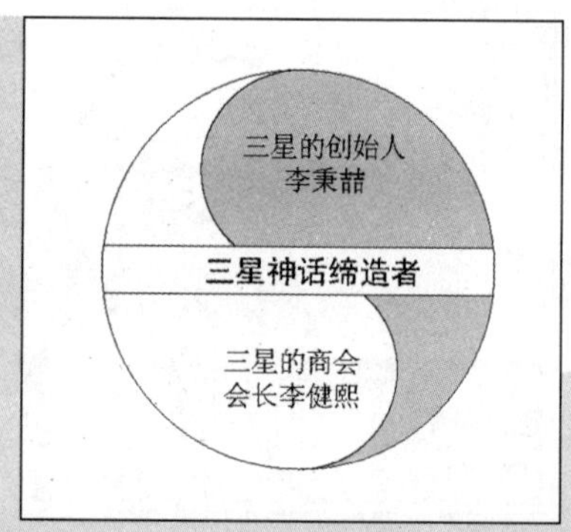

财富。他曾在自传中针对这次失败总结了四条经验，这可称得上是他的经营思想的基石：

①办企业必须把握和洞察国内外的变化趋势，并努力使自己的事业与这一大趋势相适应。

②必须时刻冷静地评价自己的能力，不要去做超出自身能力的事情。

③任何时候都不要以侥幸心理去从事投机性活动。

④要注意培养直观判断能力和对策研究能力，在实施最佳方案时，还须制定出第二、第三等后备对策。当你发现实施中的方案与大势相违背时，一定要当机立断，急流勇退，改施第二、第三方案。

（2）创建“三星商会”

失败和挫折没有使李秉喆在实业报国的道路上退却。1937 年 10 月，他开始了为期两个月的商情考察旅行。从韩国的最南端釜山市经汉城（首尔）、平壤，抵新义州、元山、兴南，几乎走遍了朝鲜所有的城市。接着，又赴中国的长春、沈阳、北京、青岛、上海考察。他边走边思考他应该和能够做什么。两个月的考察旅行，使李秉喆大开眼界。他决意建立一个以中国为主要交易对象的贸易公司。

于是，1938 年 3 月 1 日，资本金为 3 万韩元的“三星商会”在大邱市成立了，自此埋下了三星集团的种子。三星商会起初只是一个小型的米面磨坊，主要从事鱼、蔬菜和水果的出口业务。1947 年该公司迁至汉城（首尔），翌年易名为“三星物产公司”。刚挂牌营业时，三星物产公司不为人知，但仅一年工夫，它就跃入韩国七大贸易公司的行列。又过半年即 1950 年初就登上了韩国头号贸易公司的宝座。正当它蒸蒸日上之际，朝鲜战争爆

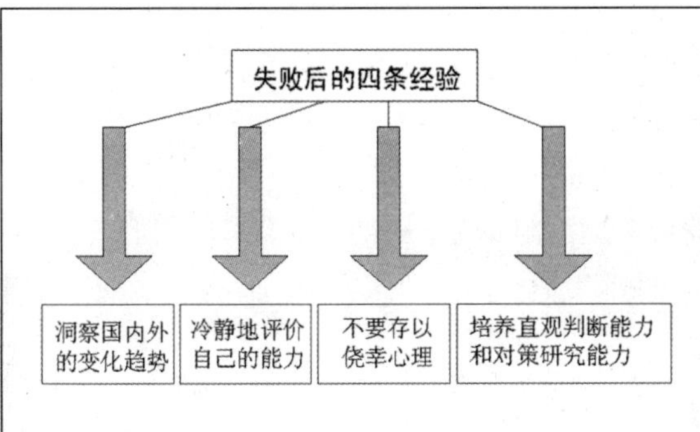

■ 近两年的苦心经营化为乌有，但李秉喆却从中积累了一大笔宝贵的精神财富。他曾在自传中针对这次失败总结了四条经验，这可称得上是他的经营思想的基石。

发了。三星物产公司元气大伤，劫难中，李秉喆将公司迁至临时首都釜山，并于1951年1月更商号为“三星物产株式会社”，注册资本金为3亿韩元。

20世纪50年代，公司进军制糖、毛织等制造行业；六七十年代，集团实施多元化战略，将业务范围拓展到了石化、造船、航空、金融、电子、通信等领域，发展出24家子公司或控股企业，业务涉及日用消费品、电子产品、人寿保险、报纸出版等领域。

1987年11月19日，李秉喆逝世，离开了他亲手奠基和辛勤培育50年的三星大厦。根据《迈向超一流企业之路——三星的发展与变革》中的数据显示，此时的三星集团已拥有37家公司、15万职工，净资产达13,752.49亿韩元，销售额达176,418.65亿韩元，税前利润达2688.11亿韩元，净利润达2059.67亿韩元，即260亿美元（按照1987年韩元对美元的汇价，合260亿美元）。

1.3.2 现任会长李健熙

在三星电子逐步成为国际超级企业的过程中，三星集团的活跃表现与其领军人物——株式会社会长、集团CEO李健熙的卓越领导密不可分。

（1）青年李健熙

出生于1942年1月9日的李健熙，是三星集团创始人李秉喆的第三子，他从小就受到了家族正规的教育。1965年他在日本早稻田大学获得经济学学位，后赴美留学深造，在美国乔治华盛顿大学获得MBA学位。

李健熙年轻时钟情于体育。他擅长多种体育竞技项目，包括摔跤、柔道、马术、高尔夫和乒乓球。大学毕业之后，除了在三星株式会社担任管理

■ 20世纪50年代，公司进军制糖、毛织等制造行业；六七十年代，集团实施多元化战略，将业务范围拓展到了石化、造船、航空、金融、电子、通信等领域，发展出24家子公司或控股企业，业务涉及日用消费品、电子产品、人寿保险、报纸出版等领域。

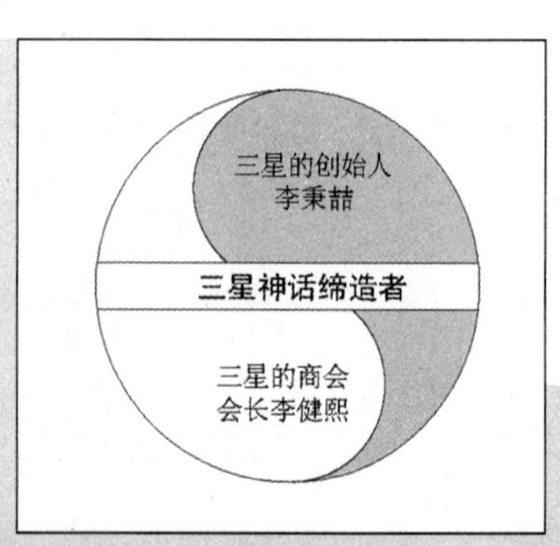

工作之外，他还担任过业余摔跤协会会长、国际奥委会成员，连 2002 年日韩世界杯的组委会中也能看到李健熙活跃的身影。

（2）出任三星 CEO

三星第一创始人李秉喆去世 40 分钟后，三星集团本部会议室举行了一次特别会议——选举三星集团新会长。会议只开了 5 分钟，结果前任会长李秉喆的第三子李健熙以满票当选为新任会长，时年 45 岁。

1987 年 12 月 1 日，李健熙庄重地发表就职演说："今天，我走上这个位置，自然感到十分荣幸。但更感责任之重大。因为三星的存在和发展的意义，已经远远超出了用以诠释它与我们个人和家族的关系的界限，它与社会与国家共存亡。"

"或许有人认为我的志向充满稚气又富于幻想。但我郑重地向大家发出呼吁：让我们的三星在我们这一代跃入世界一流企业的行列。我愿为实现这一崇高目标而不遗余力。"

李健熙虽然曾在两所名牌大学就读，但并没有亲自在第一线经营的经历，而自 1979 年被正式任命为三星集团副会长以来也未做出过惹人注目的业绩，再加上他自幼性格孤僻，寡言少语，很忌讳出风头，因而人们对他出任三星 CEO 多半投以疑惑的目光。

面对种种议论，李健熙置若罔闻。

李健熙"默默无闻"地度过了 5 年，但是，公司的业绩却不断上升。1992 年三星净资产达 50,899.77 亿韩元，销售额达 388,735.32 亿韩元，税前利润达 4087.14 亿韩元，净利润达 2935.29 亿韩元，分别是 1987 年（前会长逝世年）的 3.7 倍、2.8 倍、1.5 倍和 1.4 倍。

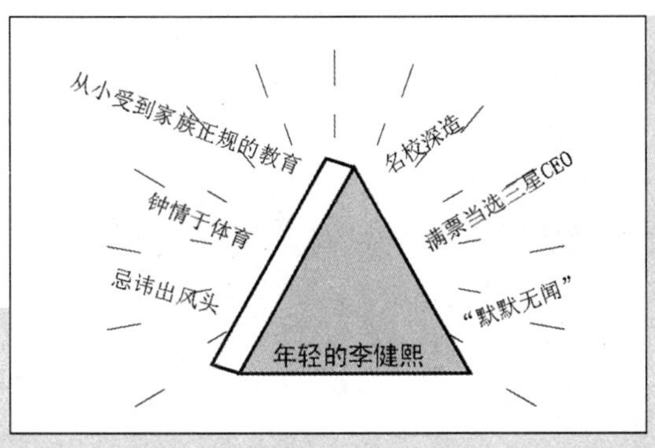

■ 三星第一创始人李秉喆去世 40 分钟后，三星集团本部会议室举行了一次特别会议——选举三星集团新会长。会议只开了 5 分钟，结果前任会长李秉喆的第三子李健熙以满票当选为新任会长，时年 45 岁。

但他想要的远不止这些，这5年他一直在思考着“三星”发展的新战略、新体制和新的企业文化，正在锤炼着一种新的思想，并谨慎地加以尝试。

(3) 大胆推进改革

1988年三星建立50年庆典上，李健熙宣布集团的“二次创业”，将三星的发展方向定为21世纪世界级超一流企业。李健熙提出，要彻底改变集团“只追求商社数量而不追求质量”的坏习惯。

李健熙首先果断地完成了重要的人事调整。从1990年末以来，先后撤销了6位元老的职务，他们是：三星物产董事长申宪鹤、三星重工董事长赵雨洞和崔官植、三星生命顾问朴泰元、三星集团秘书室室长苏秉海、三星电子董事长姜进求。了解三星集团的人会知道，上述几个单位对三星至关重要。三星电子象征的是三星电子高科技的产业，三星重工是新发展起来的支柱产业，三星物产是三星集团国际化的尖兵和桥梁，三星生命是三星集团的“银行”，而秘书室是号称三星集团参谋部的中枢机构。

同时，李健熙又推进了三星集团产业结构的重组。1991年，李健熙把全州制纸和新世界百货店这两大公司从集团中分离出去（前者是其大姐李仁熙的企业，后者是其妹妹李明熙的企业）。此外，李健熙还推进了企业相关产业的系列化改组和新技术产业、高附加值产业的开发，如：三星电子和三星半导体实现合并，新建了三星信用卡公司、三星—BP化工等。

1991年底，李健熙讲了这样的话：“如果说过去的5年是一个酝酿和准备时期的话，那么，从今年开始将付诸实践。”对这些话，当时许多人并未觉察到有什么特别。现在看来，这些话寓意很深。

面对充满风险的亚太市场和臃肿复杂的公司业务体系，李健熙敢于大刀

■ 1988年三星建立50年庆典上，李健熙宣布集团的“二次创业”，将三星的发展方向定为21世纪世界级超一流企业。李健熙提出，要彻底改变集团“只追求商社数量而不追求质量”的坏习惯。

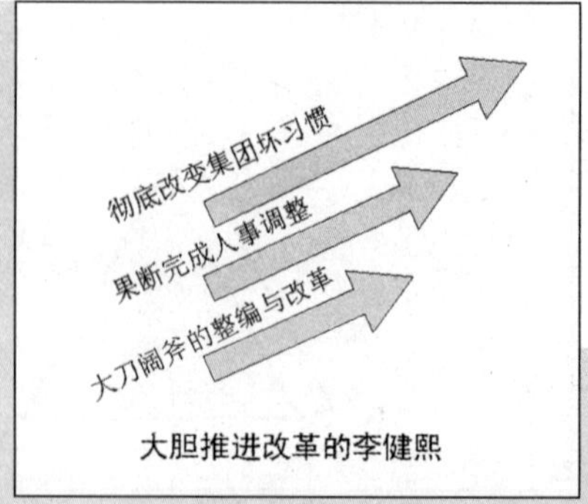

大胆推进改革的李健熙

阔斧地进行整编与改革，他只保留最重要最有盈利前景的核心项目，例如消费类电子产品、金融、贸易和服务，边缘的、亏损的领域或者非核心的领域一律放弃。这使得三星在拖垮了韩国的现代集团、大宇集团的亚洲金融风暴中艰难地挺了过来，而且在《财富》500强中的地位有所提升，“韩国三星是继日本索尼之后亚太领域少见的‘令人尊敬’的高科技集团”。

（4）为错误的投资决策承担责任的CEO

与众多CEO的磨炼历程一样，李健熙在担任三星的CEO后的成长过程也不是一帆风顺，他在企业管理和改革上同样犯过很多过失。在上个世纪90年代末期，三星集团就受困于“大企业大制造”的错误思想。明明国内汽车产业产能过剩，但李健熙仍然在汽车业务上投资了数亿美元，建立的三星汽车公司很快就债台高筑，2000年被迫贱买给雷诺汽车公司。

此举给集团带来很大损失，李健熙也曾一度被投资者批评为一个“失败的管理者”，韩国舆论认为，三星汽车公司的建立“不仅是个盲目的决策，也是官僚主义管理体制的一次失败”。韩国国内更有一些偏激的观察家指责李健熙自从1987年下半年接替他父亲成为总裁后若干年内“一事无成”。

李健熙勇敢地承担起了责任。他一次性捐献出20亿韩元的个人财产，承担几乎全部投资汽车领域失败的责任。三星集团发布这个公告后，投资者都惊呆了，原来要等待裁员消息的员工们眼中含着泪花，《财富》杂志撰文称赞李健熙是“为错误的投资决策承担责任的CEO”。

根据三星集团的改革计划，集团主席李健熙将出售他个人名下价值8000万美元的资产，并用这笔资金设立一个基金，用于改善集团的现金周转状况。同时，他也将他个人收入的90％捐献给集团，用于改善集团员工

■ 面对充满风险的亚太市场和臃肿复杂的公司业务体系，李健熙敢于大刀阔斧地进行整编与改革，他只保留最重要最有盈利前景的核心项目，例如消费类电子产品、金融、贸易和服务，边缘的、亏损的领域或者非核心的领域一律放弃。

福利和解决财务困难。

（5）提拔人才

自从李健熙 1987 年继任公司总裁以来，公司的销售总额、资产规模和出口均显著增长，而且其品牌价值和企业形象的提升更是令世人注目。但这并不是李健熙最大的功绩。他对于三星更深远的影响在于提倡基础变革，不断增加“世界最佳”的产品，巩固三星公司在亚太的霸主地位，改变企业文化使之适应全球化和数字时代的要求。

李健熙最高明的地方是在于用人。李健熙非常开明，唯才是用，扶植了很多家族以外的经理人。这些“庶民”人才感恩图报，为整个集团的繁荣做出了贡献。为了提高集团的透明度，李健熙还任命一些外籍人士为集团董事。

李健熙大力提拔年轻的储备干部担任领导岗位，造就了三星集团内部人才鼎盛。例如，三星电子副会长兼 CEO 尹钟龙、三星电子旗下数字多媒体网络部社长兼 CEO 陈大济、设备解决方案网络部社长兼 CEO 李润雨、通信网络部社长兼 CEO 李基泰、数字家电网络部社长兼 CEO 韩龙外等，都是李健熙一手提拔的爱将。

三星集团中国区的负责人李亨道也得到了李健熙的大力支持。以地位而言，李亨道在三星集团排行第三，原来是三星电机的总裁、三星副会长，他在三星工作整整 29 年，很受李健熙器重。

三星高层管理人员的培养都是由董事长办公室主持，集中进行的，CEO 亲自过问的人才体制能够在一群拔尖的人才中间培养起一种卓越的企业家精神、雄心壮志和敬业精神。有了雄厚的后备人才，李健熙认为自己父亲李秉喆过世后，三星曾经出现的“管理真空”今后不会再出现。

■ 李健熙对于三星更深远的影响在于提倡基础变革，不断增加“世界最佳”的产品，巩固三星公司在亚太的霸主地位，改变企业文化使之适应全球化和数字时代的要求。

李健熙

在 2004 年《亚洲周刊》评选的“亚洲最有影响力的 50 人”中，李健熙名列第 35 位。

链接：三星大事记

1938 年 3 月 1 日，李秉喆在韩国大邱市成立了“三星商会”，早期的主要业务是将韩国的干制鱼、蔬菜、水果等出口到中国的北京及东北。

1947 年，三星将办公地点转移到了韩国首都汉城（首尔）市，第二年成立了“三星物产”公司，开始正式展开国际贸易业务。

1951 年，三星将公司转移到了韩国东南部的港口城市——釜山，并成立了三星物产株式会社，开始了在生产领域的发展。

1953 年，三星建立了“第一制糖”，结束了韩国白糖依赖进口的历史。

1954 年，三星成立了“第一毛织”，开创了韩国自产布料的时代。

1964 年，三星设立了“韩国肥料株式会社”。

1965 年 4 月，三星文化财团成立。

1969 年，三星电子正式成立。

1973 年 8 月，三星提出了“第二个五年管理计划”，对重工业和化学产业进行了集中投资，并决定设立造船部。

1974 年，三星重工业公司成立。

1974 年，三星电子收购韩国半导体公司 50％的股份，开始了在半导体领域的神话。

1977 年，三星造船厂和“三星精密”（三星 Techwin 的前身）成立。

■ 1938 年 3 月 1 日，李秉喆在韩国大邱市成立了“三星商会”，早期的主要业务是将韩国的干制鱼、蔬菜、水果等出口到中国的北京及东北。

1978 年，三星半导体从三星电子中分离出来独立运营。

1983 年，三星成功开发了 64K DRAM 和 VLSI 芯片，开始在国际半导体市场崭露头角，并日益成为行业领跑者。

1985 年，三星数据系统公司（即今天的 SDS）成立。

1986 年，三星经济研究所成立。

1987 年，三星综合技术院成立，与三星经济研究所一起为集团日后的发展打下了坚实的技术基础。

1987 年 12 月 1 日，李健熙接任他的父亲成为新任会长。

1988 年，在三星成立 50 周年的庆典上，李健熙宣布了集团的“二次创业”，并将三星的发展方向定为做“21 世纪世界级超一流企业”；同年，三星将电子、半导体及通信公司合并为三星电子。

1992 年 4 月，三星进入中国市场。

1993 年，三星宣布实行“新经营”，以实现从“数量经营”到“品质经营”的转变，并由此实现世界一流的企业经营革新。

1999 年，三星开始“数码战略”。

2000 年，三星成为悉尼奥运会 TOP 赞助商。

2002 年，三星成为盐湖城冬奥会的全球合作伙伴。

2004 年，三星在《财富》杂志公布的世界最受尊敬企业名单的电子行业排行榜上名列第四。

■ 2004 年，三星在《财富》杂志公布的世界最受尊敬企业名单的电子行业排行榜上名列第四。

第二章 三星的品牌理念

在过去几年中，三星已经成功地由一家半导体生厂商转型为品牌领导者。三星的品牌价值连年飙升，由 2001 年的 63.7 亿美元增长为 2002 年的 83.1 亿美元，到 2003 年的 108.5 亿美元，再到 2004 年的 125.5 亿美元，超过了众多国际知名品牌，并且被 Interbrand 公司认为是发展最快的国际品牌。用不到 6 年的时间，三星就将价格低廉的大路货脱胎换骨为全球强势品牌，这主要得益于其独特的品牌理念。

2.1 高端路线

高端产品以其高科技含量和个性化设计为企业带来的利润要远远大于低端产品。进入数字时代，三星集中投资数字中高端产品，断绝了低端产品。坚持高端路线是三星的品牌理念。

一个公司的产品品牌要想建立高档形象，必须在高端市场占据牢固的地位。三星为了提升自己的品牌，基本放弃了低端市场，三星的各个产品系列，例如，手机、消费类电子设备和存储芯片，都定位在中高端市场，这种市场定位是三星能够建立“高贵”品牌形象的基础。同时，三星的产品定价

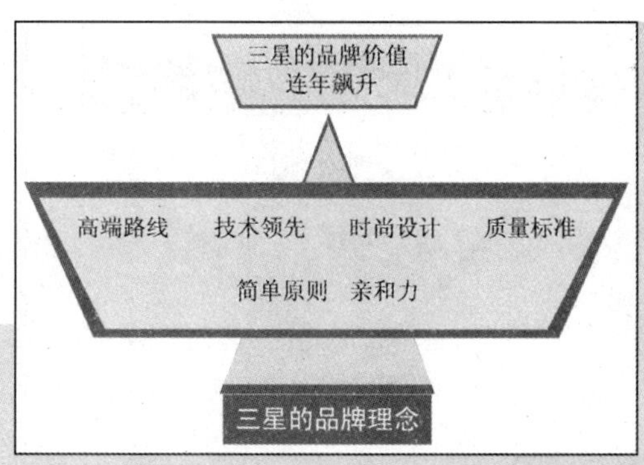

■ 用不到 6 年的时间，三星就将价格低廉的大路货脱胎换骨为全球强势品牌，这主要得益于其独特的品牌理念。

在同类产品中比较高，这和三星的产品定位相辅相成，也和三星要把自己塑造成世界级超一流品牌的战略相辅相成。

但三星的这种品牌理念并非与生俱来，在 20 世纪 70 年代进入欧美市场时，三星最初实行的是低价策略，加上此前一直给三洋打工制造黑白电视机，并在美国大量销售廉价微波炉，此后，三星虽然借助芯片与电子产品拓展了企业规模，却始终难以磨灭在欧美给用户留下的廉价产品的形象。

尽管低端路线为初期的三星产品打开市场助力颇大，但其负面效应在 20 世纪 90 年代初暴露无遗。低收入和部分中等收入的消费者可能会在一定情况下购买三星的产品，一旦他们的收入状况有了改善，就会毫不犹豫地转向日本的索尼、松下、东芝、三洋或者荷兰的飞利浦。于是，三星果断决策，要彻底扭转局面，做高端品牌，改变三星产品在消费者心目中的低端印象。

三星深知，要想在高端市场牢固地树立起品牌形象，就必须让自己的产品带给市场前所未有的冲击，让消费者获得实实在在的、可以感知的高附加值利益。为配合高端路线的实施，三星集中精力开发高附加值产品，同时不随意跟随竞争对手而降价。

2.1.1　高端手机

在手机市场，三星采用的价格策略是瞄准中高层用户，通过采用彩色显示屏、围绕世界杯进行计划周密的营销等措施，三星迅速将自己在全球手机市场的排名提高到了第三位。

这一战略能奏效的原因在于很多手机用户急于升级到功能多样的手机，

■ 高端产品以其高科技含量和个性化设计为企业带来的利润要远远大于低端产品。进入数字时代，三星集中投资数字中高端产品，断绝了低端产品。坚持高端路线是三星的品牌理念。

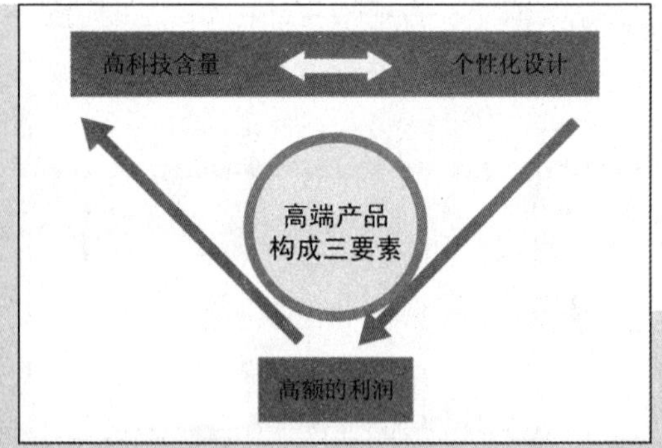

同时运营商也喜欢这类手机，因为更多功能往往也意味着更多收费机会。在韩国以外的市场，三星手机的平均价格为 188 美元。

吸取了在欧美市场的低价低端教训后，三星手机在中国市场一上市，就以一种高度自信的姿态，锁定月收入 4000 元以上人群，推出较同类手机价高 1/3 的首批手机，强调质量与高端品牌战略，受到了市场的追捧。

在硝烟弥漫的中国手机市场，三星手机长袖善舞，越过了价格战的泥沼，在中高端的手机市场上占据了绝对优势。随便到各大手机卖场转上一圈，会发现三星手机的均价基本在 2700 元左右，比目前市场份额领先的诺基亚和摩托罗拉都要高 500～1000 元。三星的市场策略很明确：定位于中高端市场。

高端价位不仅塑造了一种高档次的形象，也刺激了销售。三星在 2001 年推出的色彩鲜亮、售价 2500 元的三星 A288 手机在中国销售了 30 万部，买主多是年轻的职业女性；起售价 3999 元的 X199 手机则以其彩屏、拍照功能、流行音乐等个性化的铃声吸引着消费者；起价 800 美元、能上网的 Nexio 手机也正分析研究在中国销售的时机。

至今为止，三星没有推出过面市价格低于 1500 元以下的手机产品，同时销售渠道也限制在一二级城市，逐渐确立其高端身份。目前，国内领先厂家已经把智能手机做到 3000 元以下的价位，把照相手机做到 2000 元以下，把彩屏手机做到 1000 元以下，但是三星坚持不轻易降价。实际上，三星在做促销时，更注重宣传推广，避免采用诸如大减价，“买一送一”等活动。

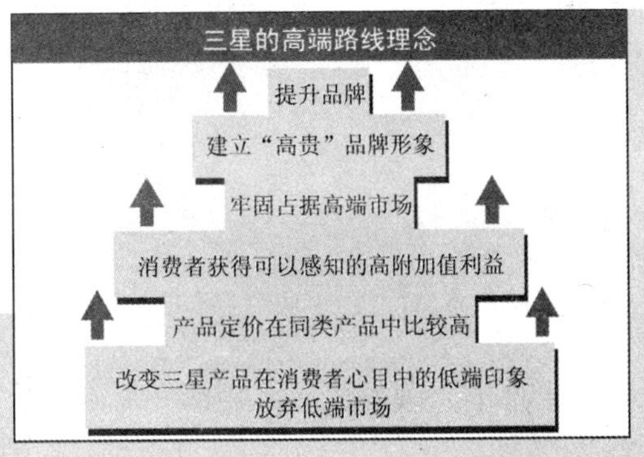

■ 在硝烟弥漫的中国手机市场，三星手机长袖善舞，越过了价格战的泥沼，在中高端的手机市场上占据了绝对优势。

2.1.2 高端芯片

不仅是在手机市场，在 249 亿美元的内存芯片市场，三星也是领先者。三星通过扩展高端业务有效地降低了恶劣的市场状况所带来的影响。尤其是三星的高端 DRAM 产品，市场对它们有着很高的需求。三星已经减少了低端 DRAM 芯片的产量。与此同时，竞争对手正在越来越虚弱，他们正努力寻求合并（现代半导体）或退出（三菱电子和东芝），三星在 2003 年年底占到全球 DRAM 市场的近 1/3，而在 2001 年时还不到 1/5。

2.1.3 高端笔记本电脑

三星笔记本尽管在 2001 年才进入中国，但 NV5000、Q10 系列却凭着比对手更轻更薄的优点直接向笔记本第一阵营发起挑战。在数码彩电领域，三星也以其高端路线的定位赢得了引人注目的品牌价值。

1999 年，三星将 55 家广告公司整合成一个统一的机构，在全球开展共同的广告宣传。成功的广告宣传使三星给全球的消费者留下了一个高贵品质的印象。为摆脱低价产品的标签，三星在市场推广方面几乎不惜血本，每年把销售收入的 5%（近 3 亿～4 亿美元）花费在广告等树立形象的活动上。

为了使消费者认同自己产品的高端品牌形象物有所值，三星对高端产品的研发投入可以说是不遗余力，如挂在墙上的等离子彩电，外观超薄、造型十分优雅的 DVD 播放机……三星已经成了一个真正的勇于革新的公司，在一系列产品上开发了前沿技术，包括组合式移动电话和手持设备、纯平电视以及超薄笔记本电脑。2002 年三星在专利申请方面排名世界第五。

■ 三星已经成了一个真正的勇于革新的公司，在一系列产品上开发了前沿技术，包括组合式移动电话和手持设备、纯平电视以及超薄笔记本电脑。2002 年三星在专利申请方面排名世界第五。

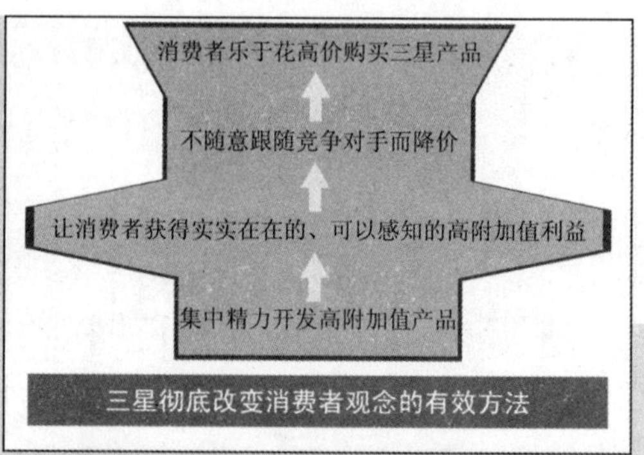

三星彻底改变消费者观念的有效方法

为了树立高端的品牌形象，三星还调整了品牌营销路线，将其产品从全球规模很大的折扣连锁店全线撤出，同时将DVD、电视机、电脑等高品质产品搬进高档次的品牌专卖店。同时，三星还成了盐湖城冬季奥运会的最大赞助商之一。

数码科技创造出了一个全新的产品区域，同时也为三星高端路线的成功推行创造了一个绝好的机会。三星全面翻新营销方式，加大力度向消费者宣传它的高端形象。三星的许多产品都有比竞争对手同型产品更多的功能。其价位也高出竞争对手30%。在中国，三星的许多产品的平均售价一般也都高于竞争对手。

为了配合其高端路线，三星电子在中国开设有多家“数码体验馆”。在北京中关村海龙大厦的“三星数字世界”，每天都会迎来熙熙攘攘参观的人流。“数码体验馆”摆放的通常都是三星最酷、最炫的数码产品，有些产品甚至还没有在中国上市。消费者可以使用那些产品，切身体验数码技术给生活、工作带来的方便快捷，实现了三星与消费者的互动。三星电子借此巩固了在消费者心目中的高端形象。

2.2　时尚设计

改进和进一步开发基础设计的能力，对企业而言具有相当重要的意义。企业可以通过改进基础设计来延长产品的生命周期。

除了制造和运营之外，设计已成为三星战胜竞争对手一个很重要的武器。出色的时尚设计正在把三星与时尚、酷、未来的感觉连在一起。

■ 数码科技创造出了一个全新的产品区域，同时也为三星高端路线的成功推行创造了一个绝好的机会。三星全面翻新营销方式，加大力度向消费者宣传它的高端形象。

1998 年以后，三星把时尚设计视为打造品牌的一项重要手段，花了大笔经费用于培养设计人才，并确立了以设计为导向的产品策略。

2.2.1　巨资培养设计人才

三星在内部成立了一个设计学校（SADI），以培养自己的设计人才。三星采取了多项措施以提高产品设计水平。为确保源源不断的创作源泉，三星请来了汤姆·哈迪为三星的设计师们开阔思路。三星的设计部门由 CEO 直辖。主要的设计师同美国公司的设计天才们一道工作，以激发自己的灵感。

三星的 6 家设计中心有 5 家在国外。5 年前，工程师们会告诉设计师，他们想要什么样的手机。“而现在，设计师们会告诉工程师，他们想要什么样的功能。”汉城（首尔）三星设计中心负责人郑国铉说。他手下的设计中心 2 年里员工人数增加了 50%，达 450 人。

在伦敦，三星设计中心的主管古德温（Clive Goodwin）同旗下的 18 位设计师一起，在欧洲市场上创造了无数奇迹。他们设计出带塑料扬声器的等离子电视和拥有滑盖键盘的新式手机。“用户和产品接触时的感受非常重要。”古德温说。

三星对设计师们提出的要求是：要从所有产品中一眼就能认出哪个是三星的产品。在三星的设计师眼里，冰箱不再是冰箱，而是家里装饰的艺术品，创新每天都在三星的生活中。所以当你看到三星的手机、显示器、彩电的时候，它们能让人眼前一亮，没有人不为它们创新的外形而赞叹。

■ 三星对设计师们提出的要求是：要从所有产品中一眼就能认出哪个是三星的产品。

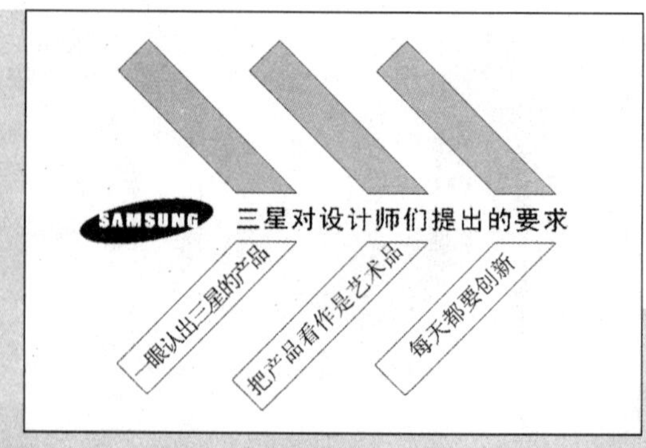

2.2.2　以设计为导向的产品策略

(1) 设计和研发并重

漂亮、时尚是三星产品的最大特点。“在三星内部有一个很重要的方针，就是设计和技术研发是相提并论的，三星集团的高层正在把重视设计的想法灌输到每一个人那里。大家基本上都形成了一种共识。”李相铉说。

荣获 IDEA 金奖“Bescof2004”奖项的三星 43 厘米的液晶显示器 SyncMaster173P 让其竞争者相形见绌。这款可折叠的 17 英寸 LCD 显示器只有一个开机按钮，所有的调节都通过鼠标来完成，并将电线连接隐藏于机器背后。凭借这个精巧简洁的设计，三星不仅赢得了 2004 年工业设计奖，还获得了德国 iF 设计大奖和 Red Dot 设计大奖，可以称得上是大满贯了。美国国际数据集团（TDG）旗下的出版物、在全球拥有 710 万读者的《PC-World》对这一产品点评说：“173P 外形出众且极富灵性。您几乎可以把这台银边的显示屏放置在任何地方。同时，用户可以通过一个直观的调节软件来进行显示设置，而不是机械地触按边框上沉闷的 OSD 按键。虽然价格稍贵一些，但时尚的设计使这款产品物超所值。不仅如此，173P 性能出众，而且图像色彩鲜艳、文本清晰锐利。”

三星的新代表作 SGH-E700 手机，其线条流畅、蛤壳造型、双屏设计、带数码调焦摄像头，工程师们还将惯用的外置天线改成了内置。不到 1 年，E700 的销量就达到 1000 万部，荣登全球最畅销的手机之列。

目前，三星拥有的 400 多名专家正着手开发新的基本产品设计。同时，还对设计美感的提升（用户界面、声音、色彩、材料等）和引领新的工业设

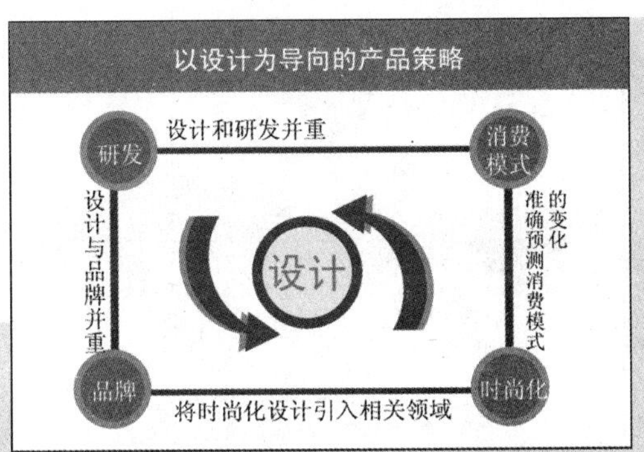

■ 在三星内部有一个很重要的方针，就是设计和技术研发是相提并论的，三星集团的高层正在把重视设计的想法灌输到每一个人那里。

计趋势进行研究。三星产品的时尚设计，已经在全球彰显出独一无二的三星风格。三星还将不断开发出新的杰作。

（2）设计与品牌并重

三星的发展重点是设计与品牌并重。在中国台湾，三星现在已经把家电产品的经销权从代理商手中取回，并且将通路销售人力补齐，成立家电部门的行销团队，目的就是希望由公司来掌握通路与品牌行销的主导权。三星在中国台湾快速成长，验证了以设计挂帅的行销奏效，而在品牌经营上，今后将会有更多令人期待的做法。

（3）准确预测消费模式的变化

三星能获得今天的成功，离不开它正确地预测出人们消费模式变化的能力。三星首席研究员和产品设计师金泓杓说："对我来说，最艰难的事情是开发全新和独创的设计。"

《商业周刊》这样评论三星："这家韩国消费电子产品制造商之所以出名不仅因为它削减了日本品牌的价格，更是因为它的产品突然变得时髦起来。"

三星还非常重视基于明天的市场需求的设计创意。具体而言，三星对手机的设计灵感不但来自手机，还来自化妆品和珠宝首饰等——手机可以有镜子、粉饼盒的共享。《商业周刊》在一篇文章中曾谈到："三星着眼于明天的设计理念为其在高端产品领域带来了丰厚的利润回报。"

（4）将时尚化设计引入相关领域

三星将时尚化设计引入了各种领域。以手机行业为例，三星发现，现在的手机对消费者而言，已经不是电子产品了，它更像是随身携带的配件，这让它在产品设计上有更多的发挥空间，也让其生产的手机产品始终走在市场

■ 三星能获得今天的成功，离不开它正确地预测出人们消费模式变化的能力。

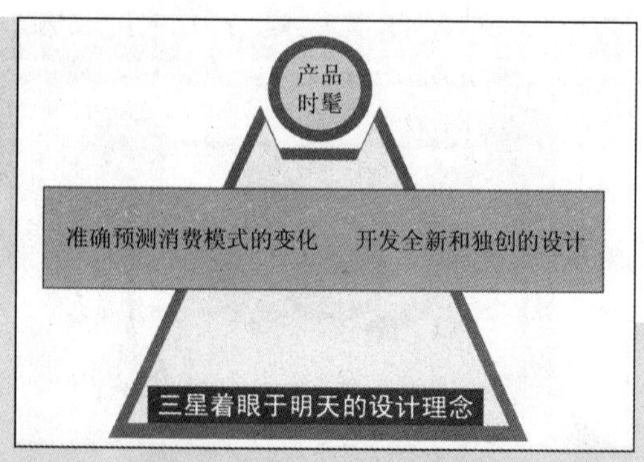

的高端。三星时尚化设计的 T108 彩屏手机曾风靡中国市场。另一些与手机有关的时尚，如彩屏、和弦和铃声下载，三星都是不遗余力的倡导者和成功者。

2.2.3　三星获得的设计奖项

三星的专业设计已经赢得了世界上越来越多的关注。无论从哪方面看，在设计上做足功夫的三星都成绩斐然。

2004 年，三星共有 5 款产品被授予 2004 年工业设计奖（美国工业设计师协会每年从特定的工业领域选出顶级的产品设计，授予工业设计奖——Industrial Design Excellence Awards，简称“IDEA”，并公布于当期的《商业周刊》杂志）：

17 英寸 LCD 显示器（型号：Syncmaster173P）和便携式循环打印机（概念产品）双双被授予金奖；

两款 50 英寸 DLP 背投电视（型号：SVP-50 and SVP-56L7）和一款微波炉（型号：MD1000）获得了银奖；

三星的 Smart Screen（一种自动组构图像的计算机显示屏）则被授予铜奖。

三星获奖产品的数量超过了其他任何一家公司。在过去的 5 年中，三星共获得 19 项工业设计奖，获奖总数首次超过了美国的苹果公司跃居首位。

除此之外，三星电子还在德国及日本的工业设计评选中有出色的表现。2001 年，三星电子的众多实用性产品在德国获得了 11 项“iF 产品设计奖”，在日本获得了 12 项“工业设计优秀奖”。

■ 三星的专业设计已经赢得了世界上越来越多的关注。无论从哪方面看，在设计上做足功夫的三星都成绩斐然。

2003 年 3 月 12 日，世界最大的 IT 展会——2003 年度 CeBIT 展览在德国的汉诺威揭开帷幕。作为主要参展商之一的三星电子，展示了世界最轻薄的笔记本电脑、世界首款无线彩屏手表电话、最小的多功能激光打印机、智能手机包括 3G 手机在内的多款令人叹为观止的最新产品，而且还获得了 4 项 iF 设计大奖。“iF 产品设计奖”始创于 1953 年，由德国汉诺威工业设计论坛（Industrie Forum Design）赞助设立，是与美国工业设计协会创立的“工业杰出设计奖”齐名的世界性权威设计大奖。该奖的评选标准非常严格，主要包括设计质量、审美、创新、安全、对环境无害、材料适用性、功能易用性以及耐久性等多项指标。

在中国，三星在设计方面也曾屡获殊荣。比如，三星 XlO 喜获《软件世界》“最佳移动平台奖”，三星显示器 152S 荣获硅谷动力 2003 年度 IT 产品横项评测编辑选择奖，三星 CRT 与 LCD 显示器同获“CHIP《新电脑》年度产品大奖”。

2.3　技术领先

“科学技术是第一生产力”。品牌是技术的结晶，更是生产力中最具活力和价值的因素。分析世界著名品牌，高科技、新技术占尽风流。索尼公司从 20 世纪 50 年代以来，将资源集中在技术开发方面，先后研制出 1/2B 录像机、8 毫米摄像机、TR55 型笔记本型摄像机等，使其产品始终处于世界领先地位，被称为“技术的索尼”。美、日一些知名企业每年的技术专利申请都有上万件。可见，技术领先是企业创建强势品牌的核心要素。

■ “科学技术是第一生产力”。品牌是技术的结晶，更是生产力中最具活力和价值的因素。

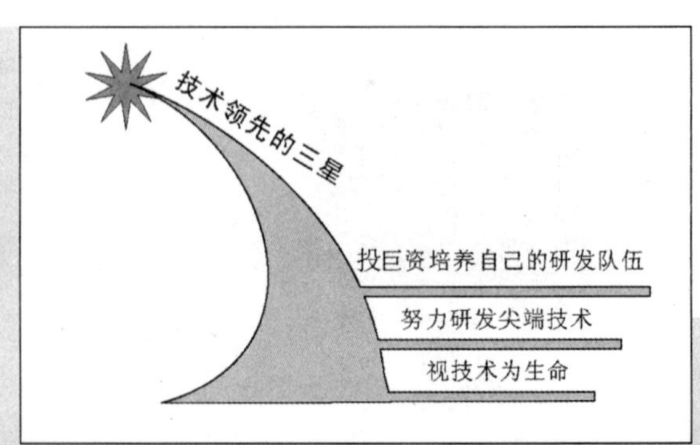

一个企业如果没有核心技术和自主知识产权技术，这个企业就不可能成长为领袖企业；对于一个以制造为生存方式的企业来说，技术，尤其是核心技术，就是这个企业的生存权。

对自主知识产权技术的强烈渴望和追求是三星成功打造品牌的根源。换句话说，在最核心的层面，三星是工程师造就的企业，三星的成功是技术的成功。

三星电子的所有产品特性都显而易见，那就是集科技化、时尚化、数字化于一身，进而全面领导潮流并把握未来。这个基本点在三星深入贯彻后，其电子技术遥遥领先于对手，甚至有人认为，领先的不只是两三步，三星电子已经领先对手十步。2004 年 8 月的《财富》（中文版）曾经这样形容三星对技术的重视："三星，视技术为生命。"

创业初期的三星，自身的技术水平不高，主要靠引进国外技术，生产或仿制欧、美以及日本等地厂商的产品，因此，曾一度非常被动。但自 20 世纪 80 年代以后，三星毅然下决心投入巨资培养自己的研发队伍，力争在尖端技术领域取得竞争优势。如今，三星已经成为一家视技术为生命的企业，把约占销售收入 10% 的资金投入研发。2003 年，三星在美国取得专利 1313 项，在世界所有企业中排名第九，并且其在美国的研发所申报的知识专利仍以每年 1300 余项递增。三星的投入获得了丰厚的回报，目前三星有近 20 种产品的市场占有率居全球之首。三星集团会长李健熙曾说过，21 世纪的特点是低成长率和高科技，因此，三星一定要进行持续的技术变革和全球化。

三星的后来居上，关键在于 1996 年推出的全球第一款 CDMA 手机，李

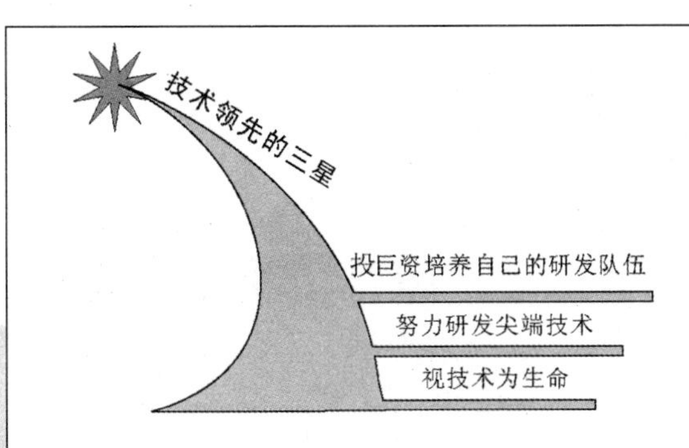

■ 对自主知识产权技术的强烈渴望和追求是三星成功打造品牌的根源。换句话说，在最核心的层面，三星是工程师造就的企业，三星的成功是技术的成功。

基泰知道三星在技术规格上领先了一步。在2003年，不管3G（第三代移动电话技术）怎么发展，李基泰已着手布局4G，与诺基亚、日本NTT DoCoMo等公司合作，意图让三星在未来超越“技术追赶者”的角色，跻身“国际规格制定者”之林。他希望三星手机能成为数字融合（Digital Convergence）的关键媒介，让移动电话成为整合数字相机、PDA、影音娱乐、电子商务与联网功能的微型计算机。

在高端电视产品方面，应用于该系列产品的DNIe数码自然影像技术是三星投入巨资历时6年才研制成功的独有的画面改善技术，该技术刷新了数字电视的画质标准，属于一项“世界级影像技术”。数码影像技术一向被认为是技术领域中的“极限运动”，它涉及物理学、摩擦学、工艺技术等多门学科。从最近刚刚发布的全球最大的40英寸超薄液晶电视和全球最薄的机身仅2厘米的15英寸液晶电视，到三星即将发售的全球唯一最大63英寸电浆电视，这一切无不显示了其傲人的技术实力。

此外，三星彩电还应用了最新的DCDi、DVI端子、内置双协调器等技术。DVI、DCDi、内置双协调器以及第三代DNIe数码自然影像技术等四大技术，进一步奠定了三星电子在数字电视方面的技术领先位置。

2004年，三星电子在全球首次推出的超薄DLP数码光显电视，是其与美国得州仪器共同开发研制的。作为普通CRT背投的替代产品，DLP数码光显电视的分辨率、亮度、对比度等三项技术指标均大大超越CRT背投。

2004年4月，三星电子推出了50P4和42D4两款经典等离子电视，6月又在中国推出了三款液晶电视，7月又推出42D4等离子电视，以及后来的DLP数码光显电视等，三星的全线产品都被赋予了其独有的DNIe技术

■ DVI、DCDi、内置双协调器以及第三代DNIe数码自然影像技术等四大技术，进一步奠定了三星电子在数字电视方面的技术领先位置。

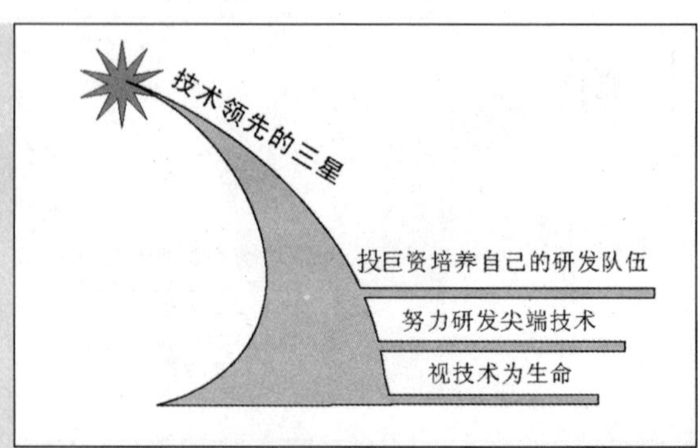

内涵。

三星对技术的重视可以从其庞大的研发队伍上体现出来。三星电子拥有研发人员 17000 多名，超过了职员总数的 30%。2001 年获得美国专利数达 1450 项，超过索尼，居全球第五位。三星每年的研发投入在 25 亿美元（超过 200 亿元人民币）以上，占销售额的 8%以上。

对技术的重视，从三星对人才的渴望上也能体现出来，李健熙会长曾说过，他们网罗的人才，应该是“一个人能养活 10 万个人的顶尖人才”。三星电子拥有博士级人才超过 1500 人，比韩国最高学府汉城（首尔）大学的人才还多。三星创始人李秉喆曾经自豪地说：“我生命中 80%的时间都用来网罗和培养有潜力的人。”“发现人才、培养人才、网罗人才、重用人才”，已经成为三星的“文化基因”。

在中国，随着三星的战略转型（由制造中心向市场中心转变），三星的研发力量也开始向中国倾斜。如今，三星已经在中国建立了半导体、通信、多媒体、软件等多家研发机构及设计中心。其中三星（中国）通信研究所于 2004 年 4 月正式升级为三星（中国）通信研究院，并设立了博士后工作站。

2.4 质量标准

对于品牌而言，质量是一个永不停息的概念。质量是产品和品牌的生命和灵魂。不断提高产品质量，品牌的信誉、知名度、美誉度、忠诚度才能不断增强，才能使品牌的价值不断提升，品牌才能“永恒”地辉煌。

在三星的品牌理念里，很重要的一个方面就是严格的质量标准。

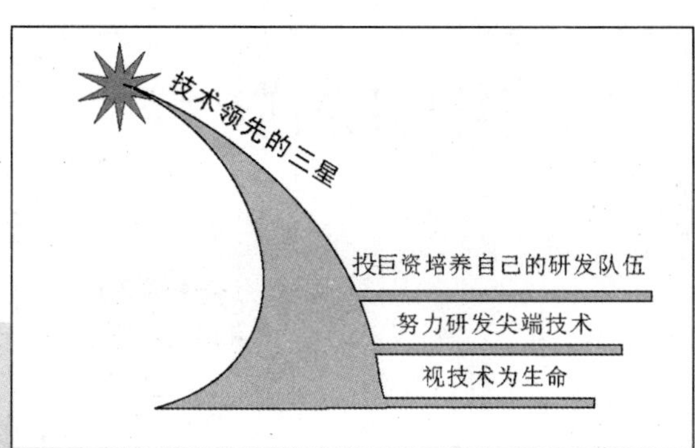

■ 三星对技术的重视可以从其庞大的研发队伍上体现出来。三星电子拥有研发人员 17000 多名，超过了职员总数的 30%。

如今的三星代表的是高端和高品质产品，但在1992年之前，三星一直采取分散经营与快速扩张的经营管理方式，注重数量上的扩张，对质量的要求不是很高。

在表面一片大好的形势下，三星意识到，以数量为中心的经营将对企业的长远发展产生很大的限制，这种低成本扩张的模式难以维持长久的竞争优势。综合分析了市场情况之后，三星决定立即向高端产品进军。然而，高端产品是以高质量为前提的。所以，从1993年开始，在三星企业内部展开了一场“新经营运动”，其核心就是要使三星从以数量为主的经营模式转型为以质量为主的经营模式。在追求质量的基础上，为确保企业的核心竞争力，1998年，三星裁撤了公司1/2的主管，强力推行“新经营运动”管理思想；在企业和业务运营的“每个角落”，三星还实行以质量而不是数量为中心的高强度管理；同时，还砍掉了一批不盈利的非核心业务。在此基础上，李健熙甚至极端地提出每个公司都要有一个“世界第一的产品”，以逐渐淡化数量与规模导向。

但当时以追求数量为主的企业文化在三星内部已经根深蒂固，许多员工的质量意识都很差。为了从根本上震撼每一名三星员工的质量意识，三星烧了两把大火。

一是三星的产品在美国沦落为地摊上的大路货后，三星果决地把生产出的一些认为有质量问题的产品，包括电视机、冰箱、微波炉等产品都堆到一个操场上，点火焚烧。二是三星手机刚开始销售时，出现了不少次品。三星断然回收全部的15万部手机，将其堆积在工厂前，让全部职员亲眼目睹价值150亿韩元的产品，就这样化为尘烟。这种极端的行动，使得追求第一品

■ 从1993年开始，在三星企业内部展开了一场“新经营运动”，其核心就是要使三星从以数量为主的经营模式转型为以质量为主的经营模式。

质的理念在三星公司深入人心。

通过“新经营运动”，三星的每一名员工都意识到只有质量好，消费者才会对自己的产品有信心，有了信心，他们才会对企业产生信任，只有消费者对企业产生信任，产品才能卖个好价钱。

以三星生产的 Anycall 手机为例，按照国际标准，它的切板从 1.5 米的高度坠落，如果不发生任何问题就算合格。但是三星 Anycall 要求在一个人身高以上的高度掉下来仍然没有问题，这样才算合格。每当推出新手机，通信网络部社长兼 CEO 李基泰一定亲至工厂品检，亲自确认后才放心；他也会当着访客面，将三星手机抛往高处、重重摔下，甚至以超过 80 公斤的体重用脚再踩一遍，才捡起来拨打示范，证明三星产品坚不可摧的品质。

三星对产品质量标准的追求是没有止境的，三星集团中国区会长李亨道说：“改善应该是没有止境的事情，工序和原材料更新方面的改善也应该是没有止境的。”

2.5　简单原则

在生活节奏越来越快的今天，人们在选择商品时除了注重质量之外，比以往更加追求简单易用。谁的商品使用起来更简单，谁就拥有了更多的成功机会。

三星早在 1993 年就发现在美国市场上，更加简单的日本产品比三星的价格高出许多，却销售得很好，从此奠定了三星的追求简单——SIMPLE 的品牌理念。于是，我们今天所看到的三星产品都带着现代的简洁特征。

■ 三星对产品质量标准的追求是没有止境的，三星集团中国区会长李亨道说：“改善应该是没有止境的事情，工序和原材料更新方面的改善也应该是没有止境的。”

三星注重产品的简洁，抛弃了复杂的用户界面，这一原则甚至被写进了设计人员手册。一名手机设计人员表示："诺基亚在手机方面处于领先，但是我们认为他们过于追求设计了，我们正在避免出现那种情况。"

李健熙的思考模式被认为是"越是复杂的问题，越要简单地处理"。比如1987年，在DRAM技术面临升级时，三星的技术专家在应该选择堆叠式（stack）还是沟槽式（trench）模式生产面前举棋不定，并不懂技术的李健熙在进行过一系列研究后在笔记中写下："将电路累积堆叠到高层的stack方式，比较简单。"这一选择在日后被证明极为明智。

参观三星电子位于韩国水原的"三星展示馆"时，感觉就像进入了《黑客帝国》中的明日世界。"三星展示馆"展示了三星电子制造的产品以及正在研发的产品，从最新型的LCD电视、旋转照相手机和家用电器到下一代的网络影院、清洁衣柜、脚踏式真空吸尘器和集线器，无不体现了简单易用的设计理念。

获得美国工业设计协会颁发的2002年度工业设计奖金奖的"家庭医生"更是充分表现了三星电子创造有品质的数码体验的理想以及简单的品牌理念：它是三星的家庭健康诊断工具箱的概念产品。人们只需吞下一个小小的可检查内部器官的高科技药丸，其他外部监测设备将会自动检测结果，并将数据反馈给医生。

2.6 亲和力

与欧美企业、日本企业不同，韩国企业在中国发展时十分强调中韩文化

■ 李健熙的思考模式被认为是"越是复杂的问题，越要简单地处理"。

的接近性，非常了解中国文化，努力营造亲和的形象，并且将此作为打入中国市场的第一件事情。

比如，LG公司从1993年开始，就曾先后在教育、助残、体育、文化、环保及卫生等领域与中国相关政府部门或非官方机构展开多方面的合作，通过各种公益活动来增强品牌的亲和力。

和LG诞生在同一个国家的三星，则通过时尚的设计和先进的技术把冷冰冰的高科技产品变成了大家手中的玩具，使得男女老少都可以用，从而使“SAMSUNG”成为中国普通消费者尤其是年轻人最感亲切的品牌。

为了使自己的品牌具有亲和力，三星电子在1998年提出了宣传口号：“Samsung Digital Everyone's invited”，即“三星数字世界欢迎您”。该口号代表了三星对广大客户和消费者的承诺。其中“三星数字世界”代表了所有时代、所有顾客和所有产品。同时，三星电子还期望通过这个口号传达出这样的含义：三星电子是一家充满开放意识并让人感受亲切的高端数字企业，通过开发新型、多功能产品，让每个人的生活变得更舒适便利、丰富多彩。

当然，三星的品牌亲和力，还不仅仅来自这些，除了其巨资赞助悉尼奥运会那样的大手笔之外，三星还瞅准了中国年轻人追逐的每一个潮流，然后不失时机地“插上一脚”——邀请韩国流行少女演唱组合FIN. K. L做YEPP的品牌代言人，赞助各种演唱会和体育赛事，主办网络游戏大赛。凡此种种，都让人感受到三星电子“笼络”年轻人的野心。事实证明，在大型赛事中与直接销售保持一定距离的行为强化了三星亲善的品牌形象。

■ 和LG诞生在同一个国家的三星，则通过时尚的设计和先进的技术把冷冰冰的高科技产品变成了大家手中的玩具，使得男女老少都可以用，从而使“SAMSUNG”成为中国普通消费者尤其是年轻人最感亲切的品牌。

第三章

三星的品牌战略

品牌战略是指企业为提高企业产品的竞争力而进行的，围绕着企业及其产品的品牌而展开的形象塑造活动。它是企业为了生存和发展而围绕品牌进行的全局性的谋划方略，是企业整体发展战略的重要内容。

世界著名的品牌咨询公司 Interbrand 公司在调查中发现，近年来，全球范围内的大企业比以往更加注重制定自己的品牌战略。这是因为：

首先，在市场竞争日趋激烈的经济环境中，绝大多数企业的营销阻力加大、利润普遍降低，于是企业开始转而努力使品牌价值由无形资产转化为有形资产；

其次，由于流通革命，企业对消费者的影响力部分转移到流通企业，这就迫使企业不得不加强自身品牌对消费者的影响力；

最后，由于商品的生命周期缩短，新产品的市场导入频繁，因此拥有知名品牌的企业面对大量新商品上市，会越来越重视品牌生命力的延长。

三星创造了全球品牌价值提升的奇迹，而这一切主要归功于三星具有前瞻性的战略眼光，成功实施了卓越的品牌战略管理。

三星的品牌战略首先在于决定从做 OEM 转而打造自有品牌；其次是提出新经营哲学，要把三星品牌变成世界一流产品、雇员以及工作流程的同义

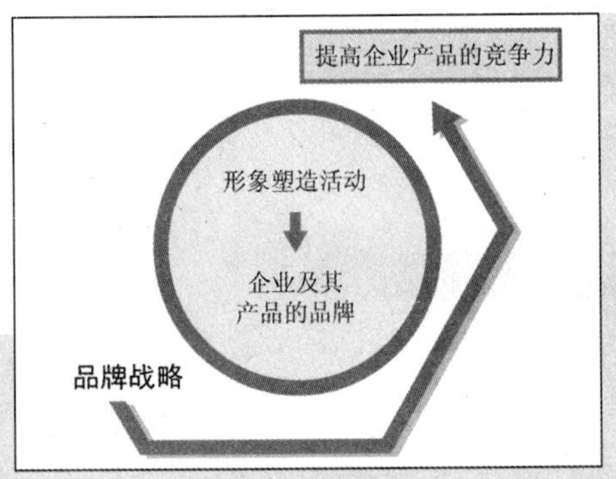

■ 品牌战略是指企业为提高企业产品的竞争力而进行的，围绕着企业及其产品的品牌而展开的形象塑造活动。

词，拥有至少50种市场占有率第一的产品，并最终成为全球数字融合革命的领导品牌；最后是确立了“数码战略”，即致力于领先全球数字时代、领导数字集成革命潮流。

3.1 打造自有品牌

20世纪80年代初期，三星凭借低廉的劳动力成本优势，通过给众多的日本品牌做OEM大大拓展了自己的规模，具有了一定的经济实力。

20世纪80年代中后期，日本的经济奇迹般地达到了顶峰，在以电子、汽车为代表的众多日本品牌名满天下时，三星一边继续忍气吞声地为日本品牌打工，一边开始充满豪情地创建自己的品牌，标有“Samsung”标志的产品就是三星在那个时候推出的自有产品。

依靠其成本优势和快速灵活的生产方式，三星自有产品以低价营销战略成功地在国内和亚洲的许多地区取得了一定的销售业绩，并逐渐渗透进美国和其他发达国家的市场。三星以巨大出货量的方式，确立了在低端产品市场上的优势地位。但与此同时，三星给消费者也留下了低价劣质的印象。

1992年，三星在半导体领域已经是全球数一数二的企业，特别是大规模半导体制造能力，以其成本优势为三星产品获得了别人没有的价格竞争力。但三星意识到了经营的危机，决定把靠规模化的量产经营获得竞争力的方式改为“以质经营”。

由于模拟技术必须要经历长时期的沉积，而三星的模拟技术的起步晚于日本企业，多年来三星在模拟技术上只能亦步亦趋。但数字时代的技术门槛

■ 依靠其成本优势和快速灵活的生产方式，三星自有产品以低价营销战略成功地在国内和亚洲的许多地区取得了一定的销售业绩，并逐渐渗透进美国和其他发达国家的市场。

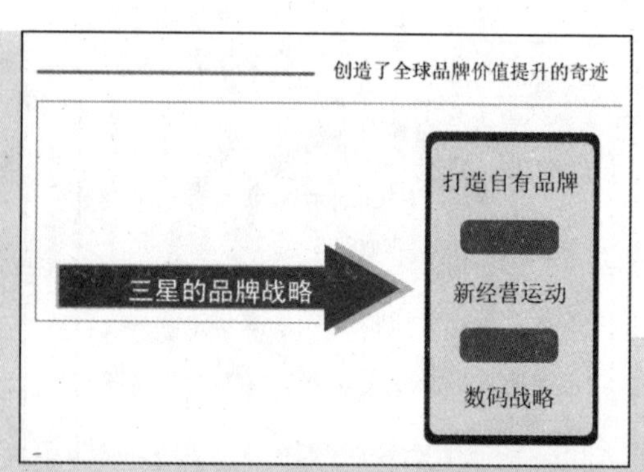

并不太高，数字技术的突飞猛进让三星电子发现了自己可能获得后来居上的机会。更重要的是，数字技术的“无所不能”给了三星一个很好的发展空间，即全球市场有着很大的一个有实力和有兴趣接受数字技术产品的中产阶级群体，以及伴随互联网成长起来的有可能成为中产阶级的人群，这在三星电子转型中被定位成了目标顾客群体。他们年轻、富有、标新立异、个性鲜明而又需求各异，极具号召力和影响力。他们将成就三星电子引领潮流的先锋形象。三星认为，数字技术已经是他们赶超日本企业的最后一个机会。

1997 年的金融危机使三星更加认清了调整企业战略的必要性。于是，1999 年，三星做出了有史以来最大的一次战略调整——以数字技术为中心，将经营核心转向自有品牌。三星深刻地认识到，数字化正在席卷整个消费电子行业，从模拟到数字，是整个消费电子行业的方向。三星从此将从模拟时代进入数字时代。与此同时，三星的核心竞争力也从大规模制造，转向基于数字技术的自有品牌。

3.2 新经营运动

三星能够度过 20 世纪末的金融危机并取得今天的卓越成绩，得益于三星会长李健熙从 1993 年开始倡导的“新经营运动”，这次运动为三星的革命性变革打下了坚实的基础。“新经营运动”的理念核心只有一个字：变。

改革从来都是艰难的，革命历来都是危险的。在韩国这个以传统文化为主的国度，更是如此。“新经营运动”以渐进的方式进行着变革。其核心是：进入 21 世纪以后，国家之间的壁垒将会逐渐消失，世界将会进入无限竞争

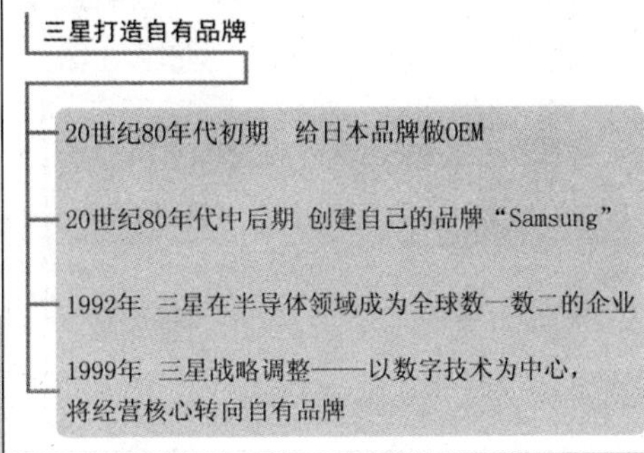

■ 1999 年，三星做出了有史以来最大的一次战略调整——以数字技术为中心，将经营核心转向自有品牌。

的时代。如果一个企业在其所在领域不能成为领导者，那么它的生存将会受到威胁。

3.2.1 法兰克福宣言

1993年是三星集团的改革元年。

20世纪90年代初，由于三星产品在美国市场的接连受挫，1993年2月，三星集团会长李健熙亲自带领各个分公司社长到美考察，在洛杉矶，他们一起目睹了三星的产品在国外的境遇。他们去了很多电子卖场和大百货商店，看到三星的电子产品被放在不起眼的角落，无人问津落满灰尘。而摆放索尼产品的位置却很显眼，购买的顾客也很多。

国际市场把三星产品视为二流货，这无疑给三星领导层以沉重的打击。1993年2月18日，三星集团电子部门的副总经理以上的管理者在美国洛杉矶四季宾馆召开了一次别开生面的“电子部门出口商品现场比较与评价会议”。一向沉默寡言的会长李健熙，这一天在会上却一反常态，滔滔不绝地讲了许多。他说：“一支好的高尔夫球棒在美国卖500美元，而三星的27英寸的彩电才卖400美元。即使如此，三星的产品在这里仍‘灰尘满面’”。会后，他们又用了3天时间在现场将世界78种产品与三星的电子产品逐一进行了比较分析和评价，这让“三星”人切实地认识到其电子产品在世界市场上所处的位置。

不久，李健熙又于3月2日至4日在日本东京举行了以提高国际竞争力为主题的总经理会议。三星集团副总经理以上的46名领导出席了这次会议。会后又重点考察了日本的著名电子市场。

■ 三星能够度过20世纪末的金融危机并取得今天的卓越成绩，得益于三星会长李健熙从1993年开始倡导的“新经营运动”，这次运动为三星的革命性变革打下了坚实的基础。

此后，三星分别于6月6日至24日在德国的法兰克福，6月27日至29日在英国伦敦，7月4日至14日在东京、大阪举行领导层会议。其中尤以法兰克福会议历时最长，震动最大。后来人们把在这一系列会议后所形成的新经营战略称作“法兰克福宣言”。

“法兰克福宣言”的主要内容及思想如下：

（1）企业的寿命不是永恒的，要勇于进行自我解剖，要有危机意识。

（2）企业领导人必须了解世界的变化情况，不能坐井观天。

（3）确立“三星”新的战略目标——世界级超一流企业。要在2000年进入世界十强之列。

（4）彻底抛弃“以数量为中心”的经营思想，牢固树立以质量求生存、求发展的经营思想。

（5）重塑“三星”形象，建立符合时代精神的三星文化：重实效，埋葬形式主义。

从1993年2月至同年7月间，先后有1800名领导参加了在世界各地举行的“三星”高级经营人员会议，耗资总计近60亿韩元（相当于750万美元）。李健熙在法兰克福会议上提出：“要具备世界一流的竞争力，必须勇于改变，除了妻子和儿女外，其他什么都要变。”

3.2.2　从“以数量为主”到“以质量为主”

李健熙决定在三星进行一次天翻地覆的彻底变革。他一口气写出《三星新经营》一书，以此作为三星未来发展的行动指南。他在该书的开篇提出“变化先从我做起”的口号，并将此口号作为三星的企业哲学和奋斗精神：

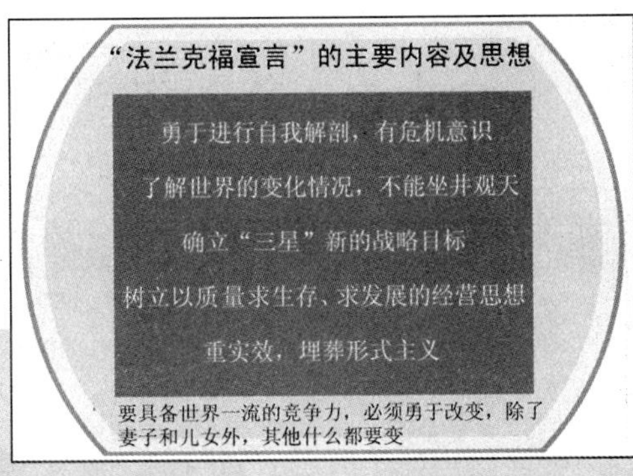

■“要具备世界一流的竞争力，必须勇于改变，除了妻子和儿女外，其他什么都要变。”

以人才和技术为基础，创造最佳产品和服务，为人类社会作出贡献，积极投身于消费者中间，认识并且迎接来自全球的挑战，为全人类创造更加美好的未来。

要实现美好的设想，必须脚踏实地从一点一滴做起。面对这样一个改革大工程，哪里是突破口？李健熙一针见血地指出：在全球一体化时代，品质就是企业竞争力的基础，它直接关系到企业的生死存亡。李健熙还说过："三万个人搞生产，六千个人搞售后服务，这样的企业拿什么和人家竞争？有品质问题找原因，想办法解决，要让我们的产品达到一流水准，哪怕把生产线停下来，哪怕会影响我们的市场份额。"亚洲金融危机彻底粉碎了三星以数量为中心的经营模式，促使三星下了革命的决心。

在企业业务与运营的每个角落，三星实行以质量而不是数量为中心的高强度管理，以增强三星的核心竞争力。三星还砍掉了一批不盈利的非核心业务。三星甚至极端地提出每个公司都要有一个"世界第一的产品"，以逐渐淡化数量与规模导向。

"新经营"使三星步入了品质取胜的良性发展轨道，创造了三星崭新的企业文化。1997 年的亚洲金融危机，使得大宇、起亚等不少当年与三星齐名的大企业先后倒下，然而身强体健的三星却挺了过来，并在国际市场上脱颖而出。"新经营"的改革，功不可没。不仅如此，"质量经营"的理念已成为三星树立品牌意识的基础，也是保证三星品牌运营成功的首要条件。

十年过去了，三星集团如今已经发展成为韩国第一大企业集团，旗下有 3 家公司进入世界 500 强企业行列，在 2002 年世界经济不景气的状况下，三星电子名列全球 IT 企业纯利润第二，同时高居世界 IT 百强榜首。

■ "新经营"使三星步入了品质取胜的良性发展轨道，创造了三星崭新的企业文化。

“新经营”的目标推动三星在十年中建起了一个世界级的跨国企业。如今，在纽约最繁华的时代广场上，总是能看到标有三星字样的巨型广告在夜空中闪耀。三星在海外近 70 个国家和地区 300 多个生产企业中的 17.4 万员工，以“新经营”为理念推动企业登上了世界经济的大舞台。

在中国，三星也同样不遗余力地推行“新经营”主义，并对中国经济继续做出贡献。对于三星来说，三星中国正由制造基地的角色向研发中心转变。2000 年，三星电子在北京设立了通信研究所。2003 年初，三星电子又在苏州投资 700 万美元建立半导体研发中心。具有强烈社会责任感的三星立志成为受中国人民尊敬和爱戴的企业。

众所周知，三星是 2008 年北京奥运会的全球赞助商之一。目前，三星中国公司为了更加彻底地贯彻与当地社会共同发展的经营方针，严肃认真地扮演着一种优秀的、尽职的“企业公民”的角色，坚实地遵守着自己的承诺。

3.3 数码战略

在当今急剧变化的市场经济条件下，实时性地制订品牌战略对于企业显得尤为重要。

三星以前瞻性的战略眼光准确地预见到了数字时代和信息时代的来临，并为迎接这个时代的来临做了很充分的准备和努力。三星深刻地认识到，21 世纪是一个数字融合的时代，消费电子、信息/电信产品、电视机和 PC 机以及在线和离线的世界都将融合在一起。由于三星电子在消费电子、电信和半导体方面都处于领先地位，因此，三星电子是推动这次数字革命的理想

■ 三星以前瞻性的战略眼光准确地预见到了数字时代和信息时代的来临，并为迎接这个时代的来临做了很充分的准备和努力。

动：PDA手机、Nexio超薄笔记本计算机和能上网的数字电视，是未来三星电子向移动数字网络、办公数字网络和家庭数字网络三个领域发展的代表产品。三星要求其全球17个市场的销售主管各自提出一种这样的具有明显的三星特征的旗舰产品，让消费者一看到这些产品就想到三星，从而能把三星和出色的未来技术联系在一起。

三星深知，在数字时代，消费者需要的是一种解决方案，而非一款简单的产品。三星正力图通过迅速将其掌握的数字技术转变成实际的解决方案，逐渐成为数字时代的新领袖。

3.3.3 数码战略在美国

在数字技术方面，美国是一个具有代表性的市场，三星的数码战略首先在美国取得了成功。在美国的电子产品市场，三星敏锐地捕捉到了由数码技术的兴起而形成的新的市场机会，领先一步开发出了质量稳定的MP3播放机、DVD机、CDMA手机和数码相机，从而在数字产品领域建立了品牌，赢得了一批思想开放、热衷于新技术的年轻购买者。三星和美国第四大移动营运商斯普林特的伙伴关系也对三星CDMA手机在美国的畅销起了很大的作用。

三星通过各种渠道在消费者心目中建立数码技术领导者的印象。2002年，三星给迈克尔·戴尔寄去一台笔记本电脑。这款笔记本电脑设计时尚、工艺精良。韩国能造出如此轻薄的笔记本电脑，这令戴尔非常惊奇。

经过对三星的考察，戴尔公司和三星电子公司签订了一笔价值160亿美元的合作协议，由三星公司向位于得克萨斯的戴尔电脑公司提供零部件。从

■ 三星深知，在数字时代，消费者需要的是一种解决方案，而非一款简单的产品。三星正力图通过迅速将其掌握的数字技术转变成实际的解决方案，逐渐成为数字时代的新领袖。

此，戴尔先生本人外出时随身携带的笔记本电脑也换成了三星制造。

2003年初，三星在美国推出了一种有5英寸显示屏、可以运行Windows操作系统、上网、运行表格和文字处理程序的NEXiO手持电脑。NEXiO上市后每月卖出5000部，比尔·盖茨就有一部。但是具有讽刺意味的是，微软的Tablet PC就是NEXiO的主要竞争者之一。

所有的这一切，包括占领美国市场，并不是三星的目标。三星最核心的战略目标是把作为企业无形资产的核心力量与企业竞争力源泉的品牌价值提高到世界一流水平，从而使三星成为世界一流产品、一流员工以及一流工作流程的同义词，并最终成为全球数字信息时代的领导品牌，成为新数字化生活的代言人。

今天的三星开始变得与众不同了。特别是在近年来半导体领域不景气的环境下，以数字技术为核心的数码战略，成功地使三星移动电话在全球的市场份额迅速增加到10%，并因CDMA手机成为全球最大的供应商，占有整个市场份额的26%。同时，三星还是全球第三大直观式数字电视机生产商、世界三大DVD播放机生产商之一及世界第二大芯片制造商（2003年，英特尔占据了16%的市场份额，已经连续12年排名第一）。

■ 三星最核心的战略目标是把作为企业无形资产的核心力量与企业竞争力源泉的品牌价值提高到世界一流水平，从而使三星成为世界一流产品、一流员工以及一流工作流程的同义词。

第四章

三星的营销模式

时至今日，三星几乎成了高端和时尚品牌的代名词。其独特的品牌理念和以数字技术为核心的品牌战略固然都是其成功的重要因素，但在竞争日益激烈的今天，其包括体育营销、娱乐营销、游戏营销和公益营销在内的多种营销模式的综合运用，也同样成为三星在全球成功塑造强势品牌的关键因素。

4.1 体育营销

所谓体育营销，是指借助赞助、冠名等手段，通过所赞助的体育活动来推广自己的品牌。曼德拉曾说过这样一句话："体育，拥有改变世界的力量！"现在很多企业都认识到体育背后蕴藏着无限商机，认识到体育赛事是品牌最好的广告载体，体育营销已成为大众认同率最高的市场推广策略之一。

与其他营销手段相比，体育营销具备如下三大优势：

● 效果自然，易于被公众认可和接受

体育赞助实质上是一种软广告，但是由于广告并不单独出现，因而商业

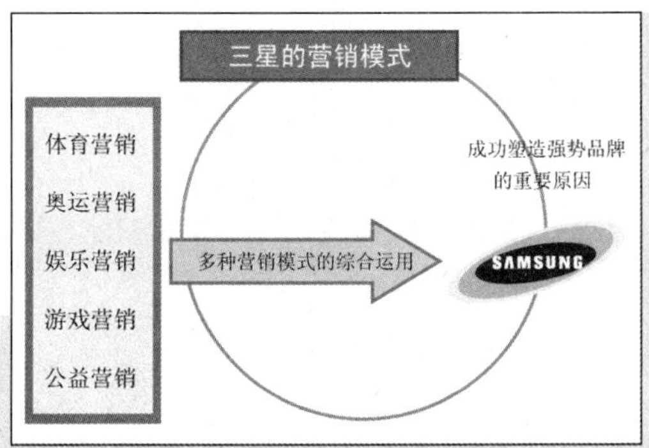

■ 在竞争日益激烈的今天，其包括体育营销、娱乐营销、游戏营销和公益营销在内的多种营销模式的综合运用，也同样成为三星在全球成功塑造强势品牌的关键因素。

性及功利性不像硬广告那么明显，而且体育比赛一直是全世界各个国家、各个民族所共通的爱好，因此，较容易被大众所接受。

● 沟通对象面广量大、有针对性

由于人们越来越重视健康，体育运动作为一种锻炼身体的手段被人们所喜爱，因而一些重大比赛现场，观众动辄成千上万，媒体受众更是不计其数。即使是一些地方性的赛事，只要组织得好，观众也会十分踊跃，因此，这些都有利于企业与目标对象进行有效的沟通，从而达到事半功倍的效果。

● 品牌信息传播的高效率

众多媒体对体育赛事争相报道，电视转播又使观看这些体育比赛变得轻而易举，赞助商高频率地亮相，使得品牌信息宣传的到达率也得到了提升，品牌的知名度自然也迅速提升。如果以花费的成本计算，运用一般广告宣传所需要的时间和版面的花费总额通常是同等效果的赞助活动所需花费的几倍甚至十几倍。

体育营销是一个短、平、快的营销方式，能够为品牌的推广搭建一个没有种族、没有国界、跨越范围广的快速直接的平台。对三星而言，体育营销已经是一种成熟的营销模式，成为其进行市场推广、树立企业形象和提升品牌价值的绝佳手段，也成为三星电子战略营销的重点。三星电子集团在其全球市场推广部门内专门设置了体育营销部门，同时，在三星电子各区域公司的市场部也有专人负责体育营销，每一个备选的项目都要送到总部报批并申请相应的推广营销经费。三星进行体育营销主要表现在以下几个方面：

■ 体育营销是一个短、平、快的营销方式，能够为品牌的推广搭建一个没有种族、没有国界、跨越范围广的快速直接的平台。

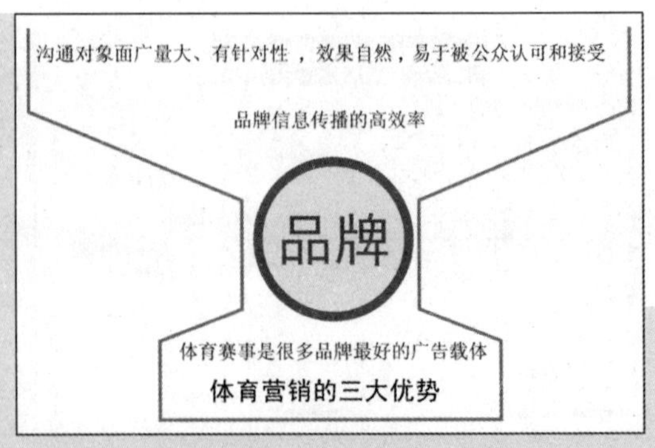

体育营销的三大优势

4.1.1 赞助奥运会

近十多年，三星对重大体育赛事的赞助活动一个接一个，尤其以赞助奥运会为其体育营销策略的重点。截至 2004 年，三星赞助的奥运会有：

1988 年，三星首次开始赞助奥运会，成为冬季奥运会在无线通信设备领域的世界级伙伴，三星为冬奥会提供了 14,000 件通信设备；

1996 年，赞助亚特兰大奥运会期间的亚特兰大展示会；

1998 年，赞助长野冬季奥运会（全球合作伙伴）；

2000 年，三星成为悉尼夏季奥运会的顶级赞助商，共投入了 2.1 亿美元；

2002 年，赞助盐湖城冬季奥运会（全球合作伙伴）；

2004 年，赞助雅典奥运会；

此外，三星还将赞助 2006 年的都灵冬奥会，以及 2008 年的北京奥运会。

具体情况我们将在奥运营销中详细分析。

4.1.2 赞助亚运会

对于代表了亚洲体育竞技水平的亚运会，三星也给予了极大的热情。三星先后赞助过的亚运会包括：

1986 年，赞助汉城（首尔）亚运会；

1990 年，赞助北京亚运会；

1994 年，赞助广岛亚运会；

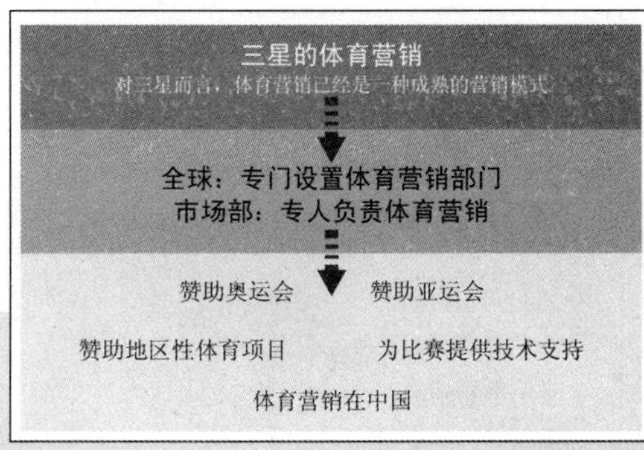

■ 近十多年，三星对重大体育赛事的赞助活动一个接一个地上演，尤其以赞助奥运会为其体育营销策略的重点。

1998 年，赞助曼谷亚运会；

2002 年，赞助釜山亚运会。

4.1.3 赞助地区性体育项目

除了重大赛事，三星对其目标地区内各种各样的体育赞助活动也在十分频繁地进行，比如在中国，在刚刚经历釜山亚运会中釜山当地及亚运会各场馆满眼都是三星的广告的袭击后，紧接着又看到了三星赞助的北京国际马拉松比赛，甚至中国著名乒乓球运动员刘国梁还被三星电子公司选为体育形象代言人。

除了中国，三星类似的赞助活动还延展到美国、俄罗斯……

4.1.4 为比赛提供技术支持

体育竞技的激情、动感、追求、挑战、协作意识以及公平竞争精神都和三星的企业精神一脉相通。三星以“通过支持体育为人类的和平和幸福做贡献”的哲学思想为基础，支持了各种体育赛事，但这种支持并不只停留在资金支持的层面上，三星以自己的先进技术保障了各种重大赛事的成功举行，同时也通过这些著名赛事将三星优质、尖端、时尚的品牌形象根植于世界各地的人们的心中。

三星赞助奥运会与其品牌特性的塑造是互动的。如在悉尼奥运会期间，三星在奥林匹克公园内建造了一座名为“相约奥林匹克”的运动员活动中心，利用其尖端的通信产品和因特网、卫星及无线技术，为运动员提供了与家人和朋友交流的场所。

■ 体育竞技的激情、动感、追求、挑战、协作意识以及公平竞争精神都和三星的企业精神一脉相通。

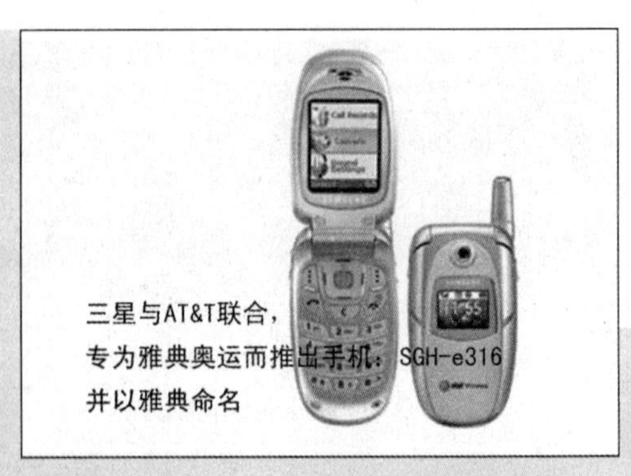
三星与AT&T联合，
专为雅典奥运而推出手机：SGH-e316
并以雅典命名

另外，三星还推出了“共享三星快乐时刻”的特别服务，即三星为运动员和观众提供最新的三星手机，他们可以给他们在世界各地的家人和朋友打3分钟的免费电话来分享他们的奥运经历和感受。

4.1.5　体育营销在中国

三星与中国体育有着相当深的渊源。三星对体育市场所做的全球调查结果显示，中国人对体育是最热衷的，中国人对体育赛事的关注高达70%以上，意大利位居第二位，却还不到50%。李相铉曾说：“三星电子对体育事业非常关心，而中国人对体育事业也非常热衷，因此，对于这种我们都非常热衷的事业，我们对其的投资自然是非常有利的和互利的。”

2003年，三星电子成为第22届大学生运动会中国体育代表团的官方合作伙伴以及电子类产品独家赞助企业。三星电子大中华区总裁李相铉对此评论说，中国人正热切期盼2008年的奥运会，而作为反映当代大学生精神风貌的世界大学生运动会，则是培养体育人才、备战奥运会的一个舞台，这正是展示三星品牌形象的大好时机。

为了支持北京奥运会的成功举办，三星电子从2002年开始连续六年每年为北京奥组委捐赠100万人民币的专项资金，支持举办奥运会。除此之外，三星电子还热心参与和支持公益性的体育活动。2003年7月，三星电子协助北京有关部门组织了“三星电子杯庆祝北京申奥成功二周年万人长跑活动”，庆贺告别“非典”，倡导全民健身运动，重塑首都“新北京、新奥运”的积极形象。

2004年奥运会期间，三星电子和国家体育总局共同主办、共同设立了

■ 李相铉曾说：“三星电子对体育事业非常关心，而中国人对体育事业也非常热衷，因此，对于这种我们都非常热衷的事业，我们对其的投资自然是非常有利的和互利的。”

三星奥运奖，并由《北京晚报》等全国五大城市的晚报协办，“光芒之星”、“拼搏之星”、“新秀之星”、“教练之星”4个奖项均由读者和观众通过网络、平面媒体等平台投票，每一奖项均由一位票数最高者获得。2004年9月21日晚，在北京电视台演播厅为在雅典奥运会上为国增光的体育健儿们举行了颁奖晚会。同时，三星公司还向所有的雅典奥运冠军赠送了三星手机。

三星电子每年花在市场营销上的费用已达20亿美元，而体育营销（赞助等）就占到了3亿～4亿美元。

体育比赛、运动队伍及运动员积极向上、勇于进取的形象也必将对三星电子及其产品的形象起到最佳的“增值”效应，这种宣传效应也是传统广告所不及的。三星实施“体育营销”的效果显而易见，通过赞助这些世界各地的体育比赛，三星在国际上的品牌地位有了巨大提高。特别是三星在无线通信领域的产品，虽然较其他品牌入市较晚，但它却以无线通信领域新贵的姿态迅速崛起，并且迫使这一市场重新洗牌。这在很大程度上得益于三星的“体育营销”策略。

在三星看来，体育赞助活动将更好地塑造自身的公益形象，这将成为撬动自身品牌价值提升最有力的一根杠杆。三星电子作为数字时代消费类电子商品的代表，随着各种体育营销活动在全世界范围内的展开，三星电子高端、时尚、前卫的品牌形象也可以因此深入人心。

4.2 奥运营销

奥运会不仅涵盖了大部分的竞技体育项目，而且奥运会“重在参与”的

■ 在三星看来，体育赞助活动将更好地塑造自身的公益形象，这将成为撬动自身品牌价值提升最有力的一根杠杆。

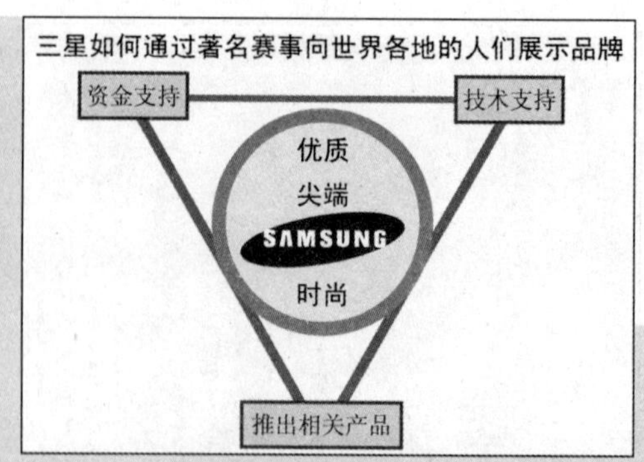

体育精神又吸引了全世界绝大多数国家和地区参加。能够成为奥运会的赞助商可以在短时间内迅速提升企业在全世界范围的品牌知名度，而能够取得奥运会赞助商的资格本身就证明了企业在国际上的竞争实力。

赞助奥运会的最高形式是成为 TOP 赞助商。TOP，在英文中原意为顶部、顶端、极点的意思，而“TOP 计划”英文全称 The Olympic Plan 的简称正好是 TOP，形象地彰显着该计划至高无上的营销经济价值。

“TOP 计划”是一个国际范围内的商业赞助计划。它把国际奥委会、奥运会组委会、各国奥委会联合在一起，形成一个统一的招标单位，然后在国际范围内选择各行业中最著名的大公司作为其正式赞助商。

“TOP 计划”每个行业在全球范围内只选一家赞助商，这使“TOP 计划”具有权威的排他性，而且每个周期的跨度是四年，只有当一家赞助商退出，新的企业才有机会加入，从而使得赞助商获得暗示自己是行业第一的巨大心理营销效果。

由于电子产品正逐渐由模拟走向数字化，产品在技术上的差异也在日渐缩小，品牌也就理所当然地成为表现竞争者之间差异的重要元素。奥运会是各公司塑造品牌形象、展示新技术、塑造全球战略形象的绝佳舞台。而三星对奥运会的支持可谓不遗余力。尽管“TOP 计划”的赞助费用越来越高，但三星始终认为，要让品牌尽快变得家喻户晓，成为世界顶级品牌，TOP 是唯一的一条路。通过赞助“TOP 计划”，使三星有机会与可口可乐、柯达这样的世界顶级品牌一起同台表演，这使三星跻身于世界一流品牌的行列中。

事实证明，三星这个 20 世纪 80 年代初还在国际上默默无闻的韩国企

■ 尽管“TOP 计划”的赞助费用越来越高，但三星始终认为，要让品牌尽快变得家喻户晓，成为世界顶级品牌，TOP 是唯一的一条路。

业，正是通过赞助奥运会成就了其成为世界级品牌的传奇。

4.2.1 1998～2002，初涉奥运

1998年长野冬奥会，三星正式成为奥运会全球合作伙伴，收效良好，于是对奥运的赞助一发不可收拾。

2000年，三星斥资5000万美元成为悉尼奥运会TOP赞助商，后期又将赞助金额追加到了2亿美元。作为回报，当年三星的品牌好感度从52％上升到70％。

2002年，三星又成为盐湖城冬奥会的全球合作伙伴。

波士顿咨询公司的报告表明，2002年不包括韩国在内，三星的手机广告支出高达24亿元人民币。三星成为1988年、2000年和2004年夏季奥运会和2002年冬季奥运会的全球赞助商，通过奥林匹克运动会进行宣传推广，使它在美国市场上的销售增长了311％。

同时，三星电子“年轻、流行、时尚数字先锋”的形象在消费者心目中得到了进一步巩固。截至2003年，三星的品牌价值已从2001年的63.7亿美元翻了一番，连续两年蝉联全球品牌价值上升最快的公司。

三星认为：“这是三星持续赞助奥运赛事所带来的直接成果。”

4.2.2 2004，雅典奥运盛典

2004年8月，奥运会在它的诞生地雅典举行。因为雅典是奥运会的发源地，2004年的奥运会格外引人注目。作为荣誉赞助商，三星早就与雅典奥组委达成协议，参与了奥运圣火有史以来最长、跨越五大洲的传递活动，

■ 三星成为1988年、2000年和2004年夏季奥运会和2002年冬季奥运会的全球赞助商，通过奥林匹克运动会进行宣传推广，使它在美国市场上的销售增长了311％。

这项特权只授给了两个奥林匹克营销计划的赞助者。成为荣誉赞助商的三星，为此启动了一系列市场推动计划，向世界展示其最拿手的“体育营销”绝技。三星帮助火炬途经国家宣传传递路线，招募庆典持火炬者，并且与当地奥委会合作组织到达和出发仪式。公司还在所选中城市举办任何人都可以参加的长跑节。这次奥运圣火传递活动有超过 1 万名的火炬传递者参加，三星帮助选出其中的 1800 名。三星选择了 2000 年悉尼奥运会最后一个火炬接力手凯茜弗里曼作为 2004 年雅典奥运会火炬接力的第一个接力手。三星希望借奥运圣火传递之机，将三星品牌送向全球每个角落，让更多的人了解三星。

作为雅典奥运会的 11 个 TOP 赞助商之一，三星为运动员、参会官员、参会媒体、奥委会职员及志愿者等提供总计 2.2 万套无线通信器材，以及三星独创的信息系统 WOW（奥林匹克无线工程，Wireless Olympic Works），借此表达三星电子在技术和服务上也追求“更快、更高、更强”的奥运精神（在 1998 年长野冬季奥运会以及 2000 年悉尼夏季奥运会上，三星成为国际无线电讯装置资助者。继 2004 年的雅典奥运会后，三星也将成为 2006 年都灵冬季奥运会以及 2008 年北京奥运会无线通信装置的资助商）。

WOW 是奥林匹克无线工程的简称，也是三星公司在奥运会的展示平台。通过与一些主要的技术合作伙伴以及国际奥委会和 2004 年雅典奥运会组委会的合作，三星将其数字通信技术与手机移动装置结合起来，专门为这届奥运会研发了专用的无线信息系统。

TOP 赞助在同一领域是排他性的，三星明智地看到 TOP 赞助商之间不是对手，很容易找到利益共同点进行互利互惠的合作，而这样的 TOP 赞助

■ 三星希望借奥运圣火传递之机，将三星品牌送向全球每个角落，让更多的人了解三星。

商之间联合营销是奥运会有史以来的第一次。

作为品牌战略的一部分，奥林匹克公园三星馆吸引了众多消费者。三星馆是用于展示三星的产品的，但在三星馆中可以看到柯达的打印机。柯达的产品出现在三星馆内，是因为：三星的手机可以拍照，但是打印的照片中不能出现 2004 年奥运会的标志，而柯达的打印工作站可以打印手机照片，所以三星与柯达公司以及奥委会开会，说明三星和柯达合作能为参加奥运会的观众带来什么。于是作为无限通信设备赞助商的三星和传统胶卷赞助商的柯达在雅典牵手，让体育爱好者用三星手机拍照后，可以马上在柯达打印机上打印照片。照片的正面印有三星和奥运的五环标志，反面则是“柯达”字样。三星与柯达的合作让消费者在奥林匹克公园内的体验更加完整，而柯达与三星也各得其所。

4.2.3 2006～2008，三星奥运营销展望

2003 年 10 月 23 日，国际奥委会（IOC）宣布，三星电子正式签约赞助 2006 年第 20 届都灵冬季奥运会和 2008 年第 29 届北京夏季奥运会，从而再次延续其全球奥林匹克赞助商的身份。三星电子将以无线通信设备的全球官方合作伙伴的身份参与第六期全球赞助商计划（TOP 计划）。

4.2.4 奥运营销在中国

在中国，三星电子从 1999 年起就展开了悉尼奥运的预热行动，开创性地应用了多种体育营销手段：举办数百人的经销商大会，结合三星品牌定位，发布三星电子的奥运营销整体规划；赞助一项“全民参与、迎接奥运”

■ 2003 年 10 月 23 日，国际奥委会（IOC）宣布，三星电子正式签约赞助 2006 年第 20 届都灵冬季奥运会和 2008 年第 29 九届北京夏季奥运会，从而再次延续其全球奥林匹克赞助商的身份。

的长跑活动，发布三星“去悉尼看奥运”的活动计划；召开三星合作伙伴动员大会，奖励业绩优秀的伙伴去悉尼；赞助中国体育代表团；请出金牌运动员刘国梁作为三星品牌的代言人……2000 年，仅三星电子（中国）就招待了由消费者、合作伙伴、经销商组成的超过 200 人的中国团队到悉尼观看比赛和观光，并在悉尼奥运村的三星数码馆专门设立了“中国日”，参观者可以参与其互动的各种活动。“GO，GET IT”就是在中国成功申奥大背景下，三星喊出的口号，并在全国范围举行了大型的促销活动并在活动中免费赠送了 2002 部手机，为三星手机在全国市场的销售起到了推波助澜的作用。

从三星正式签约赞助 2008 年北京奥运会那一天起，三星已经在中国全面开展了自身奥林匹克形象的宣传和推广活动。例如，2003 年 7 月 13 日（北京申奥成功纪念日）三星赞助“十公里长跑节”，纪念北京申奥成功 2 周年；利用 2008 北京奥运会会徽揭牌的契机，加强三星 TOP 赞助商的品牌影响力，并计划推出与会徽相结合的三星品牌标志；紧接着，三星又捐赠 100 万元给青少年教育基金，并进行相关的青少年培训教育活动，内容包括《奥林匹克知识读本》的编辑、出版，北京奥运会“一校一国”方案的制定，“北京 2008”全国少年儿童书画摄影优秀作品展、北京市第二届中学生英语演讲比赛等多项活动。

2003 年 12 月 18 日，三星在广州、深圳、长沙、福州、重庆、成都六市同时举行了“三星数码活力迎新年”的大型主题巡展活动，该活动一直持续到 2004 年 1 月 18 日。在活动期间，中国国家男子足球队主教练阿里·汉成为了活动的特邀代言人。

三星电子大中华区总裁李相铉先生曾公开表示，2008 年，三星将通过

■ 2003 年 12 月 18 日，三星在广州、深圳、长沙、福州、重庆、成都六市同时举行了“三星数码活力迎新年”的大型主题巡展活动，该活动一直持续到 2004 年 1 月 18 日。

自己最先进的无线通信技术，让人们能够通过手机观看比赛，使2008年北京奥运会成为不同以往的奥运会。除此以外，三星还积极赞助、支持了北京国际马拉松赛、世界女子排球锦标赛、亚洲男排锦标赛、国际围棋赛等多项重要赛事。

4.2.5 奥运营销为三星带来的价值

奥运营销为三星带来了巨大的价值，自1997年三星赞助奥运会以来，三星品牌价值持续增长。

2000年悉尼奥运会后，三星在全球16个目标市场的无线通信业务得到了极大的发展，其品牌知名度提高了10%，电讯产品销量增长44%。

2001年，三星的品牌价值达到63.7亿美元，排在全球第42位。

2002年盐湖城冬季奥运会后，三星的品牌好感度从悉尼奥运会后的52.6%上升到72%。三星电子排名飙升，从全球第42位提升到第34位，排名上升了8位，品牌价值达到83.1亿美元。

2003年提升到全球第25位，品牌价值是108.5亿美元。

2004年8月公布的数据显示，三星品牌价值达到125.5亿美元，排名世界第21位。

同时，奥林匹克精神也在三星得到了体现：

更高：2003年，三星闪存领域全球第一；彩电、监视器和DVD一体机全球第一；液晶电视销售量欧洲第一；背投电视销售额美国第一；

更快：过去四年手机销售额的年平均增长率为24%，根据《商业周刊》和Inter Brand（国际商标顾问公司）的调查和评估，三星电子在2002和

■ 奥运营销为三星带来了巨大的价值，自1997年三星赞助奥运会以来，三星品牌价值持续增长。

2003 年连续两年被评为全球增长最快的品牌；

更强：国际信用等级评估机构标准普尔评估得出全球最佳科技企业排名的《商业周刊》IT 企业 100 强中，三星公司名列第三，在《财富》杂志最受欢迎电子企业中排名第四。

三星可谓奥运营销的典范，正是通过对奥运会的赞助，三星迈出了品牌走向世界的第一步。三星在中国的很多宣传册子上，总是把三星的 LOGO 和奥运的五环标志放在一块，从而产生了良好的连带效应。

三星创造了一个依靠奥运成为世界级品牌的传奇。奥运会赞助商这块金字招牌使三星的品牌知名度大大提升。

4.3　娱乐营销

娱乐营销，是借助在娱乐活动中使用自己的产品，或者赞助、冠名等手段，利用娱乐活动来推广自己的产品，进行营销活动。娱乐的影响是全球性的，它能够跨越不同国家的文化和经济方面的壁垒。它是一种通用的语言，虽然仅仅向个体表达它的含义，却能够打动成千上万的人。娱乐的影响范围是多方面的，它能够影响潮流趋势、个人习惯、生活模式以及个人偏好等。三星的成功在一定的程度上归功于其出色的娱乐营销。

4.3.1　结伴《黑客帝国》

三星电子一直致力于寻求一种新的、令人兴奋的方式来满足消费者需求，为消费者带来集通信、娱乐和信息为一体的、使用方便的数码设备。三

■ 三星创造了一个依靠奥运成为世界级品牌的传奇。奥运会赞助商这块金字招牌使三星的品牌知名度大大提升。

星电子通过进入娱乐营销领域，来增强与经销商和零售商之间的关系，最终促进销售额的增加。

定位于高端路线的三星电子，在品牌运作方面常常有一些大手笔，三星电子与华纳兄弟制片公司就《黑客帝国》的商业特权达成了史无前例的全球合作关系。此项合资的重点是备受人们期待的《黑客帝国》第二部和第三部的全球推广宣传权。

三星通过实地调查发现，在自己的目标客户群中，《黑客帝国》比其他任何电影的影响力都高，在美国的调查中，90％的人把“Cool”和“高科技”同这部片子联系起来，而这也是三星品牌的理想元素。于是，三星顺理成章地有了同华纳兄弟制片公司合作的决定。

三星电子大中华区总裁李相铉先生认为：电影本身为三星电子独具创意的产品提供了一个完美的展示平台，并且提供了这样一个机会将三星电子的技术与极度先进的、时尚的黑客世界进行了较好的结合。《黑客帝国》在全球范围内面临的受众是大众消费者，这和三星电子的许多目标受众群体相一致，包括了年龄跨越17～39岁这个阶段的男性和女性。同时，《黑客帝国》的观众是由追逐潮流、颇具时尚意识的职业人士组成，他们能够对最新潮和最先进的产品保持时间上的高度一致。

不菲的代价换来的回报也非常令三星满意：三星可以使用影片的片断和其中的人物形象来促销其产品，而且在影片中，三星的品牌至少会出现两次，还有这部电影相关的一些后续产品，比如“进入黑客帝国”的游戏中也会出现三星。三星甚至还为这部影片特别推出一款型号为SPH-N270的“黑客手机”，希望吸引影迷前来购买。

■ 三星电子大中华区总裁李相铉先生认为：电影本身为三星电子独具创意的产品提供了一个完美的展示平台，并且提供了这样一个机会将三星电子的技术与极度先进的、时尚的黑客世界进行了较好的结合。

随着科幻系列片《黑客帝国》2、3集的热播，片中三星的前卫手机也出尽风头，尽展势不可挡的时尚魅力。随着《黑客帝国2》中戴着墨镜的救世主尼奥手中的手机从诺基亚换成三星，三星也成了世界上最COOL的品牌代表。

配合华纳电影的上映，三星电子在全球同步推出了各种最新的数码技术及产品。在北京、上海、广州、天津、沈阳、杭州、南京、成都、深圳等全国9大城市的各大商业中心及经销店开展三星电子系列产品展示、互动游戏及促销活动。活动除有精彩纷呈的新产品展示外，还有"黑客帝国：重装上阵"T恤、棒球帽等热酷赠品回馈消费者，以及针对购买三星电子产品的消费者的各种优惠活动。

三星电子将在2004年年末推出一款特别设计的、完全融入了黑客主题的手提电话。三星公司预测，2004年手机销售量可能比上一年提高20%，从而达到5000万到5200万部。不仅是手机，三星电子2004年还推动电影衍生产品的市场运作。此外，三星电子还是"黑客帝国"（Enter the Matrix）PC游戏的全球官方通信合作伙伴，为中国的黑客迷探索虚拟黑客帝国提供了无限遐想空间。

三星电子通过这次机会向中国消费者展示其先进的科技及产品，引领人们进入三星电子缔造的数码世界，并通过电影娱乐这种方式将三星电子的数码科技融入人们的生活之中。

4.3.2　签约新线影业

尝到了娱乐营销甜头的三星并没有就此止步，如今又开始了与新线影业

■ 三星电子通过这次机会向中国消费者展示其先进的科技及产品，引领人们进入三星电子缔造的数码世界，并通过电影娱乐这种方式将三星电子的数码科技融入人们的生活之中。

（New Line Cinema）的合作。

由于三星在美国不出售立体声设备和笔记本电脑，所以其品牌认知度仍不如索尼。三星的北美营销副总裁、美国人彼得·韦德法德（Peter Weedfald）是个典型的工作狂，同好莱坞电影和音乐制造商结盟便是他优秀的创意。彼得说："我们希望消费者能迷恋三星，就像迷恋星巴克和耐克那样。"2004 年 6 月，他同新线影业签署协议，使新线的影片中出现三星品牌的电子产品。同时，三星也通过互联网为新线的新片《写我情真》（*The Notebook*）做宣传：下载预告短片、赢取三星摄像机和去好莱坞参加首映的大奖。

4.3.3 赞助韩国影视剧

近几年来，一股发端于韩国电视剧的流行之风"韩流"，似乎一夜之间席卷中国：

对年轻的时尚一族来说，在家必看韩国电视剧，去电影院中看诸如《野蛮女友》等韩国电影。在各大市场上，满大街都是来自韩国的时尚用品；买衣服的时候，人们开始习惯寻找"韩版"；就连小孩子们最流行的宠物也变成了"流氓兔"……

不仅是在中国大陆，在中国台湾、中国香港，甚至远到越南、印度、巴西及欧洲，"韩流"业已成为了"韩国品牌"。

三星通过赞助影视剧的制作，为影视剧中的偶像人物提供道具而迅速提升品牌的知名度。于是，随着"韩流"的出现，韩剧中安在旭用的手机便成了年轻一族的心爱，白领阶层迷上了 Samsung 超薄笔记型计算机（一年之内这款机型的市场占有率就升到了 20%）。而三星的产品线很广，因而在韩

■ 尝到了娱乐营销甜头的三星并没有就此止步，如今又开始了与新线影业（New Line Cinema）的合作。

国影视剧中，从手机到家电再到 MP3，人们看到自己偶像们用得最多的都是三星的产品。

韩剧中偶像大多为追求时尚的年轻人，迷电脑，有激情和活力，富有挑战性和创造力。这与三星的品牌形象正好有相当程度的契合。在韩剧中的许多偶像都使用三星的 MP3 YEPP 听韩国流行音乐，而三星对这款产品的诠释为：YEPP，即年轻（Young）、积极（Emergetic）、个性（Personal）、激情（Passionate）的英文缩写，这 4 个词完全象征着新新人类的生活态度。

看着三星的宣传单，想象着韩剧中的偶像，人们马上认为这是为自己量身订造的时尚必需品。

4.4　游戏营销

所谓游戏营销，是指借助于在游戏中使用自己的产品，或者通过赞助、冠名、合作等手段，利用游戏活动来推广自己的品牌及产品，进行营销活动。

在体育上游刃有余的三星，近来又迷上了游戏，利用世界电子竞技大赛（World Cyber Games，简称 WCG）展开了一轮游戏营销。

WCG 是全球范围内第一个最具规模的游戏文化节，它以“超越游戏”（beyond the game）为口号，以推动电子竞技的全球发展为目标，旨在促进人们在网络时代的沟通、互动和交流，促进人类生活的和谐与愉快。

WCG 是从 2001 年开始举办的，其组办方将其定位为全球性的电子竞技奥运盛会，是一个以奥林匹克运动会形式筹办的电子运动会，承担着沟通全

■ 在体育上游刃有余的三星，近来又迷上了游戏，利用世界电子竞技大赛（World Cyber Games，简称 WCG）展开了一轮游戏营销。

球顶尖电子竞技运动选手，进行国际间交流的责任，成为新体育形式的开创者。

在 2003 年的 WCG 大赛中，共有 55 个国家和地区参加了 WCG 世界总决赛，选手人数超过 60 万人。如今，WCG 已成为全球认可度最高的电子竞技赛事。WCG 已在中国连续举办了 3 届，比赛规模及影响力与日俱增，已经成为中国电子竞技爱好者每年翘首以待的赛事。2003 年，第三届 WCG 在中国吸引了 4200 多名选手，官方网站在短短的时间内访问量就超过了 1000 万人次。

作为数字消费电子、IT 和通信设备的领导厂商，三星电子为了构建一个推广数码文化的平台，自 2001 年就开始赞助第一届 WCG，竭力推动这项电子竞技赛事的发展。三星期望通过全世界电子竞技爱好者的参与，把 WCG 发展成为电子竞技者的“奥林匹克”，为全世界的青年在网络时代实现自己的梦和理想搭起一个广阔舞台。

针对网络游戏的受众的特点，通过 WCG 这种有激情、有挑战的 e-sport 的形式，塑造出一个健康、有朝气、有创意、有文化的品牌，是三星电子数码品牌传播的重要手段。

2004 年 10 月 6 日至 10 日，第四届世界电子竞技大赛总决赛在美国旧金山比尔格莱汉市政礼堂举行，有 63 个国家和地区参加，从而使其成为世界上最大的电子游戏大赛。WCG 2004 是公认的最大的国际电子竞技赛事，受到包括韩国、中国、俄罗斯、新加坡、马来西亚在内的 22 个国家的积极支持和赞助。

在 10 月 6 日的开幕式上，三星向以旧金山的传奇人物、49 岁的斯蒂

■ 针对网络游戏的受众的特点，通过 WCG 这种有激情、有挑战的 e-sport 的形式，塑造出一个健康、有朝气、有创意、有文化的品牌，是三星电子数码品牌传播的重要手段。

夫·杨的姓氏命名的万年青杨式基金（Steve Young's Forever Young Foundation）捐献了价值高达10万美元的显示器和平板电视。这些高科技产品将会装配于圣何塞和旧金山两市的万年青地带。此次三星慈善捐助总额高达20万美元，另外10万美元捐助给了旧金山市的学校和志愿团体。

三星利用因特网的强大力量使WCG得到前所未有的推广，WCG获得了每月超过10亿次的点击率。WCG的广告标语被放在了网站的显著位置，因而能迅速搜出该词，并将在接下来的一周宣传三星对WCG 2004的赞助。此外，三星广告覆盖了包括机场和市区在内的所有广告牌，而且WCG还在全国性和地方性媒体上大做广告。

三星电子通信部高级副总裁张一炯指出："三星电子早就意识到电子游戏市场蕴含的无限潜力，因为电子游戏已经成为年轻一代的新文化标志，而三星将通过持续赞助WCG这一国际游戏赛事，引导成功的市场策略。"

任何网络文化都离不开IT产品作为物质基础，无论是电脑、显示器、手机、MP3，还是上网设备、软件产品，都与游戏产业有着千丝万缕的联系。三星是一家对IT产业具有推动力的公司，如今在技术上已成为世界顶尖的技术创新公司，有十多项产品都做到了世界第一，成为行业主导者。因而，三星赞助WCG的目的，还在于通过网络时代的游戏营销，在年轻受众中树立三星数码时代领导者的品牌形象，开辟市场新领域，同时推动IT技术发展和产品升级。游戏产业已成为IT经济成长的重要动力，数以亿计的游戏用户是任何一个企业都不能小看的强大力量。

电子游戏是全球通用语言，因此，通过赞助WCG，三星电子为世界各地不同文化的年轻一代提供了一个同台竞技的机会。此外，三星还在年轻一

■ 三星电子通信部高级副总裁张一炯指出："三星电子早就意识到电子游戏市场蕴含的无限潜力，因为电子游戏已经成为年轻一代的新文化标志，而三星将通过持续赞助WCG这一国际游戏赛事，引导成功的市场策略。"

代之中建立了亲善的品牌形象。

正如三星电子北美营销副总裁彼得·韦德法德所说："电子游戏将会成为年轻一代的首选娱乐方式，三星意识到青年对此的巨大需求，因此，将通过 WCG 发挥其最大潜能，勾勒出电子游戏的美好未来。"

作为数字时代领袖的三星电子，在"超越游戏"的口号下，借助世界电子竞技大赛 WCG，构建数码文化推广平台，促进 IT 产业发展；借助游戏营销策略，提升品牌影响力，在网络时代打下了自己耀眼的印记。

4.5 公益营销

所谓公益营销，是指企业通过举办或赞助公益慈善活动，来拉近与消费者的距离，从而树立起良好的企业形象，并以良好的企业形象影响消费者，从而使其对企业的产品产生偏好，在做购买决策时优先选择该企业的产品的一种营销模式。

投资公益事业，虽然不能为企业带来直接的经济效益，但可以营造和谐的社会环境，从而不仅使企业能得到更好的发展，而且也为企业树立了良好的社会形象，提高了企业的知名度。公益营销具有如下两个特点：

其一是公益营销以实际行动引起消费者的共鸣。公益营销以预防危机为主要出发点，侧重于塑造企业勇于承担社会责任的形象。它以真心关心社会、关心消费者的实际行动来引起消费者的共鸣，使他们自然而然地对企业产生良好的印象。

其二是公益营销活动具有综合性、完整性。相对于一般的企业公关活动

■ 作为数字时代领袖的三星电子，在"超越游戏"的口号下，借助世界电子竞技大赛 WCG，构建数码文化推广平台，促进 IT 产业发展；借助游戏营销策略，提升品牌影响力，在网络时代打下了自己耀眼的印记。

而言，公益营销并不是针对特定的对象，而是一种综合性的完整的营销活动，它着重进行全面的沟通，并努力解决某个问题，从整体上维护和树立企业的正面形象。

三星上下一直把“成为世界上最受尊敬的企业之一”作为企业的中长期目标。三星的公益活动已成为三星营销模式中的一个轴心。

三星公益事业是在“分享式经营”的基本理念下，将经营成果扩大分享范围。三星在学术教育、文化艺术领域、志愿者服务、环保方面都在进行公益活动投资，通过组织和参与各种社会公益活动来实践这种理念。在文化艺术领域，三星在世界各地资助建立文化、艺术博物馆，旨在提升人们的审美情趣、丰富人们的艺术文化生活，并为在音乐及其他方面有天赋的青少年提供教育支持。三星还通过建立动物福利基金、建立儿童慈善基金、积极投身环境保护来回报社会。比如大学生西部考察活动、全国重点大学奖学金资助、中韩学生为抵御沙尘暴而进行的植树活动以及扶助社会弱势群体活动等。

4.5.1　创办三星文化基金会

1965 年，三星创始人李秉喆 55 岁生日那天，决定成立“三星文化基金会”。

李秉喆把第一制糖、第一毛织、东邦生命保险、新世界百货公司等个人持有的相当于 10 亿元的股票，以及釜山龙湖洞 10 万多平方米的山林区捐了出来，用来成立文化基金，从事教育文化与福利等社会公益事业。1971 年，李秉喆再度给三星文化基金会追加捐献 60 亿韩元。

■ 三星上下一直把“成为世界上最受尊敬的企业之一”作为企业的中长期目标。三星的公益活动已成为三星营销模式中的一个轴心。

三星文化基金会先后赞助了韩国几个因资金困难而陷入危机的大学，还设立了三星奖学金，除了颁发奖学金给学生外，还资助学术研究机关中学者的研究活动，并协助他们主办学术研讨会与发行会刊、论文集等。

除了从事教育事业外，三星文化基金会还积极“弘扬道义文化”。三星文化基金会曾以“道义的弘扬”为题，公开有奖征集优秀的论文、小说与戏曲作品。同时还选择国内外知识与思想方面的名著，发行“三星文化文库”，以工本费卖给一般读者，同时免费赠送给高中与大学图书馆以及公共图书馆。

4.5.2　赞助“中韩友谊林”

为了培养中韩两国优秀人才的社会责任感并创造机会增进这些“未来领袖”之间的友谊，三星从 2002 年开始赞助“中韩未来林”计划，把中韩两国“未来领袖”的友谊之手握在了一起。2004 年，第三届中韩青年绿色使者交流营活动以“防止沙尘暴和中国土地沙漠化”为主题，来自韩国一流大学的 70 名大学生与百名来自北大、清华、人大、林大及中央民族大学的大学生志愿者一起赴西安、兰州和北京，对周边环境和沙漠进行考察，到防护林植树，并就环境保护、中韩两国的经济发展和人文环境进行交流和研讨。

4.5.3　三星火灾百名女职员志愿服务节

三星集团下属公司之一——三星火灾是一个热心公益事业的公司。2004 年 10 月 23 日，三星火灾到中国开展了为期三天的“百名女职员志愿服务节”活动。

■ 为了培养中韩两国优秀人才的社会责任感并创造机会增进这些“未来领袖”之间的友谊，三星从 2002 年开始赞助“中韩未来林”计划，把中韩两国“未来领袖”的友谊之手握在了一起。

这项活动由三星火灾员工代表公司“普通员工（非企业管理人员）协议会”主办。参加该次活动的100名三星火灾女职员都是对企业文化建设做出突出贡献、具有志愿服务意识的杰出员工，为了参与这次活动，她们经过了竞争激烈的选拔，最终以1：30的比例胜出。除了三星火灾的员工以外，参与这次活动的还有三星火灾的联谊团体——韩国“‘残疾人优先’运动总部”、汉城（首尔）盲人学校的残疾人，以及父母因交通事故身亡的孤儿等社会人士150名。

在该次活动中，每2名三星火灾的女职员和1名残疾人组成一组，每组的组员在活动期间同吃同住，一起参观游览天安门、故宫、天坛公园、长城、颐和园等地，在共同体验中国文化的同时和残疾人朋友交流情感、增进理解。

4.5.4　新员工的必修课

在三星，公益活动已经被列入三星新员工的必修课程，本着“善待周围的人们，融入当地的文化”这一核心思想，三星通过助学、捐赠和其他许多活动来表达其对社会的赤诚之心。

三星新员工都有一个入门培训，其中有一项就是公益教育，主要是灌输三星公益理念，体验三星的公益活动，这是三星员工必须承担的义务，是他们必须经历的一个阶段。三星北京地区全体员工每周都要到香山参加一次环保活动。

■ 在三星，公益活动已经被列入三星新员工的必修课程，本着“善待周围的人们，融入当地的文化”这一核心思想，三星通过助学、捐赠和其他许多活动来表达其对社会的赤诚之心。

4.5.5　三星在中国的公共营销

如今，三星（中国）不仅通过企业经营活动为中国当地经济的发展贡献力量，也通过社会公益活动、环保活动来履行企业公民的义务。2003 年 7 月，三星在中国总部专门设了一个“三星中国社会公益团”，负责系统地组织和管理在全国以各分支机构为单位进行的各项社会公益活动，让每一位员工在活动中体会三星人作为“全球公民”的使命感。除强化、扩展已开展的各公益活动外，“三星中国社会公益团”还使这些公益活动更加系统化、组织化、制度化。他们还有一整套本着“善待周围的人们，融入当地文化”的核心思想，从日常的点滴小事做起，从而推动一系列有规划的环保、扶贫、助学、养老院慰问、帮助残疾儿童、捐赠和其他活动。在三星迅速崛起的过程中，重视人才被一次次当作最重要的企业战略所提及。而对青年人才的重视和培养更是三星最为看重的，三星认为年轻人是最具有创造力的，因此应该得到特殊的帮助。因此，三星对中国教育方面的赞助尤为突出。

三星不断地尽其所能地为中国教育事业的发展提供力所能及的帮助，不断为中国的莘莘学子提供和创造更多更好的学习和社会实践的条件。

三星在清华、北大、复旦等我国 17 个著名高等学府设立奖学金，向这 17 个学府的贫困学生和优秀学生提供奖学金；三星在 2004 年和北京邮电大学建立了第一个韩国企业在华的博士后流动站，共同培养通信领域的高端人才；三星于 2004 年开始全程参与和赞助一项持续三年的“西部阳光行动”，目的是让更多的中国大学生能够体验到“宝贵而重要”的精神世界。

在 2004 年的“西部阳光行动”活动中，奔赴国家级贫困县——四川省

■ 三星不断地尽其所能为中国教育事业的发展提供力所能及的帮助，不断为中国的莘莘学子提供和创造更多更好的学习和社会实践的条件。

仪陇县大罗乡的社会实践分队不仅在当地进行文化科技知识的普及，还在当地建立了三星乡村图书馆和老年人活动中心，建立三星多媒体电脑教室，开设电脑培训班，为当地的农村脱贫和农民致富提供信息技术的帮助。

关爱低收入及弱势群体以及提高全社会的生活质量是三星（中国）一直追求的目标，因此三星特别关注儿童、老人和低收入的家庭。

慰问养老院，关心老年人的健康是三星公司一贯的作风。这些三星企业不仅负责养老院的清洁卫生，每逢老年人的生日，三星员工还特意策划文艺表演等活动，庆贺他们的生日。

三星的公益活动赢得了良好的社会口碑，也树立起了高尚的品牌形象。

专题 1：体育营销的实施要点

体育营销注重于企业的长远利益，是绝对高于促销、广告的一种高层次营销手法，给企业带来的是多元化、复合型、持久性的作用。企业在积极运用体育营销策略的时候，还须注意一些要点。

（1）注重品牌内涵，坚持品牌至上

做体育营销应该是做体育项目的营销，即体育产业化营销。由于品牌理论与体育营销理论的接口理论体系没有形成，所以企业产品及品牌与体育营销的关系并没有相应成熟的理论体系和实际的操作流程。企业通过体育来做自己的品牌营销，只是比较热衷赞助比赛和聘请体育明星，因为比较容易操作，同时容易赚钱，但这些体育营销活动没有从品牌的内涵上进行运作，只属于追求时尚。

■ 三星的公益活动赢得了良好的社会口碑，也树立起了高尚的品牌形象。

(2) 要有战略的眼光，实行体系运作

在进行体育营销活动之时，商家们都应该制定科学清晰的战略，这不仅包括详细的短期媒体、零售、广告、公关回报，更包括活动的长期商业目标。其实，策略一定是根据战略制定的，体育营销不能为了策略而策略。

(3) 以热点带动全面，统揽发展全局

体育营销中，如果企业抓住了一个体育热点，就应该无限地将这点扩大，通过一点带动全面。

(4) 做好情感投资，全面体验品牌精神

由于体育营销的软广告性质，它所传播的品牌给予消费者的印象大多都是正面的、公益的和健康的，所以它能够在企业与消费者之间建立一种感情联系。运用这种品牌战略的目的就是让人们感受品牌精神，使品牌形象在潜移默化间传送到顾客的内心深处，在品牌与消费者之间产生充分的互动，在体验中接受品牌的精神内涵。

(5) 以消费者为中心，追求创意

在重大体育项目启动时，许多企业都会努力将自己的品牌向消费者推广，只有用心了解消费者的心态，在表现方式与策略上以吸引消费者眼球为基础，通过各种独特方式建立强势品牌定位，才能使自己的品牌在众多商家中脱颖而出。

(6) 将品牌定位与价值永恒相结合

体育本身与品牌是没有任何直接联系的，所以运用体育营销时要将体育所蕴含的因素与品牌核心理念联系在一起，追求企业价值的永恒。

(7) 慎重选择营销战略的渠道

■ 由于体育营销的软广告性质，它所传播的品牌给予消费者的印象大多都是正面的、公益的和健康的，所以它能够在企业与消费者之间建立一种感情联系。

体育是无边界的，但体育营销却是有边界的，体育营销一定要考虑到企业品牌的辐射范围。

专题 2：奥运会赞助知识

奥运赛场不仅是运动健儿实现国家荣誉和个人理想的竞技场，也成了知名大企业品牌形象大比拼的竞技场。

1. 历年奥运会企业赞助额

多年来，知名企业为成为奥运赞助商而不惜一掷千金。

1984 年，企业赞助奥运会的门槛最低不得少于 400 万美元。当奥运会全球赞助计划推出后，赞助费用水涨船高。

2000 年，悉尼奥运会，该计划的 11 个成员赞助费平均为 4000 万美元。

2004 年，雅典奥运会，价格又涨到了 5500 万美元。

2008 年，北京奥运会，赞助额将突破 6000 万美元。

在赞助这一计划的同时，企业还要准备大量的资金用于宣传自身的奥林匹克形象，宣传费用可能会是赞助费的 3～5 倍。在 1997 年～2000 年的计划中，最大的赞助商是可口可乐，其赞助额达到了 1 亿美元。

2. 奥运会收入来源

奥运会收入的主要来源包括 9 个方面：

电视转播权销售；

■ 奥运赛场不仅是运动健儿实现国家荣誉和个人理想的竞技场，也成了知名大企业品牌形象大比拼的竞技场。

赞助收入（包括国际奥委会的全球赞助商和组委会的赞助商）；
供应商收入；
捐赠；
特许经营；
邮品；
纪念币经营；
主题文化活动，如奥运会火炬接力收入，票务收入；
其他收入等。

3. 历年盈利情况

1984 年以来奥运会盈利情况：
1984 年，洛杉矶奥运会盈利 2.5 亿美元；
1988 年，汉城(首尔)奥运会盈利 3 亿美元，开创了官办奥运会盈利纪录；
1992 年，巴塞罗那奥运会盈利 500 万美元；
1996 年，亚特兰大奥运会盈利 1000 万美元；
2000 年，悉尼奥运会组委会的收入达到 17.56 亿美元。

4. 关于“TOP 计划”

“TOP 计划”代表着国际奥委会全球最高级别的合作伙伴，因此，也称为顶级赞助商。它向整个奥林匹克运动提供资金支持，是目前国际体育市场开发最成功的项目。“TOP 计划”每 4 年为一个运作周期。每个周期含一届冬季奥运会、一届夏季奥运会。加入该计划的企业将获得在全球范围内使用

■ 1988 年，汉城（首尔）奥运会盈利 3 亿美元，开创了官办奥运会盈利纪录。

奥林匹克知识产权、开展市场营销等权利及相关的一整套权益回报。更为重要的是，TOP伙伴享有在全球范围内产品、技术、服务类别的排他权利。这种类别的排他权利通过国际奥委会与各国（地区）奥委会和奥运会组委会签订协议的方式在各国和地区得到保障。

奥运会“TOP计划”赞助不仅耗资巨大，配套的营销手段也必须丰富多样，操作起来也就更加复杂。高额的赞助费只是成功奥运营销的入场券之一。奥运行销也遵循“二八定律”：赞助任何一个运动会，花了两元钱，那么就必须花八元钱进行辅助跟进。高投入，意味着更高的回报，奥运竞技场已经成为企业品牌运作的竞技场。

一项国外的民意调查显示，一提到奥运会，受访者马上就会联想到可口可乐和柯达。多年来，可口可乐和柯达正是通过赞助奥运会而使其品牌形象深入人心。另有测算显示，在奥运会期间，可口可乐的销售额增长了3%。1996年亚特兰大奥运会期间，可口可乐公司更是充分利用了这届奥运会在其总部所在地亚特兰大举办的绝好机会，以参加TOP为核心，密切结合广告、促销和公关等其他手段，开展了一系列规模空前的商业沟通活动。这些活动使可口可乐公司在开展“奥林匹克行动”的8个月中，全球的销售量增长了9%，可口可乐的股票价格攀升了32%，当年第三季度的盈利同比增加了21%，达到9.67亿美元。而其“死敌”百事可乐的盈利却比同期下降了77%。

（本专题部分内容摘编自：《中国知识产权报》）

专题3：公益营销的方式

作为一种营销模式，公益营销不同于一般的营销模式，它并不单纯是为

■“TOP计划”代表着国际奥委会全球最高级别的合作伙伴，因此，也称为顶级赞助商。它向整个奥林匹克运动提供资金支持，是目前国际体育市场开发最成功的项目。

了提高产品市场占有率、树立企业产品的形象，而是通过对消费者、对社会的关心来提升企业知名度，以企业形象的提升来带动产品形象的提升。公益营销有如下四种方式：

（1）参与性的公益营销

这一方式指的是企业对某种社会现象提出善意的建议或尖锐的批评，以唤起消费者大众的共同参与，以达到关心社会、回馈消费者的目的。

（2）与时代同步的公益营销

现代科学技术的迅猛发展，使得社会也在不断地加速前进，但与此同时也可能存在某些负面效应。企业此时就要能预测未来的发展并揭示需面对的问题，引起消费者的注意并顺应时代发展而展开公益营销活动。

（3）人性化的公益营销

由于现代社会巨大的生活工作压力，人与人的交往、沟通越来越少，人情也越显冷漠。企业施行人性化公益营销，显示企业的温馨面、人性化有助于提高企业的亲和力并树立良好的企业形象。如举行产品义卖将其所得捐助给慈善机构等。

（4）新闻性公益营销

新闻在现实生活是无时不在、无孔不入的，把握消费者普遍关心的新闻事件，对新闻事件中的人物或事件予以支持和帮助而展开营销活动，是这种方式的集中体现。

■ 作为一种营销模式，公益营销不同于一般的营销模式，它并不单纯是为了提高产品市场占有率、树立企业产品的形象，而是通过对消费者、对社会的关心来提升企业知名度，以企业形象的提升来带动产品形象的提升。

第五章 三星的渠道策略

根据SmartPartner市场研究中心调查的数据显示，91%以上的产品是通过渠道合作伙伴进行销售的，正所谓“得渠道者得天下”。从某种意义上说，“渠道就是企业的生命线”。

因此，未来企业的竞争很大程度上是渠道的竞争，企业拥有一个建设完善、反应快速的渠道是企业在市场上取胜的关键。

无论是什么产品，只要是想做好、想做大，就必须具有专职的渠道队伍、专业的渠道策略。

不仅如此，企业还应把握最恰当的时机，从内到外地适时对渠道进行变革。适合的才能是最好的，保持变化的激情，在市场变化中不断寻求最适合自己的那一款，才能立于不败之地。

三星根据自己的实力和特点，采取了适当的渠道模式，并适时地进行渠道变革，采用有效的渠道管理方案，提高了品牌的竞争力。

5.1 渠道模式

渠道是否畅达首先有赖于一个正确的渠道模式。显示器行业经过近几年

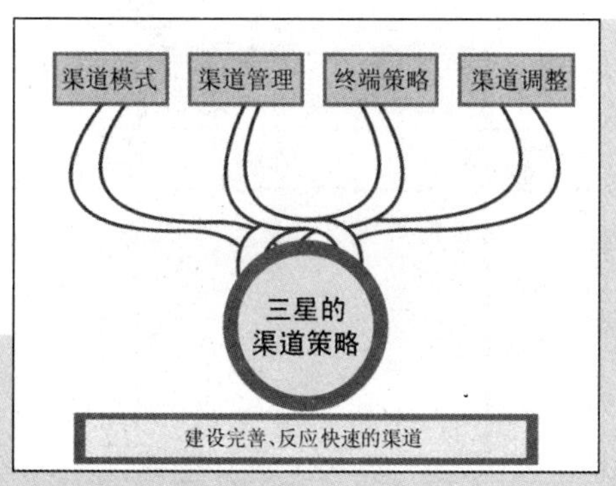

■ 三星根据自己的实力和特点，采取了适当的渠道模式，并适时地进行渠道变革，采用有效的渠道管理方案，提高了品牌的竞争力。

的飞速发展，放眼望去，四周品牌林立，渠道犬牙交错。粗放式的渠道经营只能说已经完成了最初的圈地运动，渠道管理经验也度过了最初的积累阶段，日趋成熟。三星的渠道模式大致经历了以下三个阶段：

5.1.1 “划区而治”的代理制度

从显示器市场的整体布局上看，三星的显示器销售渠道主要是采用“划区而治”的代理制度，但与传统的区域代理制相比又有所变化。三星的区域代理制度是以行政区划为依据自然划分的，它把中国的显示器市场划分为七大区域，在各个地区设立相应的营销管理部门，对其管辖地区的经销商进行销售渠道的支持及调控。三星在传统的区域代理制的基础上，还根据各个区域的特点进行建设性的调整，针对不同区域特点灵活运用不同类别的代理体制。

5.1.2 经销商俱乐部

激光打印机是三星电子六大重点产品线之一。在韩国市场上，三星占据激光打印机 60%的市场份额；在中国，三星通过和 OEM 的伙伴合作，使其激光打印机已占到了 35%的市场份额，各大打印机厂商都感觉到了它的威胁。

三星电子是在 2001 年 8 月才开始以自己的品牌打印机进入中国市场的，当时国内打印机市场主要被惠普、联想、爱普生和佳能等几大品牌所占据。对于当时的三星而言，惠普进入中国市场已经 18 年，联想有 7 年，佳能有 6 年，爱普生 5 年，但三星仅用了两年的时间就取得了如此巨大的成绩。

■ 从显示器市场的整体布局上看，三星的显示器销售渠道主要是采用“划区而治”的代理制度，但与传统的区域代理制相比又有所变化。

在三星打印机进入中国市场的初期，三星急待解决的问题是如何快速建立起自己的销售渠道，使产品能参与到各大品牌的竞争之中。在2001年8月进军中国市场后，在其独家总代理万海公司的配合下，三星迅速建立起了自己的渠道销售体系，并推出了按俱乐部方式运作的独特渠道模式，吸引了一大批合作伙伴，成为当时中国IT渠道领域的一大亮点。

在取得这些成果之前，圈内盛行的“分区划片，层层规定完成量”的渠道套路对三星产品并没有用，经销商对其产品爱理不理，终端的货销量不高，产品知名度不见提高，销售渠道更是没有延伸。2002年，三星改变了之前“经销商来一个收一个，多铺开一条路是一条”的传统做法，开始由其总代理万海公司组建“三星万海经销商俱乐部”，对经销商开始进行“封闭式”管理。“三星万海俱乐部”所有经营政策都是至上而下统一执行的，这样不仅方便了万海对下游渠道的管理，而且各个层面的销售效率也迅速提高了。

从某种意义上说，三星这种俱乐部制度与一个高尔夫俱乐部是一致的。俱乐部成员要交昂贵的会员费，并且要接受各种条件，但也只有这些成员和少数其他会员才能享受到干净的球场、专业的服务。如果没有会员制度的保障，人人都可以进入混一杆的话，这些成员就不可能安下心来打好球。而俱乐部的任务，就是帮助成员筑起围墙，赶走闲杂人等，维护草坪，让成员舒舒服服地打球。

事实证明，这一系列措施是行之有效的。2002年底，三星的经销渠道迅速壮大，销售业绩也开始呈现急剧攀升的态势。到2003年底，仅过了两年的时间，三星便将中低端激光打印机市场的占有率迅速提升并迈进前三强，传真机则是三星较为成熟的产品线，一直是用户首选品牌之一，在多功

■ 在2001年8月进军中国市场后，在其独家总代理万海公司的配合下，三星迅速建立起了自己的渠道销售体系，并推出了按俱乐部方式运作的独特渠道模式，吸引了一大批合作伙伴，成为当时中国IT渠道领域的一大亮点。

能一体机的市场份额上更是名列前茅。健康、有序的渠道资源保证，使得三星能够成长为中国打印机市场最大的“黑马”。

5.1.3　网络化渠道

渠道网络化是渠道模式发展的必然结果。传统的线性渠道模式造成厂商与最终消费者之间的距离过长，不能准确预见市场发展趋势和用户需求，而且传统的经销商多集中在大城市，对小城市的覆盖率不够，经销商很难适时、准确地掌握各种信息，这样，不仅会错失商机，还造成人员和时间上的浪费。同时，随着产品更新换代速度的加快，产品的寿命愈来愈短，利润空间变小，非增值部分将面临淘汰。因此，利用 Internet 以及电子商务提升渠道效率，使物流、资金流、信息流易于管理已成为 2000 年渠道建设上的突出特点。几乎所有的显示器厂商都有自己的网站，提供在线销售、技术服务。三星当然也不例外。

5.2　渠道管理

在确定渠道模式后，企业还要对渠道进行管理。渠道管理的内容包括渠道成员的选择，并对他们的工作进行监督、激励和评价。

三星在中国的渠道管理方面，总体上表现为以下两个特点：

第一，设总代理，但将其势力控制在一定的范围内。

对于三星来说，选择一个好的地区总代理是一个长期性的战略决策。为了便于集中管理，三星很谨慎地按不同地区如华北、华南、东北等区域划分

■ 在确定渠道模式后，企业还要对渠道进行管理。渠道管理的内容包括渠道成员的选择，并对他们的工作进行监督、激励和评价。

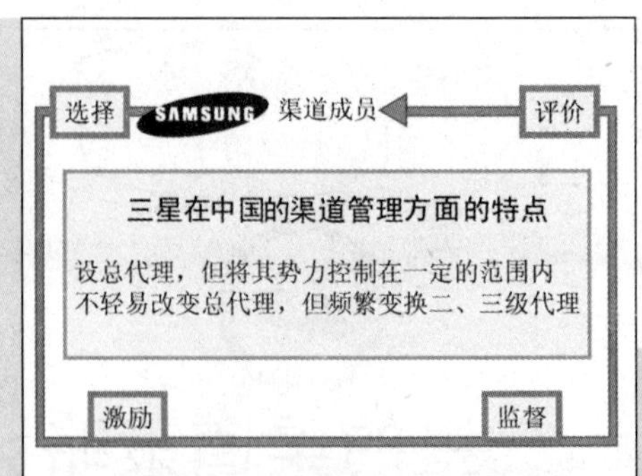

势力范围，在中国扶植多个总代理，使每个总代理的势力都不会对全局起到太大的影响。同时，三星在每个大区都设有两个从总部派驻的销售人员，用于监测竞争对手，与代理商保持交流，控制市场节奏并及时向总部反馈情况。

第二，不轻易改变总代理，但频繁变换二、三级代理。

对于三星而言，渠道商决定着其在中国市场的成败。在合作期内，渠道商服从于三星的统一策划和调度，在市场上与同类品牌杀个你死我活，但一个合作期结束以后，二、三级渠道商就会改换门庭转投到利润更高的厂商旗下。而地区总代理由于在成为一个总代理的过程中，为了建立起自己的体系，投入了很多人力物力和财力，并要对代理的品牌进行深入了解，将该品牌和企业的精神文化渗透到这个体系之中，同时还需要在消费者心目中树立一个长久的品牌形象和信任度。因此，总代理一般会全身心地把精力投入到代理的产品上，通常会忠于一个品牌，不肯轻易易主。

三星的渠道政策非常严格，一旦发现代理商窜货，第一次将罚 50 元，第二次罚 100,000 元，第三次取消其代理资格。三星在中国的渠道管理主要包括选择代理商、SPI 管理、分利管理和渠道支持四项内容。

5.2.1　选择代理商

在中国，争取做三星代理的企业很多，在代理商的选择上，三星特别讲究忠诚。三星首先关注的并不是实力，也不会选择同时做很多产品代理的那种经销商，它最重要的考核指标是看对方态度是否认真，是不是十分重视做三星代理商这件事。三星选择的大多是业内一些比较新兴的代理

■ 三星的渠道政策非常严格，一旦发现代理商窜货，第一次将罚 50 元，第二次罚 100,000 元，第三次取消其代理资格。三星在中国的渠道管理主要包括选择代理商、SPI 管理、分利管理和渠道支持四项内容。

商，注意培养相互间紧密合作的关系。比如，三星最大的一家中国代理商——广州鹰泰数码动力科技有限公司，只做三星手机的代理。现在的鹰泰已经是华南地区位列前三名的大经销商，这主要得益于三星的扶持。还有，三星在华北的总代理三捷恒安公司，当初只是几个人的一个小办公室，在三星总部对它的各个方面进行一系列调查之后，从十几个竞争者中选中了它。而另一家代理商华盛公司则是靠着及时认真地回复三星每一次质询的传真而受到青睐的。

5.2.2 渠道管理方案一：PSI 管理

在中国，三星使用 PSI（Purchase Sales Inventory）对代理商进行管理。所谓 PSI，通俗地讲，就是表格化管理。即所有业务或日常工作进度，每周统计一次。

三星设计的 PSI 代理商及销售目标管理系统，是以三星整体企业背景为依托而设计出来的，它看似是一个单纯管理代理商的方案，实际上则是企业实力、战略的具体表现。以显示器代理商为例，PSI 管理的优越性表现在以下几个方面：

（1）加快信息的收集与反馈

信息收集与反馈的快慢是传统管理方式与现代管理的最大差异之一，并最终决定其对信息的提炼和能否及时做出适应市场发展的决策。在 PSI 管理方案下，一类表格统计每天每种产品的销售量，另一类表格统计出每种产品的销售去向。这样，两类表格互相补充，互相“牵制”，通过它们，可以清楚地看出经销商的经营情况及产品的销售去向。一旦数字对不上，哪个环节

■ 在中国，争取做三星代理的企业很多，在代理商的选择上，三星特别讲究忠诚。

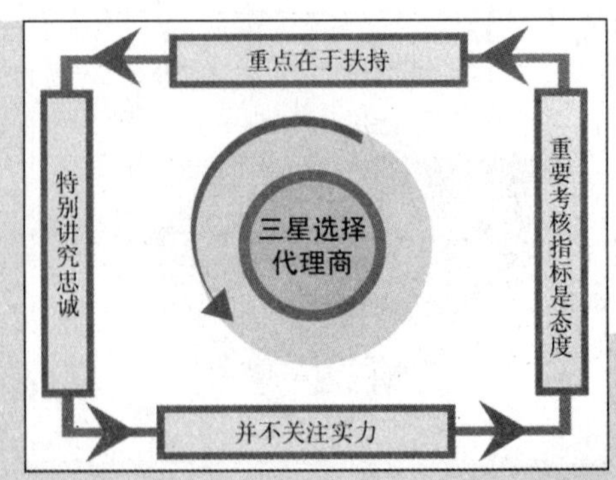

出问题就一目了然了。

（2）加强销售目标管理

PSI 在管理上的科学性还表现在销售目标的预定上。大公司做事总是先定目标，然后再朝这个目标努力。如果先做起来，然后再返回来定目标，有很多潜力是发掘不出来的，很多问题也不易被发现。

在三星，一切以 PSI 管理模式下的数据分析结果为依据。在经过对前期大大小小的“表格”的分析后，再结合三星市场研究部门与其他权威机构的研究报告，制定全公司与各个代理商的销售目标。具体到各个行业或各个地区的供货比例，这种理性化的管理更是大有用武之地。

（3）实现了真正的“零库存”管理

三星 PSI 管理模式，可以帮助每个经销商提高物流管理水平，实现真正的“零库存”管理。统计好的数据通过总代理汇集到总部之后，经过分析运算，画出图形，就能从中很快地发现各供货商的需求和遇到的问题。比如，某一地区的总代理想从三星进货，但三星从系统反馈的数据中发现，该地区该型号的显示器库存过大，就会提醒对方不应该再进货，因为在未来一个月内，下游能吃下的量会减少，从而使总代理及时涨库；相反，有时整个地区就要断货了，但总代理还不知情而未做进货计划，此时，三星会通知对方该进货了，并在货源的总体调度上为其留出数量。

（4）帮助公司完善决策管理

通过精确的分析图表，三星可以迅速并准确地把握各型号显示器在全国的销售走势。如果某一型号在某一地区销售量突然萎缩，而同时竞争对手的销售数字却在上升，系统就会马上向三星提出预警，三星会尽快组织力量到

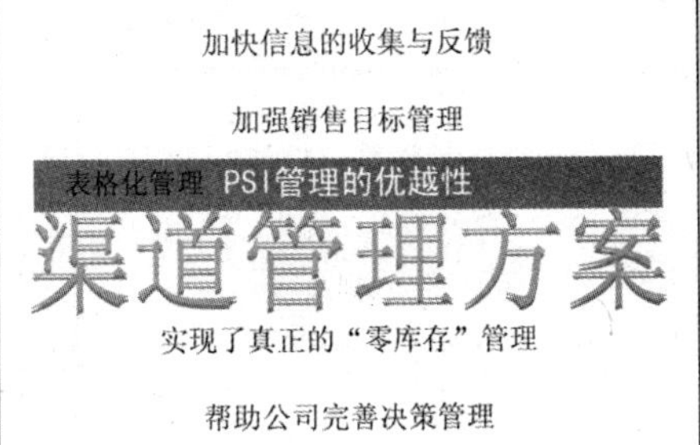

■ 三星 PSI 管理模式，可以帮助每个经销商提高物流管理水平，实现真正的“零库存”管理。

该地区和总代理商一起分析原因。2001 年在零售市场上推广 560V 液晶显示器的过程中，三星总部发现大连和沈阳每个月只能卖到 800 台，低于全国平均销售量，而同一地区 LG 的同档产品却能销出 1000 台，三星一边派人细查原因，一边召集当地的各级代理商分析原因。三星还会对当地的客观环境进行综合分析，判断和对手争份额是否值得，如果是必争之地，则以最快的速度调整自己的战略战术，迅速进行反扑，抢回市场份额。

（5）帮助代理商止损

PSI 管理模式还可以使厂家有能力监控到各地总代理商的资金流转情况，从而帮助他们规避经营风险。如果三星的哪家代理商长期因某个二级渠道商赊销而资金回笼缓慢，三星就会从其进货量上的萎缩看出问题，从而尽快调查，即使有损失也会很快纠正防止损失扩大。可以说，三星都是用真诚的态度去关注自己的每个代理商，它还将一些名不见经传，实力弱小但踏实做事的小公司扶植成业绩一流的实力派渠道，看着他们一天天长大，帮他们解决成长中遇到的问题。

5.2.3 渠道管理方案二：分利管理

要想培育出在市场上最有战斗力的经销商队伍，对渠道商的管理远不是一套表格就可以实现的，其中还包括如何处理好与渠道商之间的关系。如何定价、返点以及全国一盘棋，适时地进行宣传推广，并且让渠道商听从统一指挥，相互协同作战。

忠诚的分销商是三星电子在中国取得成功的关键。以高额利润培养忠实的分销商，可说是三星市场营销的成功之举。以手机为例，三星产品的平均

■ 忠诚的分销商是三星电子在中国取得成功的关键。以高额利润培养忠实的分销商，可说是三星市场营销的成功之举。

双渠道并行
零售渠道涉足行业市场
高额利润培养忠实的分销商
分利管理
渠道管理方案
渠道必须服从总部指挥
渠道以推广三星品牌为己任

价格比诺基亚高60%，这意味着三星分销商的利润比其他手机代理商的利润高出近一倍。同时，代理商一旦被发现擅自降价倾销，其代理资格就会被取消。

分利是三星在渠道管理方面的一项重要措施。通过分利，三星让渠道各方各司其职，各安一方，共同为三星打拼。三星的渠道分利管理体现在以下方面：

（1）双渠道并行

三星对各类渠道商的利益分享考虑得非常细致。以三星2001年在国内市场上推广560V液晶显示器为例，除了全国几大块零售总代理之外，三星还有一个行业渠道，即专门向行业用户提供产品的销售渠道；与零售渠道相比，行业渠道并不仅仅销售量大而且多是销售技术先进、附加值高的产品。同时，行业渠道的销售商不仅是商人，更要精于技术。对于行业用户来说，购买时的主观意愿相当强，不会为一些表面的促销活动所动，但对产品的各项技术指标则会有较多关心。一个行业渠道的销售人员必须具备相当的计算机专业知识，便于推销和回答客户的种种疑问。由于产品的不同，行业渠道与零售渠道一直双渠道并行，互不干扰。

（2）零售渠道涉足行业市场

在2001年以前，液晶显示器一直是高端产品，在行业渠道进行销售。但随着2001年液晶显示器的大幅度降价以及零售市场开始向液晶倾斜，三星推出的560V已经成为一种中低端产品了，更适合在零售市场上销售。行业渠道的销售能力有限，会阻碍销售量的进一步扩大。零售商却不懂专业技术，而且缺乏经验。面对两难选择，三星最后的选择是交给零售渠道去做，

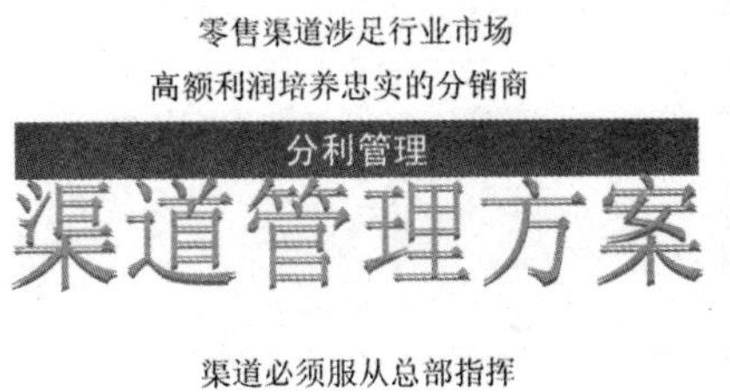

■ 分利是三星在渠道管理方面的一项重要措施。通过分利，三星让渠道各方各司其职，各安一方，共同为三星打拼。

但从其所得中分一部分给行业渠道。三星派人去给主要渠道商做培训，再由其来培训下面的二、三级代理商。实际上，这等于双方共同销售这个产品。

（3）渠道必须服从总部指挥

在产品的定价上，三星会保证每一级渠道都得到固定的利润。尽管在利益上三星会尽可能多地考虑到渠道商的想法和得失，但在全国统一的推广上，三星则要求渠道商必须无条件服从总部的指挥，不能变通和让步。在560V推出之后，三星规定所有的代理商必须专款专用，比如，一个代理商订了2000台的任务，就必须先把这2000台的货款划出来，不得以其他理由占用。同时，还必须由专门负责这一型号销售和储运的人员进行安排，并且每个月要因地制宜地订出对560V的促销方案传给总部，这样三星才能及时把握市场，在每个销售季节里，保证供货和销售环节都畅通无阻。

（4）渠道以推广三星品牌为己任

由于品牌促销的资金由厂商负担，对于地区代理商提出的所有推广方案，三星总部的人员都会认真细致地考察和论证，甚至连赠品是什么都会提出意见。因为三星认为，总代理就是三星品牌在各地的办事处，他们不仅负担着销售的义务，还负有推广三星品牌的重要责任。三星每年要花很多钱对总代理进行产品技术的培训，并请专业的公司对其进行销售礼仪和基本技巧的培训，再拨去可观的费用给总代理培训分销商之用。

5.2.4 渠道支持

（1）管理上的支持

以显示器市场为例，随着微利时代的到来，经销商面临的压力会日益增

■ 由于品牌促销的资金由厂商负担，对于地区代理商提出的所有推广方案，三星总部的人员都会认真细致地考察和论证，甚至连赠品是什么都会提出意见。

双渠道并行
零售渠道涉足行业市场
高额利润培养忠实的分销商
分利管理
渠道管理方案
渠道必须服从总部指挥
渠道以推广三星品牌为己任

大，厂商和代理商之间是双选的关系。代理商在选择厂商时不再只是注意眼前的货币利益，而是把眼光放得更远：能否在管理、战略决策和发展方向上带来一些先进的国际化经验。对于经销商而言，显示器“视”界大腕三星提供的支持是非常全面的。经销商不但可以从三星那里得到非常详细的市场分析报告，还能得到大量的数据资料。对于缺乏经验的经销商，三星还会给他们的员工提供培训。代理商在提高业绩的同时也汲取了三星在市场运作、渠道管理、人才管理及服务等方面的众多有益经验。

（2）质量上的保证

三星对渠道的支持除了在市场上之外，还把售后服务的概念提前到生产环节。虽然三星在中国建立了400多个维修网点（其中显示器的专修网点就有40多个），上门、网络、电话服务等多管齐下，但三星生产显示器的目标是把次品率消灭在生产环节。每台出厂的显示器在生产过程中都要经过“苛刻”的千锤百炼，每一道工序都异常严格。同时，还有一个专门的质量检验室对成品进行抗震、防潮、抗压等检验，一旦发现某一指标不合格，整批产品将全部返工。正因为如此，三星显示器近年来的返修率始终低于1%，大大低于同行业标准。这样做不仅节约了成本，而且代理商敢对用户做承诺。为三星做代理，代理商不仅省去了退货的烦恼，同时给自己的品牌也树起了信誉。

5.3 终端策略

在范云峰所著的《终端》一书中，对终端的定义是：“从狭义上看，所

■ 代理商在提高业绩的同时也汲取了三星在市场运作、渠道管理、人才管理及服务等方面的众多有益经验。

谓终端就是商品与消费者直接进行等价交换的地点，也可理解为商品的零售卖场。从广义上理解，终端是指在市场营销过程中最末阶段的空间，即商品从生产厂家到购买者受众的最后一环，是分销渠道的‘神经末梢’。从这个意义上说，终端不仅局限于零售店，还可延伸到目标消费者所感受到的任何地方，也就是说终端可以是零售卖场，也可以不是，它可以是人员直销、厂家直销、邮购、展销会等等。”

在这里我们所说的是狭义的终端。

渠道是企业的命脉，而终端又是渠道的“神经末梢”。因而对零售终端的争夺就成了决战渠道的关键。没有终端的支持，再好的产品也不会自动走到消费者手中。产品在终端的表现如何，取决于企业对终端的管理。

三星对渠道的优秀管控能力也体现在其对终端的管理方面不断推出新的举措。

三星笔记本电脑在2003年取得了150%的销售增长率，取得了近9万台的销售业绩后，在2004年又提出了销量达到15万台、进入市场前五名的远景目标。显然，要完成这样的目标，仅仅加大推出新品力度和进行产品宣传拉动是不够的。为了有效地拉动三星笔记本电脑销售的快速增长，在完成了整体产品线的合理布局之后，三星加快了对零售终端的建设和完善。

通常零售终端市场的反应决定产品的销售结果。面对零售终端的重要作用，三星笔记本电脑采取了完善形象店和零售店管理“双管齐下”的策略，起到了积极的作用。

■ 通常零售终端市场的反应决定产品的销售结果。面对零售终端的重要作用，三星笔记本电脑采取了完善形象店和零售店管理“双管齐下”的策略，起到了积极的作用。

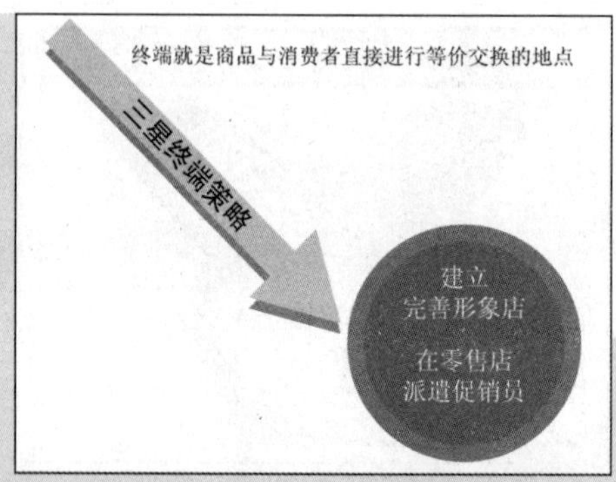

5.3.1　建立完善形象店

2001 年，三星携一款 NV5000 进入中国笔记本电脑市场，NV5000 凭借着轻薄时尚的外观和卓越的性能立刻吸引了众多消费者的目光。由于产品线单一，三星只能通过零售店面进行笔记本电脑的销售。那时的三星，不仅不可能针对消费者的需求而采取大规模的市场活动以拉动终端销售，而且对于提升自身品牌形象和起到宣传作用的形象店建设更无从谈起。

随着广受好评的 X、P、Q、V 等系列产品被陆续引入中国市场，三星笔记本电脑原有的零售终端模式显然已不能适应其发展。尤其是在三星笔记本电脑的全线产品得到国内消费者普遍认可的情况下，提升和完善自身的零售终端更是“迫在眉睫”。

经过前期的精心策划和与经销商的共同努力，三星笔记本电脑 2003 年底在全国建立了 250 家具有统一风格的形象店。2003 年，三星仅在形象店一项上的投资就达上千万人民币。

三星笔记本电脑的形象店将展示、体验、销售、服务四大功能融于一体，不仅为用户提供了全方位的应用感受，而且拉近了与消费者的距离，从而塑造了自身品牌形象，同时也为笔记本电脑的销售创造一个良好的市场环境。不仅如此，借助于遍布全国的形象店，三星笔记本电脑还可以根据需要开展相应的市场推广活动。2003 年，当三星笔记本电脑推出全球第一款最轻薄的迅驰笔记本电脑 X10 时，就通过形象店将汽车市场常见的产品预售形式引进了 IT 领域，让消费者在第一时间内在形象店中见到了这款产品，为 X10 的市场销售抢占先机，并创造了出色的业绩。

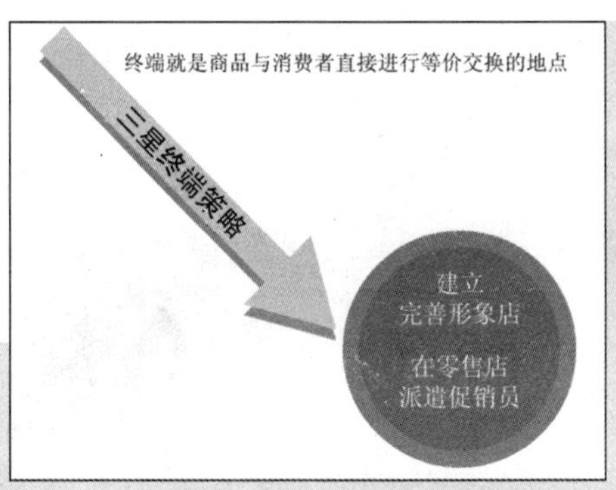

■ 经过前期的精心策划和与经销商的共同努力，三星笔记本电脑在 2003 年底在全国建立了 250 家具有统一风格的形象店。

5.3.2　在零售店派遣促销员

面对众多的零售终端店面，三星笔记本电脑采取了与其他国际厂商不同的策略。在完成了渠道调整和新品发布之后，三星笔记本电脑就陆续在全国各大电子卖场的笔记本零售店面派遣统一的促销员，帮助零售经销商销售三星笔记本电脑。

2004 年 5 月，身着统一的、带有三星 LOGO 服装的促销员先后在北京、上海、广州、沈阳、成都、武汉、西安、南京、杭州、济南等全国十个重点城市的各大电子市场亮相。这是三星笔记本电脑为了规范零售终端对产品的销售、提升三星笔记本品牌形象、促进各经销商对三星笔记本电脑的销售而针对零售终端商采取的拉动措施。三星这种在终端派遣统一促销员的形式还将在全国其他城市陆续展开。

三星设立专职的、统一的促销员，一方面是为了加强对店面的管理，促进零售终端的销售，增强对代理商的销售支持；另一方面是为了统一三星零售终端的形象，通过专业的促销人员对消费者的影响，提升三星笔记本电脑的产品品牌形象。

相对于笔记本电脑厂商的形象店而言，零售店面更需要厂商在产品、技术、宣传以及市场活动的支持，而三星笔记本电脑通过派遣专职的、统一的促销员正好弥补了零售终端在这方面的不足。这些经过统一培训的促销人员，不仅要负责派驻门店的产品销售、派驻门店销售人员的培训、监督管理店面的形象等工作，而且还要监督、执行三星笔记本电脑进行的产品促销等相关的市场活动，并反馈执行效果情况。除此之外，还要收集、整理每日的

■ 三星设立专职的、统一的促销员，一方面是为了加强对店面的管理，促进零售终端的销售，增强对代理商的销售支持；另一方面是为了统一三星零售终端的形象，通过专业的促销人员对消费者的影响进而提升三星笔记本电脑的产品品牌形象。

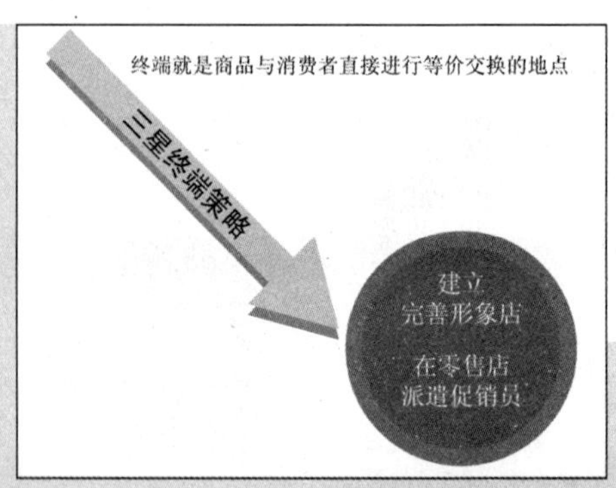

销售信息及数据，建立和管理客户档案，了解库存情况；并且要根据市场的情况拟订零售终端的支持和建议，促进零售终端的建设。

对于代理商来说，由于经营不同类型的机型，所以不可能像形象店那样对产品非常了解，而三星的促销员通过言传身教的形式能够让代理商的销售人员更深入地了解三星笔记本电脑，在销售过程中做到有的放矢。而且这些身着带有三星 LOGO 统一服装的促销人员在卖场中本身对三星笔记本电脑来说就是一种产品形象和品牌的宣传，相对于报纸、杂志等平面广告而言，这些流动的广告对销售的拉动效果更加明显。并且，这些促销人员还具有市场督导的职能，能够防止经销商之间低价竞卖产品等不正常现象的出现，保证经销商的利益。相对于其他笔记本电脑厂商季节性地派遣促销员相比，三星的这种模式能够使拉动销售的效果更久，作用的范围更广。

这种对零售终端支持的模式使三星笔记本电脑在增加销售的同时，更加了解市场，能够根据市场的变化随时调整市场推广策略。

三星电脑产品部 SCM 总监张剑说：“这仅仅是三星笔记本拉动零售终端销售众多措施的一项，我们还将根据各个区域零售终端的实际情况采取有针对性的措施。”

5.4　渠道调整

任何事物都是不断变化的，当条件改变的时候，应对策略也随之变化。渠道也是一样，当市场发生改变的时候，企业就要对渠道模式进行调整，以适应新形势的需要。三星的成功之处就在于能够适时而动，进行渠道调整。

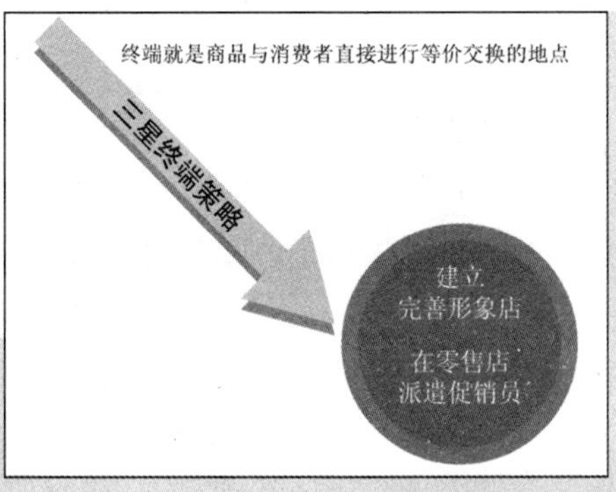

■ 这种对零售终端支持的模式使三星笔记本电脑在增加销售的同时，更加了解市场，能够根据市场的变化随时调整市场推广策略。

5.4.1 打印机渠道的调整

在中国，三星电子一直扮演着幕后英雄的角色，通过和 OEM 伙伴合作，在渠道上采取“经销商俱乐部”模式，三星激光打印机至今已占到了 35%的市场份额。三星取得如此大的成绩只用了短短的两年时间。而在三星打印机进入中国市场时，惠普已在中国市场经营了 18 年，佳能 6 年，爱普生 5 年。

时至 2004 年，随着市场形势的不断变化以及所运作产品线的深入，三星原有的渠道模式已经跟不上三星产品快速增长的步伐，影响了三星产品市场份额的进一步拓展。以往的渠道粗放式管理的弊端也开始显现出来：渠道布局不尽合理，对行业市场的覆盖能力不够全面，终端渠道建设较为混乱并难以控制等。

2004 年伊始，正当很多分代理商都在为不俗战绩和高额回报欢天喜地的时候，三星已经开始为更大的目标而做准备。第一步就是对其原有的渠道体制进行大刀阔斧的改革。

2004 年 1 月 9 日，三星电子在人民大会堂举行了“三星数码打印产品 2004 年新渠道战略发布会”，会上隆重推出了三星数码打印产品全新的渠道战略，同时宣布陆靖荣任三星电子中国区 OA 产品总经理的消息。由此，三星公司在中国的数码打印产品渠道总代理将由三星（中国）公司总部统一管理。

随着数码打印产品整体市场的成熟，三星 OA 产品线也在不断丰富和日益成熟，各类针对用户个性化需求的新品不断涌现，以往粗放型渠道体系易

■ 时至 2004 年，随着市场形势的不断变化以及所运作产品线的深入，三星原有的渠道模式已经跟不上三星产品快速增长的步伐，影响了三星产品市场份额的进一步拓展。以往的渠道粗放式管理的弊端也开始显现出来：渠道布局不尽合理，对行业市场的覆盖能力不够全面，终端渠道建设较为混乱并难以控制等。

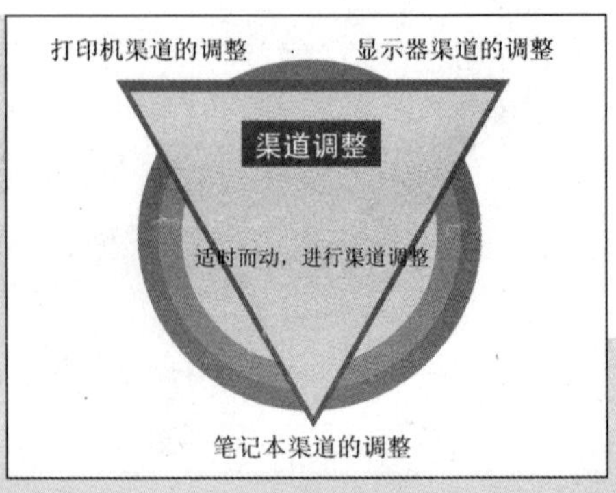

于管理，但存在着对行业市场的覆盖力不够全面，末端渠道建设较为混乱并难以控制等问题。同时，三星在很大程度上也听取并接受了来自下游渠道的意见，这些都是三星推出全新的产品销售渠道模式的重要因素。

三星通过对原有资源的整合，在全国 10 个省市分设打印机和传真机区域总代理，并以此为基础形成了全新的渠道销售模式。三星依据“渠道扁平化”原则，将渠道细化为大批发商、零售联盟、区域联盟、行业大客户部、连锁大卖场五大类，并针对不同类型的渠道提供点到点的支持。细分后的新渠道体系要横向设立行业大客户部，就是要以政府、公安、教育、银行作为行业突破口，加大政府团购的销售量。此外，针对五大细化的渠道下游都会建立适合自己特点的行业俱乐部。而总部的打印机、传真机及多功能一体机的三个事业部，会提供更多符合中国市场需求的服务和技术层面的行业解决方案，从而满足不同行业和不同客户的需求。

经历渠道变革后的三星，具备了比以往更强势的核心竞争力：它将厂商、总代理以及经销商三者的优势资源高效地整合，充分地调动了三方的积极性和主动性，无缝地实现了厂商的品牌优势、总代理的资本优势及成熟经营理念、各经销商的实战经验和当地的影响覆盖力的高效融合。

5.4.2 显示器渠道的调整

三星的显示器产品采取的是总代理制模式。到 2003 年时，一方面由于三星的出货量要求越来越大，代理商因为自身资金有限而很难完成其出货量任务，另一方面由于代理商不满足于太薄的利润，而出现了竞相杀价的混乱情况，三星对渠道进行了调整。这次调整是总代理的一次自下而上的革命，

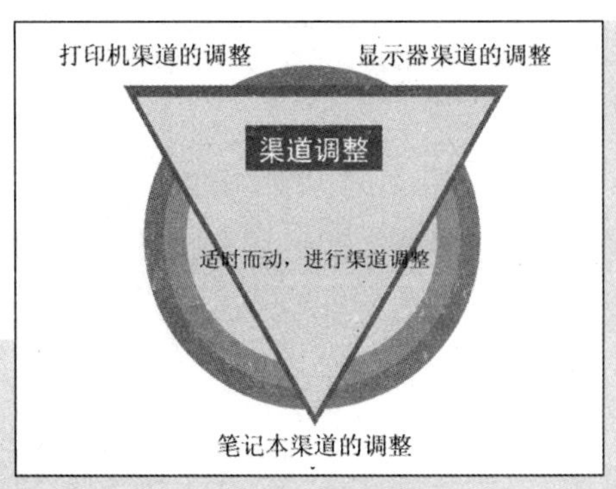

■ 经历渠道变革后的三星，具备了比以往更强势的核心竞争力：它将厂商、总代理以及经销商三者的优势资源高效地整合，充分地调动了三方的积极性和主动性。

显示了总代理的一种新的道路。

在这次渠道调整中，由辽、吉地区的总代理红网科技公司，与包括海德、卓风和双鹏等四家原来三星显示器的二级代理商一起，由五家公司共同出资成立了一家合资公司，来全面管理三星显示器的渠道（红网占60%股份，其他家约各占10%）。

这样，保证了厂家能够正常完成预定的销售额计划，总代理又可以保住头衔不被厂商取消。同时，二级代理商升格后也能拿到更多的利润。而对于消费者而言，三星显示器的销售渠道由厂商→总代理→二级代理→专卖店/商家→用户的模式变成了厂商→代理/专卖店→专卖店→用户的模式，既节约了时间，又会得到更好的价格和服务。

5.4.3　笔记本渠道的调整

三星笔记本电脑进入中国市场不到三年，就挺进市场前六名，在短期内能取得这样的市场地位，除了其独特的产品优势之外，渠道的成功调整功不可没。

在总代理打开市场之后，从2003年下半年开始，高速发展的三星笔记本电脑迫于销售压力，果断地对渠道进行了调整。在经过中科、首创两家渠道总代理后，三星放弃了总代理制，形成了现在的区域代理制。

这样的渠道调整有利于提高三星的整体市场运作效率，也使其笔记本电脑的推广更因地制宜。同时，在全新的渠道模式下，三星的地区核心代理商不仅要以厂商的身份去推动市场，还要从市场的角度去推动厂商，从而形成渠道与厂商紧密合作的良性状态。

■ 三星笔记本电脑进入中国市场不到三年，就挺进市场前六名，在短期内能取得这样的市场地位，除了其独特的产品优势之外，渠道的成功调整功不可没。

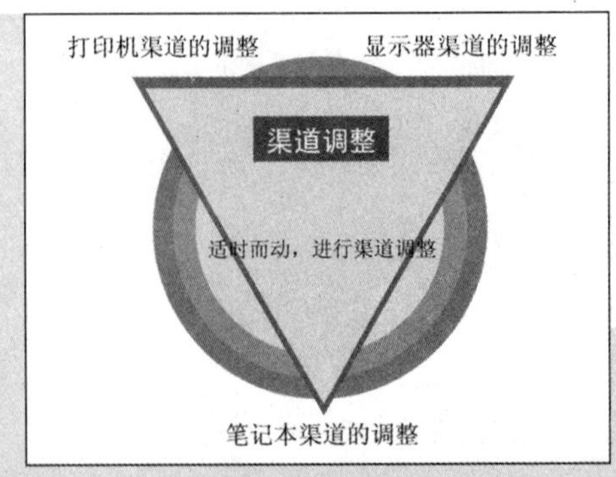

经历了几个月的磨合，完成渠道调整后的三星笔记本电脑与渠道调整前相比，整体的销售量平均增长了50%以上，而且逐渐呈现平稳增长的态势。

区域代理制的实施，首先缓解了三星的销售压力。笔记本电脑的销售要保持较高的增长速度，就必须细化市场，细化渠道，由区域总代理来对经销商和零售商进行管理。这样更有利于发挥核心代理商在资金、物流等方面的优势，有利于三星笔记本电脑销售的便捷和通畅。

同时，三星笔记本电脑毕竟在中国市场上只有三年多的经验，其对中国市场的了解还很有限，而中国市场又与其他国家和地区的市场有着巨大的差异，加之中国幅员辽阔，各地区又各具特色，区域代理作为“懂中国市场的人”，更能施展其本地化营销的能力。另一方面，相对于全国总代理，区域总代理的开销相对较少，不仅节约了销售上的成本，而且区域总代理可以更贴近市场、贴近终端用户、贴近消费者。因此，实施区域代理制后，三星能够及时得到最终消费者的良好建议和意见，以及市场价格、行情、消费心理等变化的反馈，也就更能开发出更适合消费者的产品了。

除了增加销售量之外，三星笔记本进行渠道调整的更重要的意义还在于，完成调整期后的三星渠道呈现出一种稳健的良好发展态势。通过继续完善渠道，三星笔记本将逐渐为达成下一步的市场目标扫清障碍。

■ 除了增加销售量之外，三星笔记本进行渠道调整的更重要的意义还在于，完成调整期后的三星渠道呈现出一种稳健的良好发展态势。通过继续完善渠道，三星笔记本将逐渐为达成下一步的市场目标扫清障碍。

第六章 三星的经营理论

企业的成败，关键在于企业的经营体制。三星的经营理论有其独特的方式和内容，如第一主义、技术经营、质量经营、人才经营、速度经营、生鱼片理论和完美服务等。这些经营理论的成功运用是三星获得今天辉煌成就的关键所在。

6.1 第一主义

现在的三星电子不仅是韩国公认的销售额和净利润第一的企业，而且在国际上的地位也持续上升，成为全球瞩目的对象。三星能有今天的辉煌，与其第一主义的经营理念是分不开的。

三星从一开始就把自己定位在“努力承担韩国经济发展重任”这一领导形象上，要成为韩国企业界的领袖，只有“第一”才能体现出三星傲视群雄的勇气和霸气。从早先的“第一制糖”到后来的“第一纺织”，甚至于后来建立的全世界最大规模的肥料厂“韩国肥料”，都充分体现了三星作为韩国振兴经济的先行者，成为韩国“第一”的勇气和决心。也正是在这种争做第一的企业精神的鼓舞下，三星从无到有，在韩国国内建立了其作为韩国经济

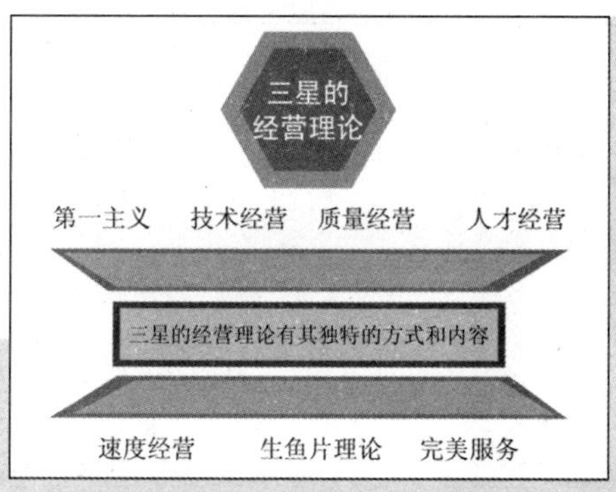

■ 三星的经营理论有其独特的方式和内容，如第一主义、技术经营、质量经营、人才经营、速度经营、生鱼片理论和完美服务等。这些经营理论的成功运用是三星获得今天辉煌成就的关键所在。

领导品牌的强势品牌形象。

三星不仅在韩国取得了无数的第一，就是在世界上也已经在众多领域成为名副其实的第一。这都要归功于三星的“第一主义”的经营策略。

20世纪90年代初，三星预见到了中国的制造商将很快生产出比韩国更便宜的电子产品，于是决定向高档产品方向发展。从1993年开始，三星开始在公司内部推行一种名叫“新经营”的管理模式。“新经营”的核心是：进入21世纪以后，国家之间的壁垒将逐渐消失，世界将进入一个无限竞争的时代。如果一个企业在其所在的领域不能成为领导者，那么它的生存将会受到威胁。换句话说，“新经营”的管理理念就是要求三星在各个领域成为第一。以“第一主义”为核心的“新经营”管理模式使当时三星集团的所有员工都具有了一种危机感，公司上下都树立了追求第一的意识。

为了贯彻第一主义的理念，三星有一个非常明智的决策，就是“选择集中”的战略。所谓“选择集中”，就是指企业不可能在所有的领域都取得世界第一位，所以企业要充分考虑到自己的实力，选出能在世界上夺取第一的领域，在这一领域进行集中投资。

三星电子于1997年3月进行了产业结构重组，业务体系分成四类，并分别制定了对策：

“种子产业”，即5～10年之后有可能给企业创造利润的业务领域，找到其种子后，企业要果断地投入技术、资金和人力，打好基础的事业。如移动通信系统网络非存储器产业等。

“苗圃产业”，即5年之内有可能给公司创造利润的领域，指被判断为需要加强技术开发、产品化力度和营销力度，抢先占领市场的产业。如数字电

■ 三星不仅在韩国取得了无数的第一，就是在世界上也已经在众多领域成为名副其实的第一。这都要归功于三星的“第一主义”的经营策略。

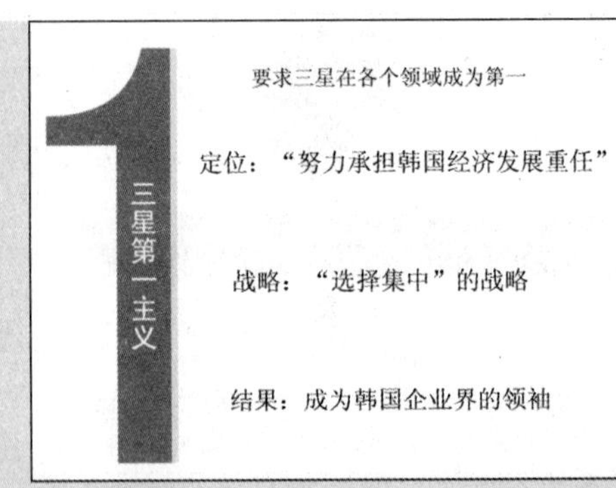

视机、掌上电脑（PDA）、TFF-LCD（超薄液晶显示器）等。

“果树产业”，指目前企业做得非常出色，可以获得成果的产业领域，“果树产业”被指定应加强现有的优势，发展成为坚定不移的一流产品的产业。如大型彩电、显示器、手机、笔记本电脑、存储器等。

“枯木产业”，是指已经停止成长，很难期待结果，应该果断清理的产业。

6.2 技术经营

技术是推动新产品研发的因素，也是企业创新的原动力。当技术与企业的经营联系在一起的时候，企业的经营战略会定义技术的目标，而技术也会为企业经营战略提供其所面临的机会和制约。

技术决定了企业的研发能力。为了能让研发职能完全整合到企业的经营活动中去，企业就必须对经营活动具有全面的技术意识：

在企业内部形成一种技术意识，一个关于技术外部世界的一个“窗口”。

为了保持和重建企业的现有业务，而保证企业拥有适当的技术水平。

为新的业务机会提供技术投入。

决定与企业需要相一致的技术战略。

三星电子之所以能在企业、PC和消费电子市场保持领先地位，得益于其对经营活动全面的技术意识。三星将自己的成功归因于有效的经营策略和超强的技术实力，以及能灵活应对世界数码市场的快速变化。因此，在最核心的层面，三星的成功是技术的成功。

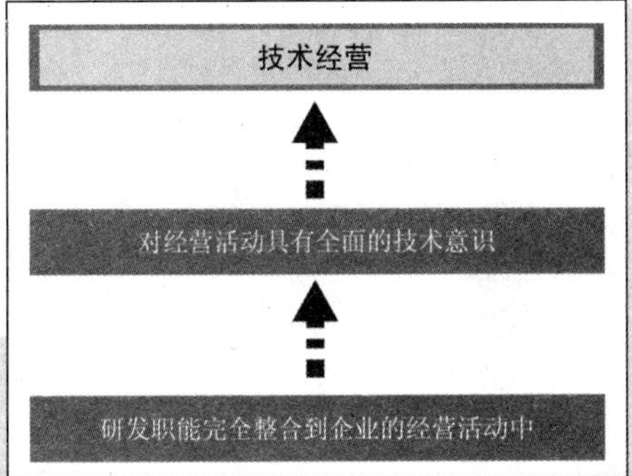

■ 技术决定了企业的研发能力。为了能让研发职能完全整合到企业的经营活动中去，企业就必须对经营活动具有全面的技术意识。

三星一贯提倡根植技术经营。三星认为，技术人员不仅要精通技术，还要了解经营，这样才能根植技术经营的理念。正因为如此，三星在历经十多年之后，从管理者到员工才了解了技术的重要，进而自发地努力研究开发，也拥有了可以追赶世界一流水准的技术能力。

然而，三星在早期的时候，别说技术指导，就连花钱买技术都很不容易。而且当时的韩国经营者总认为技术工作者只是工匠，并不把他们放在眼里。三星就像对待客户一样，诚恳地向日本和美国的技术工作者一点一点地请教。三星一直在诸多技术领域内“偷艺”，坚持不引进成套技术，而是通过多种渠道获取非成套技术，并派出工程师到世界多个国家的先进企业中进行技术学习。但是，核心技术的匮乏使三星不可避免地披上“模仿者”的外衣，这样的名声使它一度成为低档产品的代表。正因为这样，对技术的渴求始终贯穿在三星的成功经历中。三星对技术的学习到了痴狂的程度，而其高强度的技术学习助推了三星的崛起。三星电子现在拥有研发人员 17,000 多名，占职员总数的 30%以上，研发投入占销售额的 8%，这正是三星电子成功的秘诀。

6.3 质量经营

企业要创建强势品牌，必须解决产品质量问题，没有产品质量的全面提高和保证，绝不会有强势品牌的产生。所以企业应围绕提高产品质量这一目标，寻找不足，或改进工艺，或加强检验，或建立严密的质量保证体系，或实施系统的质量经营，采用种种有效的方法和手段来保证和提高产品的质

■ 三星一贯提倡根植技术经营。三星认为，技术人员不仅要精通技术，还要了解经营，这样才能根植技术经营的理念。

量，实现“以质取胜”创品牌。

三星将产品质量当作是关乎企业生死存亡的最关键问题。三星会长李健熙曾以自己惯有的浓烈忧患意识，向全体员工大声疾呼：“三星人要彻底抛弃重产量轻质量的传统价值观念，真正树立质量永远至上的全新价值意识。否则，三星就会成为划过天际的一颗流星，根本无法生存到下个世纪。为了彻底剔除三星集团潜在的发展危机，我们必须高呼‘视不合格产品为癌症’、‘不合格产品为敌人’、‘不合格产品是罪恶之源’三大口号，全力向内涵性、集约化生产方式转变，不断生产出品种多、批量少、高附加值的优质名牌产品。”

过去，三星评估员工和企业的表现时，60%看量，质量的份额最多只占35%。但是，残酷的市场竞争严正地提醒三星：质量和产量的重要性之比应该是9∶1，甚至有时达到10∶0。为了在公司上下树立质量意识，三星在考核评估员工时一改过去的做法。不仅如此，三星还把总裁秘书处一半职员“下放”到各下属公司，而且与集团的1800多名高级管理人员逐个进行促膝长谈，把“质量至上”新思维录制成300小时的录像带和750小时的录音带，每天定时向员工播放，潜移默化地培育出了“人人讲质量、个个重质量”的向心力。

为了彻底杜绝不合格产品的出笼，三星独创出“把错误变成财富”的新理念——把每件次品产生的全过程详尽记录下来，然后对造成失误的原因进行由表及里的分析论证，找出不合格产品生成的缘由，以免再犯类似错误。三星以每年占投资总额3%的15亿美元为资本，全力进行产品设计、技术开发和质量研究，竭力鼓励各分公司每年至少推出一项具有世界水平的产品或

■ 为了彻底杜绝不合格产品的出笼，三星独创出“把错误变成财富”的新理念——把每件次品产生的全过程详尽记录下来，然后对造成失误的原因进行由表及里的分析论证，找出不合格产品生成的缘由，以免再犯类似错误。

技术，明确要求生产厂和承包商一律采用统一严格的标准，来衡量和检验产品的质量。为了确保质量最优化的持久性和稳定性，三星不惜巨资创建了质量保证实验室，定期把自己开发生产的新产品的测试结果与同类的世界公认名牌产品进行比较，找出差距和不足并迅即进行改进。在三星，会长李健熙有时不仅亲自对新产品进行现场检测，而且要求经理们走出办公室，亲临第一线组织和指挥生产，并且定期组织有奖问卷调查，及时了解顾客们对产品质量的建议和意见，而且制定了尽善尽美的售后服务条例——“所售产品一旦发现问题，公司有关部门必须在 24 小时之内做出适当答复并立即着手解决。”三星倡导开展的“顾客新权利运动”，将产品的无偿保修期由一年延长到两年，产品售出后 6 个月内，如果顾客对产品质量不满意，公司全权负责无偿更换新产品……

为了将“质量至上”的观念灌输到每一位员工的头脑里，三星曾先后将当时生产的很多被认为有质量问题的产品，包括手机、电视机、冰箱、微波炉等都堆到一个操场上，点火焚烧。仅 1995 年，三星就通过新产品交换次品的方式回收了 15 万部出售的次品手机，在全体员工面前将这些次品焚烧，让员工亲眼看着 150 亿韩元就这样灰飞烟灭。如今，三星手机在韩国国内市场份额超过一半，而摩托罗拉则不到 10%。“一把火”也同样烧掉过三星低质量的微波炉，成就了三星微波炉的第一品牌。

为了从根本上提高产品的质量，2000 年，三星电子发动了一个六西格玛运动以保证产品质量和客户满意度达到最高水准。2001 年，三星电子为此项运动的贯彻执行增加了 680 名新的黑腰带级管理人员，包括第一批 75 名经理和 15 名高级经理；研发和制造工程数目也增加了 4 倍以上：从 650

■ 为了将“质量至上”的观念灌输到每一位员工的头脑里，三星曾先后将当时生产的很多被认为有质量问题的产品，包括手机、电视机、冰箱、微波炉等都堆到一个操场上，点火焚烧。

个增加到3300个。2002年，三星电子继续增加了750名黑腰带级管理人员，使这部分人员占到经理管理层的1/3，同时使高级经理的人数翻一番，达到80人。

“质量经营”的理念成为三星树立品牌意识的基础，也是保证三星品牌运营成功的首要条件。

三星进行全方位的质量经营获得了丰厚的回报。有17种产品（包括半导体、电脑显示器、TFT－LCD屏幕和彩色显像管）分别在其不同领域占全球市场份额的前五位，12种其他产品占据全球市场的首位。也正是由于三星竭力倡导“质量第一”经营观念，全力实施“质量至上”的战略，才使得三星产品成为世界范围内消费者首选的品牌。

6.4 人才经营

进入21世纪后，学术界和企业界普遍都认同一种说法，那就是：企业间的竞争最根本的是人才的竞争。因而企业纷纷将人才经营作为自己的经营理念，以表达自己对人才的重视。

而三星用了短短十年时间就一举成功跻身世界级跨国企业的行列，这其中三星的人才经营哲学功不可没。

被誉为全球第一职业经理人的杰克·韦尔奇在参观完三星设在韩国的人力资源开发院后感慨：三星已经走在了人才培养的前面。

三星认为，一个企业，不是做的事情越多越好，最重要的是人，一个企业拥有多少优秀的人才是最重要的。三星在刚成立时就强调人的重要性，其

■“质量经营”的理念成为三星树立品牌意识的基础，也是保证三星品牌运营成功的首要条件。

主要经营理念也一直是：选拔优秀的人才、培养、授权。自成立以来，三星已经培养了很多人才，虽然业务很多，但每个领域都有很优秀的人才，三星认为这是他们能够有今天的成就的原因。三星电子在 2004 年美国《财富》杂志“世界最受尊敬的企业”电子行业的排名榜上跃居第四，这与三星的人才经营哲学有着密不可分的关系。

在“人才制胜”的今天，三星为了能够在激烈的人才竞争中抢得先机，明确提出了“人才经营”的新战略。如果说前十年三星是以产品质量取胜的话，那么今后十年乃至更长时期内三星选择的是“人才制胜”的道路。与其他跨国公司相比，三星的“人才经营”战略显得与众不同。

6.4.1 “人才经营”新战略

（1）注重吸纳“天才”

李健熙强调天才要拥有想象力和创造性。他用了一个生动的比喻来说明“天才”与“人才”的区别：“天才”看见马车就会萌发制造汽车的想法，而“人才”则能把这一想法同交易和经营联系起来。

三星把掌握“天才”或“天才级”人才放在了战略首位。三星认为，一名“天才”能养活 10 万、20 万人。“天才”开发出一个软件，一年轻而易举就能赚几十亿美元，可以创造几十万个就业机会。“天才级”人才能够肩负企业的未来，能够使国家具有一流的国际竞争力。

“天才”毕竟是凤毛麟角。三星并非把企业命运全部押在“天才”身上。“天才”是追求的目标，是要求的尺度；在“天才”出现之前，希望还是寄托在“准天才”和那些具有创造精神的优秀人才身上。三星靠不懈的努力，

■ 在“人才制胜”的今天，三星为了能够在激烈的人才竞争中抢得先机，明确提出了“人才经营”的新战略。如果说前十年三星是以产品质量取胜的话，那么今后十年乃至更长时期内三星选择的是“人才制胜”的道路。

目前已拥有不少具有世界一流技术水平的“准天才”级人才和一大批企业首脑、技术专家和专业经营者，正是这些人才支撑起了三星的大厦。

三星对“人才”的要求同样重视创造性。李健熙认为，一个企业经营者应该具备诚实、创意、负责、正直、专业五项素质，而其中最重要的是“创意”，企业的领导人要善于描绘公司的蓝图，使全体人员形成共识，迅速决断，并对公司的业务进行比较公正的评价。因此，他应该具备很好的人格，对员工有吸引力，还要有主人翁的精神，对事业要有自信心，对自己所要做的工作有热情，对公司的员工要爱惜。

三星认为，担负企业未来的“人才”应该具有应对变化的洞察力，抢占先机的战略意识，革新和追求挑战的精神，高附加价值信息的搜集和传播观念，以及国际化的广阔视野。三星今后计划培养的人才包括五种类型，即：“天才”、理工科技术人才、妇女人才、有“特性”的人才及国际型人才。

（2）善用“个性”人才

所谓个性人才就是整体看起来不算十分优秀，但在特定方面兴趣浓厚，才能超人，能够在所在领域独树一帜的人才。这样的人通常不合群，在组织内部协调共事方面存在缺陷，令许多企业经营者很不喜欢，不爱用。但三星认为，“个性”人才对事业极为执着，有望成为特定领域的专家。一旦扬长避短，便可担当大任。

（3）敢用奇才、怪才

三星十分强调使用有“狂劲”的人才，有“特性”的奇才、怪才。三星认为企业只有汇集各色人才，才能不断兴旺壮大。所以三星一直坚持在不同部门大胆任用多种类型的人才，甚至曾经做过电脑黑客的程序高手也因为技

■ 三星认为，担负企业未来的“人才”应该具有应对变化的洞察力，抢占先机的战略意识，革新和追求挑战的精神，高附加价值信息的搜集和传播观念，以及国际化的广阔视野。

术出众而被聘请进公司从事开发工作。1999 年，正当风险投资悄然兴起时，当时三星电子软件俱乐部聘请的“软件大玩家们”的薪金达到了 2 亿元。这些软件方面的专家们并不像人们想象的那样来自名牌大学，其实他们绝大部分都没有接受过正规的大学教育。

随着企业开放度不断提高，三星内部包容性显著增强，已经能够为“特性”人才提供发挥才能的广阔天地。事实上，在三星公司中，很多高层管理人员在学校中的专业和最初进入的领域，与他们现在的职位并不一样。但是却在公司中得到了新的位置和更好的发挥。

三星电子（北美）市场营销部高级副总裁彼得年轻时曾是一个音乐厅的钢琴师。他目前仍然喜欢弹奏钢琴，但他现在三星领导着一批天才员工，在三星电子（北美）进行广泛的市场拓展策略。

6.4.2 经营者率先垂范

李健熙认为，作为企业经营者必须高度重视人才，因为人才是企业应对未来挑战的最重要的资源。三星很早就把确保人才视为企业经营者最重要的资质，把特色核心和优秀人才的成绩作为考评企业领导的重要指标。

李健熙会长是三星“人才经营”战略的构思者，也是率先垂范的实践者。他持续地大量翻阅国外有关半导体、电子等方面科技杂志、书籍，同各国专家进行广泛交流，从中寻找人才并获取人才信息，一有发现就马上指示用人部门进行考察。对职能部门推荐的重点人才，他坚持亲自面谈考察，经过长时间综合研究分析，最后才做出决定。对候选对象的观察细致入微，甚至连其爱好、特长及近期读什么书都不放过。一旦认定是所需要的人才，就

■ 李健熙认为，作为企业经营者必须高度重视人才，因为人才是企业对应未来挑战的最重要的资源。

再三劝说，一定要得到。原三星电子社长、现任信息通信部长官陈大济，三星电子记忆芯片事业部社长黄昌奎等不少大腕级专门经营者都是李健熙会长亲自发现和一手提拔的。

6.4.3　重视女性人才

重视女性人才是三星“人才经营”战略的又一个特点。

李健熙会长早在1994年，就提出招聘员工时应排除性别因素，男女一视同仁。从2000年到2002年，女性员工在三星集团招收的大学毕业的新员工中所占比重由15%提升到18%和20%，2003年又将目标定为30%。三星聘用女员工数量在韩国企业中是首屈一指的，这在“男尊女卑”传统观念根深蒂固的韩国是难能可贵的。

三星强调重视女性人才是以企业生存发展为前提的。李健熙会长认为，女性不但具有伟大的母爱，其直感能力和周密细致也是很大的优点。21世纪是感性的时代，进入风险投资企业、信息技术企业的女性企业家日益增多的原因就在于女性具有杰出的创意性和直感能力。

观念转变会给企业带来机制的创新。三星将大量任用女性人才定为众原则之一，越来越多的女性员工被安排到产品开发、事业企划、销售采购的第一线；为给女性人才成长创造适宜条件，三星果断地在招聘、待遇、升迁等方面消除对女性的歧视，并把能力、业绩突出者大胆提拔到管理岗位并委以重任。

■ 三星强调重视女性人才是以企业生存发展为前提的。李健熙会长认为，女性不但具有伟大的母爱，其直感能力和周密细致也是很大的优点。

6.5 速度经营

时间就是生命，时间就是效率，效率就是金钱和效益。对企业来说，创建品牌最稀缺的要素莫过于时间。企业任何一项业务的完成，都必须有时间的保证，而时间只保证那些速度快、效率高的企业成功。一个新市场犹如一块处女地，最先闯入这片领域者可以得先手之利；横冲直撞，等大家都发现了它并蜂拥而上的时候，就会发生摩擦、拥挤、碰撞和抗争。

尤其是我们正生活在一个一切事物都在不断加快运转的时代。在这样一个速度的时代里，企业之间的竞争也可以说就是时间的竞争。在同行业争创品牌的较量中，谁能抓住时间，谁能争得效率，先于对手创出强势品牌，谁就可能赢得市场的主动权，落后者很可能就站不起来而不得不另寻出路。

2004 年 10 月 18 日出版的美国《企业家》杂志在封面文章中说，在过去的十年中，三星已从一个模仿诸如索尼之类的对手的公司成长为了世界上最盈利的消费电子类公司。三星在彩电、摄像机、液晶显示屏、数字存储设备的全球市场上处于领先地位。它的手机销量仅次于诺基亚，DVD 播放器正在赶超索尼。自 1999 年以来，它的营业收入翻了一番，利润上涨了 20 倍，而这一切都缘于三星 CEO 尹钟龙独一无二的战略：“要赶上先行者，我们必须用最快的速度将原始技术进行商业化”，“速度就是一切”。

波士顿咨询公司的报告显示，三星以每年推出 20 多种新产品的速度在众多制造商中脱颖而出。在三星看来，时间这个概念是非常重要的。因为，在数码时代，是群雄逐鹿的格局，大家都可以轻易地获得相同的技术，没有

■ 波士顿咨询公司的报告显示，三星以每年推出 20 种多种新产品的速度在众多制造商中脱颖而出。

先来后到之分，真正起决定作用的是商业智能与速度。

三星一直遵循着一个策略：比日本同行要快 3～6 个月，比国内同行快半年。这样奋斗了数年之后，到 2001 年，他们与日本同行的时间差距拉大为一年，现在许多日本公司已经放弃了同三星的竞争。

企业要提升决策的速度，首先要保证决策程序的简单。三星的决策程序只有三个阶段，在三个阶段里把问题解决，而且公司鼓励参与决策的人到现场，在现场看到问题，共同讨论以后，当场决定。同时，还要把权限下放给相关的人，让他做出决策。

回顾三星在一些独特领域的发展，可以印证其独特的速度经营哲学。三星在准备发展半导体事业时，和国际先进企业就有十年的差距，包括在技术水平方面。但三星领导层自信地说，只要经过努力，一定可以赶超世界先进水平。这种非常坚强的信念支撑着三星一直坚持着。三星的战略是非常成功的，例如，三星领导层判断世界市场对动态存储器的需求在未来相当长的时间里将会持续增长，于是大胆地决定在这一方面集中力量进行投资。在世界半导体经济不景气的情况下，三星继续保持对存储器领域的投资，还在研发生产水平上超过了日本。由于三星对研发的大量投资，吸引了世界上最先进的半导体研发人员，他们在三星得到的薪水比三星 CEO 要高出五倍。在速度经营上，三星不仅开发目前在国际上非常畅销的产品，甚至开发下一代、下两代的产品。

三星在 1987 年开始进行液晶显示器的研发，在 1995 年实现了批量生产，当时三星只能生产 10.4 英寸的液晶显示器，比世界上先进企业要落后两年。但是到了 1998 年，三星就达到了世界上最先进的技术水平。到 2001

■ 企业要提升决策的速度，首先要保证决策程序的简单。三星的决策程序只有三个阶段，在三个阶段里把问题解决，而且公司鼓励参与决策的人到现场，在现场看到问题，共同讨论以后，当场决定。

年，三星则最早开发出来 40 英寸的可以和电视兼用的 TFT 液晶显示器。目前，三星在液晶显示器市场上的份额达到 20%。

三星手机的成功也是其速度经营的一个特例。三星是在 1984 年开始生产手机的，产品是一种个头庞大的车载电话，是一种比大哥大还要大的手机。1996 年，韩国首先实现了 CDMA 手机的商务化。到 1998 年，三星在全球市场上的份额已经达到了第一位。据三星（中国）会长李亨道介绍，1993 年的时候，当时在韩国 CDMA 手机市场，摩托罗拉占 80%，但是到 2001 年，三星的市场份额占到了 48%，摩托罗拉则不到 10%，目前三星在 CDMA 手机国际市场上的占有率是 26%。

从某种意义上说，正是三星手机携强势的韩国文化，引导了手机市场的时尚潮流。不过，时尚的变化是很快的，春天和秋天都不一样，因此需要在短时间内预测到时尚的变化，并很快设计和生产出引导时尚的产品来，这是很大的挑战。而挑战越大，对于竞争者而言，就越难以逾越。

三星的技术开发模式是保证其速度经营的一个重要方面。2004 年 10 月 18 日出版的美国《企业家》杂志在封面文章中说，三星没有发明第一部手机，可是它每年生产的手机达 100 多款，远远超过诺基亚的 20 多款；三星没有最先生产 MP3 或数码相机中的闪存，但它却拥有盈利极其丰厚的闪存市场。三星这种“等待别人开发技术，然后自己再做改进，然后再推出比别人种类更多的成品”的模式非常适合当今“快如闪电”的商业周期。

三星通过积极培育其迅速反应的能力，不断缩短产品研发周期，迅速推出新产品，及时满足消费者的需求。如今，三星推出新产品的速度已从过去的 14 个月变成了 5 个月，比业界平均水平快 1～2 倍。

■ 三星这种“等待别人开发技术，然后自己再做改进，然后再推出比别人种类更多的成品”的模式非常适合当今“快如闪电”的商业周期。

6.6　生鱼片理论

“生鱼片理论”可以用以概括三星的竞争策略。

所谓“生鱼片”意思是说，当你第一天抓到高档鱼，在一流的日本餐馆里能卖个好价钱。如果一些鱼没卖完，等到第二天再卖，就只能以一半的价格卖给二流餐馆，到第三天，你就只能卖到 1/4 的价格，以此类推，就成了干鱼片了。

同样的道理，在竞争激烈的电子产品市场，今日高价热卖的宠儿很可能在短短数月内就沦落为低价出售的明日黄花，这是谁也无法改变的市场法则。新产品就像生鱼片一样，要趁着新鲜赶快卖出去，不然等到它变成“干鱼片”，就难以脱手了。因此，在电子消费产品市场上的成功秘诀就是将最先进的产品在竞争爆发之前就摆上零售架。这样，就可以在其他产品纷纷跟进、自己的产品不再时尚之前赚取由额外的时间差带来的高额利润。只要能缩短产品研发和推向市场的周期，就一定有利可图。在市场上，只要迟到 2 个月，就毫无竞争优势可言。在这一方面，没有哪家电子厂商做得比三星更好。兵贵神速，三星的产品永远是市场上的新鲜生鱼片。

为了不让自己的产品变成隔夜生鱼片，三星电子的策略是不断重建新规则，颠覆旧规则。

在产品策略上，三星始终以最酷、最时尚的产品进驻全球市场，其移动电话、LCD 电视、存储芯片和摄像机等产品一直领先于它的主要竞争对手，使它的某些产品在这一行业得到了最高的利润。

■ 在市场上，只要迟到 2 个月，就毫无竞争优势可言。在这一方面，没有哪家电子厂商做得比三星更好。兵贵神速，三星的产品永远是市场上的新鲜生鱼片。

重建新规则的一个最经典的案例是 Anycall 手机。1992 年，三星进行战略调整，提出“新经营”思想。那时在韩国市场上，摩托罗拉手机占有很大的市场份额，韩国手机产品还多为模拟技术。三星电子经过分析认为，模拟技术靠经验，而数字技术靠的是创意和速度。因此，三星迅速改变发展方向，自 1996 年开始采用 CDMA 技术，正式走向数字技术之路。为了打造过硬的产品，抢占摩托罗拉的市场，三星手机进行了各种恶劣环境下的严格测试，并将产品命名为 Anycall 手机，意思为在任何地方任何时间都能通话的手机。

三星凭着独特的生鱼片理论，在全球高端电子市场上不断率先推出各种优势产品——高端手机、宽屏背投式彩电、记忆芯片、数码摄录机、数码相机，每次都打了竞争对手一个措手不及，并凭借自身的时间优势赚取最高的利润。

6.7 完美服务

无论产品多么完善、价格多么合理、营销策略多么高明，当它们见诸市场时，都必须依赖优质服务的保证，缺乏这种保证，所有的努力都会功亏一篑。

世界名牌企业在品牌经营中始终将服务放在突出位置，在飞利浦公司，顾客不仅指外来购物者，员工之间也存在服务与被服务的顾客关系，以此来加强内部合作协调。我国的海尔一句“真诚到永远”的口号则获得了更多消费者的忠诚。

■ 无论产品多么完善、价格多么合理、营销策略多么高明，当它们见诸市场时，都必须依赖优质服务的保证，缺乏这种保证，所有的努力都会功亏一篑。

6.7.1　三心服务宗旨

三星在努力开发尖端领先技术的同时，也注重搞好售后服务，以“三心”即“称心、舒心、放心”为宗旨打造服务品牌。

三星的服务与技术一同构成了三星进行国际拓展的一对翅膀。在中国，早在数年前，三星电子就与中国电子进出口公司合作，成立了北京三星电子产品服务中心，专门负责三星电子产品在大陆市场的售前和售后服务业务，并以“亲切、快速、准确”的工作作风，形成了一套独具一格的日臻完善的服务体系。为了保证三星服务在全球的领先性和统一性，三星把中方的管理人员和技术人员分成数批送到韩国进行为期数月或一年的培养，最大限度地把韩国本部的服务特色移植到中国大陆来。服务中心始终围绕着“为顾客提供最优质、最完善的服务”这一宗旨，力图努力创造“零投诉”服务。

围绕“满足顾客的需求”这一工作中心，三星设置了管理部门、品质部门等许多专门的部门，并进行了分工。管理部门负责处理各地维修中心的日常管理工作，积极协调各个服务环节上的事宜。品质部门负责为维修中心和用户提供技术上的保障，处理疑难事故，通报技术变更，反馈技术市场上的信息等工作。零部件部门则储备了中国市场上销售的所有三星电子产品所需的零配件，在库存上保证了至少 3 个月的需求量。

不仅如此，为了完善服务体系，三星还从日常工作的点点滴滴做起，力求从各个方面做到完美。例如韩国本部的礼仪师会对全体服务人员进行礼仪培训，以此保证为用户提供“微笑、亲切、周到”的服务，从而创造“零投诉”服务的最高境界。

■ 三星在努力开发尖端领先技术的同时，也注重搞好售后服务，以“三心”即“称心、舒心、放心”为宗旨打造服务品牌。

6.7.2 新型服务模式

任何企业都不能保证其产品100%最优，因此，售后服务成了人们购买商品时考虑的一个重要方面。在这一方面，三星无疑具有强大的竞争力。

以显示器为例，三星首先提出“哪里购买，找哪里解决问题”的新型售后服务模式，而不是“产品坏了找厂家”的推辞。为了配合这项措施，三星要取得经销商的支持，所以几乎每周都会到重点经销商处进行寻访，给予支持，共同解决问题。

同时，三星拥有最大的售后服务网点，全国有800家，已经能做到一级城市全部有维修网点，2003年则增加到遍布所有二级城市和重点的县级城市。有如此强大的品质管理和售后服务机制，也许今后几年内没有任何厂家可以超越三星显示器现有的成就。

三星电子本着“宁缺毋滥”的宗旨，在中国大陆市场采用授权、合作的方式设立维修中心，来保证其服务质量。只要新建一个维修中心，三星一定会派人进行考察、评估，从仪器设备、维修人员技术水平、管理水平、公司位置、维修设备、服务亲切度等各个层次进行详实而具体的考察，并对其进行逐项打分评估，直到达到标准才会给其授权。对于新建的维修中心，从技术人员到管理人员，三星公司都要对其进行系统化、规范化的培训，以便让使用三星产品的用户无论走到哪里，选择哪家维修中心都能得到满意的服务。

在对维修中心的管理方面，三星采取的是分区（分为北京、上海、广州三大区域）集中管理的方式。一段时间之后，就由三星的管理人员对每个维

■ 三星电子本着“宁缺毋滥”的宗旨，在中国大陆市场采用授权、合作的方式设立维修中心，来保证其服务质量。

修中心进行业务评估，一旦发现有达不到要求的，就会立即取消其授权资格，用这样的方式，确保了维修的质量。同时，管理人员会对每个月报上来的维修单逐一认真审查确认，并打电话给用户，倾听其意见和要求，还把相关的信息反馈给各个部门和维修中心，以确保用户的利益，维护三星的信誉。

三星电子连续两年荣获信息产业部计算机与微电子发展研究中心发布的“计算机产品服务用户满意度调查”显示器领域最高奖——“最佳用户服务满意度奖”。

6.7.3　E化售后服务体系

售后服务不仅要在第一时间内为用户解决问题，还要保证其质量。当网络逐渐普及的时候，三星率先通过网络提供和完善售后服务体系，从而又走在了同类厂商的前列。

在中国，三星设立了网络管理部门，充分利用互联网来进一步完善其服务。北京三星电子技术服务中心设立了自己的网站，三星用户可以通过网站直接进行技术咨询和投诉，各地的维修中心也可以上网直接查询北京零部件的库存情况，并从网上直接申请零配件，下载技术资料，了解技术的变更情况。

三星还率先采用了具有世界先进水平的SAPR/3管理系统，将公司的各项业务紧紧地连在一起，并把零配件销售状况、维修机的接收状况、维修单录入状况、修复状况与公司的财务状况有机地结合在一起。

为了不断地完善其E化售后服务体系，三星还计划借助高科技的发展和

■ 三星电子连续两年荣获信息产业部计算机与微电子发展研究中心发布的“计算机产品服务用户满意度调查”显示器领域最高奖——“最佳用户服务满意度奖”。

应用，使未来的三星用户能享受到更方便、更高效、更快捷、更畅通无阻的服务。三星将目标初步锁定在中国的35个主要大、中城市，对这些城市实行网络化管理，利用互联网技术，由北京总部统一接收、登记、分类信息后，随时分配到各个地域维修中心进行处理，并适时地跟踪每一个登记用户。

链接1：三星的经营管理理念

1. 三星经营理念

以人才和技术为基础，创造出最佳的产品和服务，为人类社会作贡献。

2. 三星管理箴言

我希望通过新经营的管理，能够看到一个世界一流的三星。这应该是一个建立在主动性和创造性之上的动感的、富裕的企业，具备强大的竞争力，是行业的代表，拥有忠实的用户群。我们将经历种种艰难，但一定要达到目的，让下一代过上更好的生活。把三星的精神与个人联系起来，我发誓将倾注我的财产、名誉和生命，竭尽全力将三星发展成为世界一流企业。

3. 三星的人才理念

（1）三星人才理念

三星尊重人才、重视人才、培养人才，力争建立一套具有国际竞争力的人事管理制度，将为员工提供发挥潜质，提高能力的广阔空间。

■ 三星经营理念以人才和技术为基础，创造出最佳的产品和服务，为人类社会作贡献。

（2）三星所希望的人才

在相关领域具有极高的专业水平的人才，例如市场运作、产品销售、技术开发、管理等人才。具有自我挑战精神、开创精神、合作精神，并且具有良好的道德修养及人格魅力的人才。

（3）三星人的精神

与顾客同步，向世界挑战，创造未来。

链接2：三星的保修服务

三星旗下的产品线非常丰富，以其桌面产品最为常见。桌面产品中，三星有显示器、键盘、鼠标等。以三星的键盘和鼠标为例，自2004年9月28日起，三星的键盘和鼠标的售后服务从三个月保换、一年保修，延长至一年保换、三年保修。

下面是三星键盘鼠标标准售后服务承诺条款：

1. 三星键盘、鼠标“三包”承诺

三星全面执行国家有关部门颁布的《微型计算机商品修理更换退货责任规定》（以下称《微型计算机三包规定》）中规定的如下微型计算机“三包”细则：

（1）七日内退货

即自您购买三星键盘、鼠标之日（以正式购货发票日期为准，下同）起7日内（含），如果您所购买的键盘、鼠标出现《微型计算机三包规定》所

■ 三星人的精神：与顾客同步，向世界挑战，创造未来。

列性能故障，您可以选择退货、换货或者免费修理。如您选择整机退货，销售商将按照购买价格（以正式购货发票价格为准，下同）一次性退清货款。

（2）八至十五日换货或免费修理

即自您购买三星键盘、鼠标之日起第 8 日至第 15 日内（含），如果您所购买的键盘、鼠标出现《微型计算机三包规定》所列性能故障，您可以选择换货或免费修理。如您选择整机更换，销售商将免费为您更换同型号同规格的商品或不低于原商品性能的同品牌新商品。

（3）不能享受《微型计算机三包规定》的情况

在您购买产品后，如果属于下列原因中的任何一种而导致键盘、鼠标出现故障或损坏时，三星有权不按照“三包承诺”条款的内容提供服务，您可以选择有偿服务：

- 超过三包有效期的。
- 未按《使用说明书》的内容使用、维护、保管而导致故障或损坏的。
- 非三星维修机构人员维修、客户人为处理而导致电脑故障或损坏的。
- 无有效三包凭证及有效发票的（能够证明该商品在三包有效期内的除外）。
- 擅自涂改三包凭证的。
- 三包凭证上的产品型号和编号与商品实物不相符合的。
- 使用盗版软件而导致故障或损坏的。
- 使用过程中感染病毒导致故障或损坏的。
- 无厂名、厂址、生产日期、产品合格证的。
- 因不可抗力而导致故障或损坏的。

三星的经营理论

三星承担法定“三包”义务的限度、原则和范围具体按《微型计算机三包规定》执行。

2. 三星产品标准服务承诺

三星在全面承担上述法定“三包”义务的基础上，还将承诺为您提供如下三星产品标准服务：

（1）一年有限保换

自您购买本产品之日（以下称“购机日”，以正式购机发票日期为准）起，出现《微型计算机三包规定》所列性能故障，本产品整机提供“一年保换”的服务。

三星键盘保换保修期限：

保换期限：一年；保修期限：三年。

保换服务方式：您直接送至购机销售商处，经过确认属于保换范围内、符合保换条件的产品。

（2）客户咨询服务

如果您在使用中有与产品相关的技术问题需要咨询时，欢迎您拨打三星键盘鼠标技术支持专线0755－83475319，由我们的售后服务人员为您提供专业解答，或登录三星网站（http：//www.sem.samsung.com/keyboards）查询服务信息。

（3）不属于免费保换义务的情形

属于下列情况的本产品故障或损坏，无论是否在免费保换期限内，均不在免费保换之列：

● 本产品使用者未按说明书要求，错误安装、保管及使用造成的故障或损坏；

● 非三星服务机构、人员安装、修理、更改或拆卸造成的故障或损坏（机台防拆标签有拆过痕迹、损坏或遗失）；

● 因使用非三星部件导致的故障或损坏；

● 因意外因素或人为原因（包括计算机病毒、搬运、挤压、磕碰、划伤、撞击、高温、输入不合适的电压、腐蚀等）导致的故障或损坏；

● 因使用非标准或非公开发行的软件造成的故障或损坏；

● 因自然灾害等不可抗力（如地震、火灾等）原因造成的故障或损坏；

● 其他非产品设计、技术、制造、质量等问题而导致的故障或损坏。

（本节内容摘编自：http://gz.pconline.com.cn 作者：熊壮）

第七章 三星的品牌推广

品牌是消费者和企业间沟通的桥梁和工具，品牌所承载的文化、品位如何让受众认同，这是一个品牌推广的过程。

围绕企业的品牌战略，必须有相应的品牌推广策略相配合，要使品牌战略获得全胜，一定要有巨大的魄力进行大规模的推广运动，这包括巨额的广告投入、组织一系列的主题活动及进行社会公关。

三星品牌价值近年来是一路飙升，连续两年以30%以上的增长速度成为全球品牌价值增长之首。如此快速的增长自然引起许多人的关注，同时也成为许多厂商学习的样板。分析三星品牌价值增长的原因，其善于规划品牌推广和善用主题活动，搭建品牌推广平台，应该值得人们关注。

7.1 推广模式

品牌推广的模式并非是固定的，每个企业应当根据自身的具体情况进行灵活运用。

随着其品牌信誉度的提升，三星加强了品牌推广的力度，从配合赞助、公关活动的补充式推广模式，到全球规模的时尚推广模式，三星公司的推广

■ 分析三星品牌价值增长的原因，其善于规划品牌推广和善用主题活动，搭建品牌推广平台，应该值得人们关注。

模式不断得到发展和提升。具体来说，三星的推广模式有如下两种：

7.1.1 补充式推广模式

补充式推广模式主要包括广告和赞助、公关活动等。作为一个国际市场上的新兴品牌，各种补充式推广活动给三星带来了巨大的品牌效应，特别是由此带来的品牌知名度和美誉度的迅速提升令许多竞争对手羡慕不已。

1997 年 7 月，三星电子为了拓展欧洲、中东和拉美市场，在三星赞助营销在欧洲范围内已取得一定社会效应的情况下，三星就利用作为诺贝尔奖赞助商这一特殊地位，发起补充式广告运动。为做好这次推广活动，三星特别邀请了曾为德国宝马公司制作广告的 Lance Kelleher 拍摄广告。这则广告在美国加州洛杉矶的 SkirBall 文化中心和 San Fernando 大楼进行了为期三天的拍摄，这次广告运动围绕三星赞助的“诺贝尔奖”展开，通过一个全新的视角去了解所有诺贝尔奖获得者和他们的成就。广告表现出三星怎样运用全世界诺贝尔奖获得者的一些获奖理论和创新的学术概念进行产品研发，预示“三星电子的产品代表着世界上最先进的科技概念”。在每一个滚动的画面中，通过三星功能强大的各种电子产品，这些获奖者和他们的成就以一种全新的方式呈现出来。广告借此向受众传递这样一个信息：三星可以成功地把获得诺贝尔奖的新理念应用到其产品中。广告运用了后现代的表现手法，用最新的电脑技术制作、编辑和合成，并且由三星集团下属的广告公司负责统筹和媒介购买。

这则广告被翻译成 9 种不同的语言，分别在欧洲、中东、拉美的电视台播出。广告取得了良好的效果，三星电子产品的品牌知名度在上述地区得到

■ 补充式推广模式主要包括广告和赞助、公关活动等。作为一个国际市场上的新兴品牌，各种补充式推广活动给三星带来了巨大的品牌效应，特别是由此带来的品牌知名度和美誉度的迅速提升令许多竞争对手羡慕不已。

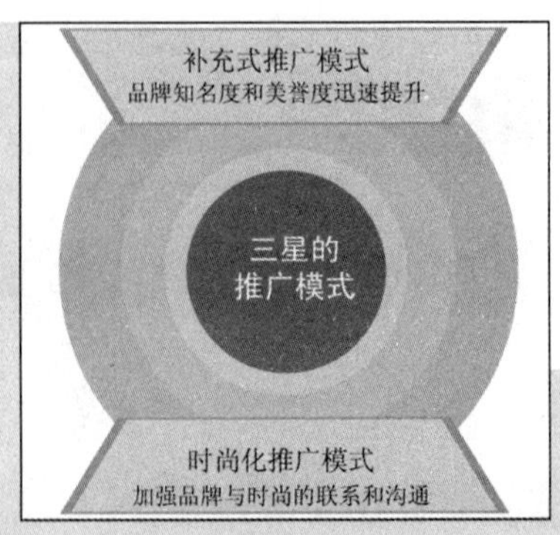

大幅度提升，就此三星成功地在欧洲、中东和拉美市场站稳了脚跟。同时，这也标志着三星的公共关系营销和补充式广告运动相结合的品牌推广模式的成熟。

此外，三星又乘胜追击，不失时机地开展了一些以社会活动为主题的广告运动。通过这种补充式的广告运动，弥补了公共营销信息传播不充分的缺点，在品牌知名度、美誉度提高的同时，给受众一个完整的、鲜活的三星产品、企业和品牌形象。

7.1.2　时尚化推广模式

随着科技水平的提高和产品的日益成熟，许多数字产品不再满足于功能上的特点，而更注重于产品的娱乐性和时尚化。于是，市场上不断出现外观设计时尚、现代，娱乐功能不断增多的电子产品。一向以高档、时尚著称的三星更是大力推行时尚化推广模式。

为了树立三星引导数字风潮的品牌形象，为了让更多的消费者体验和喜欢三星数字产品，三星以明星品牌代言人、电子俱乐部、电子奥运会等各种不同方式，加强品牌与时尚的联系和沟通，力求三星数字产品的时尚化、年轻化和娱乐化。三星 YEPP mp3 播放机的市场推广就是一个很好的例子，为了配合该产品的推广，三星电子在各地的大型迪斯科舞厅举办了数场 YEPP Party，邀请流行歌手登台献艺，并且成立了三星 YEPP 俱乐部，为许多流行音乐的发烧友提供了交流的场所。通过这些时尚化的推广活动，三星的产品销量迅速提高。

此外，三星还在全世界举办世界电子竞技大赛 WCG（World Cyber

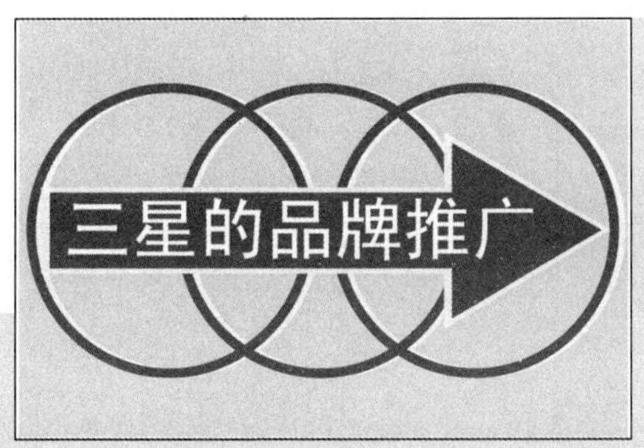

■ 为了树立三星引导数字风潮的品牌形象，为了让更多的消费者体验和喜欢三星数字产品，三星以明星品牌代言人、电子俱乐部、电子奥运会等各种不同方式，加强品牌与时尚的联系和沟通，力求三星数字产品的时尚化、年轻化和娱乐化。

Game)。这是由三星创立并赞助的一个奥林匹克运动会形式的电子运动会，是一次规模盛大的电子竞技盛会，数十个国家的400余名顶尖电子竞技选手汇集在韩国汉城（首尔），争夺至高的荣耀和丰厚的奖金。三星以举办电子运动会的形式，吸引年轻消费群体，使他们对三星电子产品产生好感，提高三星电子在电子娱乐领域的品牌地位。这是三星和娱乐活动的又一次亲密接触。

可见，时尚化推广模式符合三星产品的特点，使三星的品牌定位更加明确，并在市场上取得了良好的效果。

7.2 广告推广

在很多情况下，一谈起广告，似乎就要说促销，但实际上，广告也是建立品牌形象的一个非常直接有效的手段。三星在推广其品牌的过程中，广告就发挥了不可替代的作用。据统计，三星公司近几年在广告宣传上的投入都在销售额的1%以上，2001年三星公司在中国的广告支出就超过了2000万美元，而全球的投入估计在5亿美元左右。数亿美元的高投入为三星带来了丰厚的回报。近几年三星品牌价值的连年飙升就是一个很好的例证。具体来说，三星的广告推广具有如下特征：

7.2.1 优势宣传

进行广告推广，很重要的一点就是要集中力量，针对自己的优势进行宣传。因此，三星为了将三星高档、科技、时尚、动感和前卫的品牌整体形象更好地传播给目标消费者，除了实施传统的推广模式之外，还整合了自己的

■ 据统计，三星公司近几年在广告宣传上的投入都在销售额的1%以上，2001年三星公司在中国的广告支出就超过了2000万美元，而全球的投入估计在5亿美元左右。数亿美元的高投入为三星带来了丰厚的回报。

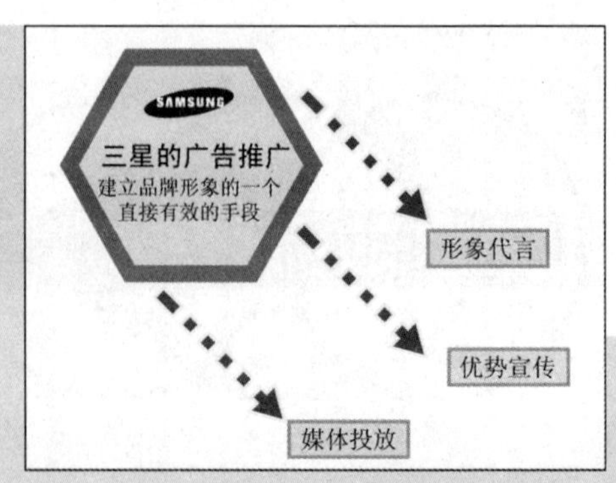

广告宣传策略，将自己原来的55家广告公司整合成一个统一的机构，并围绕“三星数字世界欢迎您”这一整体理念进行市场细分，准确定位，集中力量在全球开展共同的广告宣传，塑造三星引领数字潮流的品牌领导形象。

为了改变它在世界最大的市场——美国市场中固有的廉价低档形象，三星于2002年耗资5000万美元，以“让一切数字化，请大家来参与”为主题，在美国发起了一场宣传攻势。

这场宣传攻势的一系列广告多采用超现实主义的手法，突出表现在一个被三星公司称为“雪女”的绝世美女的形象上，从而突出三星的时尚特点。整个推广活动高雅不凡，耗资甚巨，从而扭转了人们把三星看作是廉价品牌的成见。

而在另一辑广告中，一对父子球迷高速奔跑，不是去赛场，而是赶去广场，看三星电视转播的橄榄球赛，借此来突出宣传三星的数码技术。借助于数码技术的兴起而造就的新的细分市场以及集中的优势宣传，三星品牌领先一步在美国的数字产品领域建立了品牌，赢得了一批热衷于新技术的年轻购买者。

不仅是在美国市场，在本土韩国，三星的广告推广也表现出优势宣传的显著特征。由于三星电子的生产工厂位于水原，所以员工们经常会来往于京釜高速公路。在距离汉城（首尔）很近的一家京釜高速公路的收费清算处曾经出现了三星电子的广告，“三星纯平名品TV”、“Anycall全翻盖手机”、“新鲜骤风独立存在”，这三句广告标语反复出现在室外广告板上。其中“新鲜骤风独立存在”这句广告语特指三星生产的一种电冰箱，但如果没有使用过这种电冰箱或者不是对电冰箱很感兴趣的人，很难知道这句话是特指三星

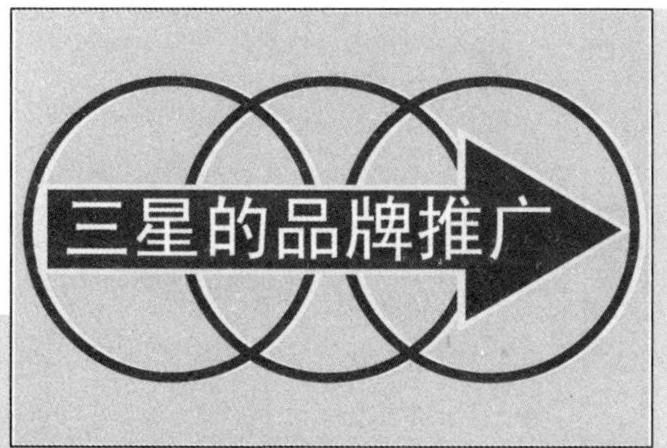

■ 为了改变它在世界最大的市场——美国市场中固有的廉价低档形象，三星于2002年耗资5000万美元，以“让一切数字化，请大家来参与”为主题，在美国发起了一场宣传攻势。

电子制造的一种特殊的电冰箱。后来，“新鲜骤风独立存在”被“您梦寐以求的冰箱 ZIPEL”所替代，而广告标语也顺应了中产阶层家庭主妇的特殊要求，找准了强调其高尚品位的方向，并由此设计出新的广告，再通过各种媒体播出。此后，这款电冰箱以及广告语逐渐成为家庭主妇之间最热门的话题，而 ZIPEL 的销售量也迅速攀升。据说有一位丈夫本来打算买钻石作为礼物送给妻子，但是就因为“比起钻石，我更爱 ZIPEL”这句广告词，他最终选择了 ZIPEL 作为礼物送给妻子。

通过这些优势宣传活动，三星的品牌形象牢牢地树立在了消费者心目中。

7.2.2 形象代言

谈到形象代言，首先要了解一下形象代言人。形象代言人是指为企业的赢利性或公益性目标而进行信息传播服务的特殊人员。在营销领域，形象代言人可以分为企业形象代言人、品牌形象代言人和产品形象代言人三类。我们这里所讲的品牌形象代言人，其职能包括各种媒介宣传，传播品牌信息，扩大知名度、认知度，参与公关及促销，与受众近距离的信息沟通，并促成购买行为的发生，建立品牌美誉与忠诚。

形象代言是品牌广告推广中的一种重要手段，即指企业邀请体育或影视明星做其产品品牌的形象代言人，在广告中为其品牌进行宣传推广。三星邀请具有年轻活力的明星做品牌代言人，目的是让三星和目标消费者把三星品牌和时尚、个性、前卫联系在一起。

在三星的多个形象代言人中，最为三星所津津乐道的当属陈慧琳（Kel-

■ 形象代言人是指为企业的赢利性或公益性目标而进行信息传播服务的特殊人员。在营销领域，形象代言人可以分为企业形象代言人、品牌形象代言人和产品形象代言人三类。

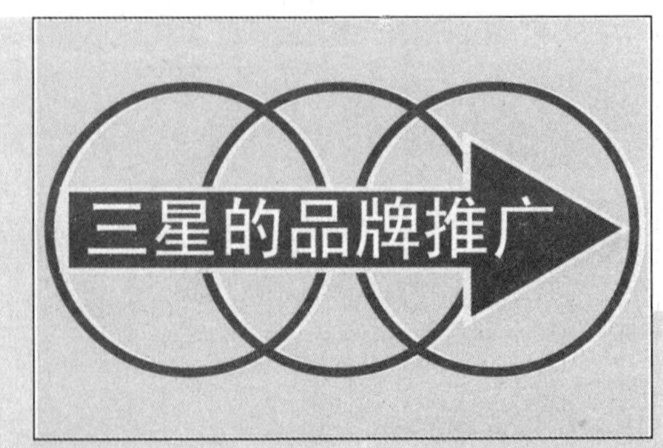

ly)，因为她很好地传达了三星电子的内涵——时尚、健康、活力。事实上，也正是由于陈慧琳较好地演绎了三星电子的品牌精神，而给三星带来形象转机。

一个品牌的形象代言人能否成功，取决于诸多因素，而形象代言人和品牌的形象是否吻合是其中关键所在，陈慧琳的独特气质与三星数码产品的时尚形象珠联璧合，使三星手机成为韩国电子产品进入中国的开路先锋。作为中国香港娱乐界巨星，陈慧琳出道多年来，很少有关于她的负面报道和绯闻。秀外慧中的陈慧琳谈吐大方，处事得体，热心公益，一直拒绝靠卖弄“性感”和炒作绯闻引起媒体关注。2001 年 6 月，陈慧琳以健康积极的形象，被选为中国香港第 30 届十大杰出青年，成为首位获得“香港十大杰出青年”殊荣的女歌手。而 2002 年底的一个网上调查也显示，香港市民心目中最理想的女性前三名分别是陈方安生、陈慧琳和郑裕玲，陈慧琳入选的原因也是其乐观健康的形象。公众的认可是对陈慧琳多年来努力打拼的最高褒扬。陈慧琳标致的面孔向来受到广告商的欢迎，加上动感十足的舞蹈和冷峻的眼神，陈慧琳是诠释“酷”和“炫”的时尚风格的最佳人选。正是因为如此，三星公司才选择了陈慧琳作为其形象代言人。

“打开数码新世界”，伴随着陈慧琳这句著名的广告语，三星数字产品于 2000 年初开始大举进军中国市场。陈慧琳的劲歌热舞、天生锐利的眼光、充满“酷”感的整体形象，深深打动了中国的年轻一族，使他们很快接受了三星手机等数字产品。从此，三星手机在中国市场异军突起，大批三星手机进入中国手机高端市场，从欧美通信厂商手中切下了一大块“奶酪”。

2002 年，三星将目光投向笔记本电脑市场。作为后来者，三星笔记本

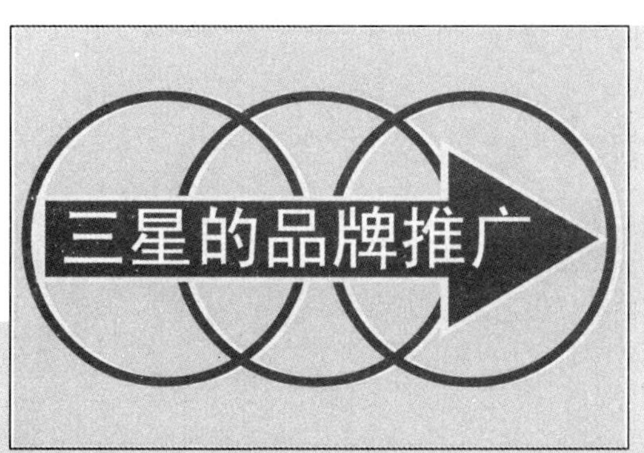

■“打开数码新世界”，伴随着陈慧琳这句著名的广告语，三星数字产品于 2000 年初开始大举进军中国市场。

利用三星数码近年来在中国市场所树立的高端、时尚的品牌形象，将市场目标直接定位为笔记本电脑市场最高端的领域，也是“含金量”最高的领域——时尚类用户和移动商务用户。2001 年 3 月 21 日，在三星笔记本新品发布会上，陈慧琳又正式签约成为三星笔记本电脑的形象代言人。三星电子负责人在会上对陈慧琳寄予了厚望。他说：“针对 3C 融合的趋势，三星提出了‘Digit All：Everyone invited’的数码战略。秉承这一战略，我们的笔记本产品在强大技术实力的支持下，将重点突出数码时尚的特色。陈慧琳小姐作为活跃于当今舞台的明星，其时尚、活力的特质非常契合三星笔记本的品牌形象；作为形象大使，我们相信，陈慧琳小姐将很好地阐释三星笔记本的内涵。”

由此可见，形象代言人对三星品牌推广的巨大作用。

7.2.3 媒体投放

媒体投放策略是品牌广告推广总体策略中的重要组成部分。在选择媒体时候，企业应当结合自身的特点，抓住媒介的特色。

在进行媒体投放时，三星有一套自己的原则，被称为 ATL（Above The Line）和 BTL（Below The Line）。ATL 指三星在电波媒体（电视、广播）和平面媒体（报纸、杂志）等大众媒体上进行品牌宣传所做的广告投放，同时包括对一些赞助活动的投入。BTL 指三星的产品广告、市场推广、促销、产品展示方面所做的广告和店面宣传。从投放总额来看大概是 5∶5，但因各个产品的情况不同，所以具体到每个产品的广告分配又各有不同。

另外，在投放广告时，三星会做一系列的市场调查，包括媒体调查，调

■ 媒体投放策略是品牌广告推广总体策略中的重要组成部分。在选择媒体时候，企业应当结合自身的特点，抓住媒介的特色。

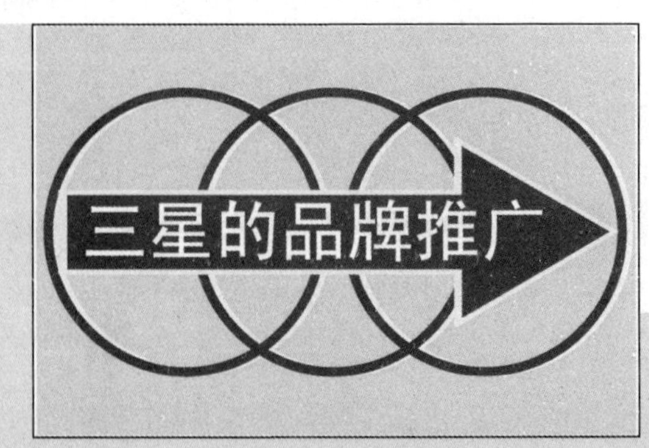

查一般由广告代理公司操作，调查主要针对目标消费群的生活态度、消费习惯、获取信息的渠道，然后根据调查结果购买媒体，通常是大城市的当地媒体，中央电视台、全国性的平面媒体、IT 及通信类行业媒体等。

在中国进行媒体投放的时候，三星做得就很成功。一方面，三星注意到在中国平面媒体更丰富，而且在深入探究技术问题方面做得更专业。因此，面对中国市场，三星在选择强势大众媒体的同时，往往更偏重平面媒体。另一方面，三星在中国还选择了集中投放的策略。具体来说，三星通常会选取中心城市，利用当地的强势媒体和覆盖全国的央视媒体的媒介组合方式投放广告，提高知名度，结合促销和市场攻关一个一个来开拓市场。

7.3 活动推广

要让受众了解、喜欢和信赖一个品牌，除了广告之外，需要另外的沟通渠道，而通过推出一系列的主题活动来搭建沟通平台，让受众体验和感知，是非常重要的。

2000 年，三星在全球推出了“三星数字世界欢迎您”的口号。为了与受众更好地沟通，更好地传达品牌诉求元素，三星（中国）在 2000 年底推出了“数码超人”主题活动，搭建了一个品牌与受众沟通的平台，让受众在参与和体验中，认识三星品牌。在接下来的三年里，活动一直在延续品牌推广的主题。三星为了推广品牌而推出的主题活动除“数码超人”以外，还有以“数字创造未来、数码改变生活”主题的系列活动。

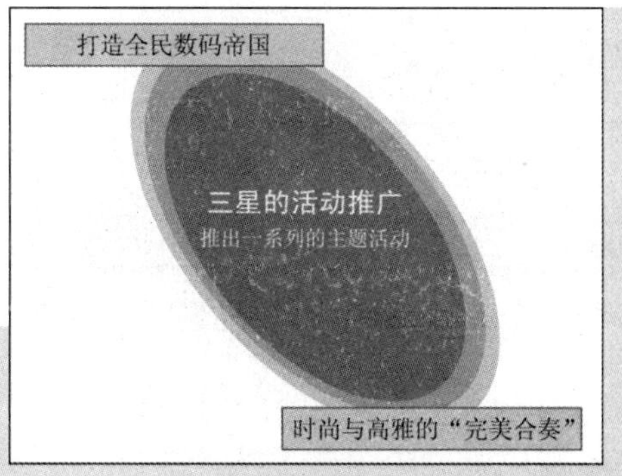

■ 2000 年，三星在全球推出了“三星数字世界欢迎您”的口号。为了与受众更好地沟通，更好地传达品牌诉求元素，三星（中国）在 2000 年底推出了“数码超人”主题活动，搭建了一个品牌与受众沟通的平台，让受众在参与和体验中，认识三星品牌。

7.3.1 打造全民数码帝国

三星对各区域市场开展的以普及数码应用为核心的群众性参与活动非常热心，而这正是三星电子在全球范围打造自己的“数码帝国”的秘密武器。

在中国，为了推广三星的数码品牌概念，三星举办了“三星杯美丽新视界 2003DV/数码知识电视大赛”。比赛赛期长达 3 个多月，三星电子在北京、上海、广州的著名大学和 IT 卖场内举办了无数场相应的 DV 及数码产品知识讲座。除此之外，三星电子还在中国举办了两届三星“Digital Man”选拔赛。在显示器领域，其全球性的 WCG 游戏大赛知名度也很高。这种活动方式已经成为三星电子产品市场推广的典型风格。三星电子的这类活动大大提高了三星电子在数码科技方面以至整个三星品牌的形象。三星正力求把以后的三星“Digital Man”选拔赛树立为数码领域的典范。

三星认为，随着数码技术逐渐向大众生活的渗透，像三星电子这样相对年轻的消费类电子产品制造企业可以通过全民参与性的市场活动，使三星电子的品牌更快地被用户接受。三星的这种推广方式取得了很好的效果，因此，三星将继续把“数字创造未来、数码改变生活”这一推广活动坚持下去。

7.3.2 时尚与高雅的“完美合奏”

为了将三星的时尚品牌定位与高雅的生活品位结合起来，三星 Anycall 还赞助了北京交响乐团 2004～2005 音乐季“品味音乐感受高雅——三星 Anycall 经典音乐之夜”大型活动。

三星 Anycall 作为一个移动通信领域的高端品牌，与北京交响乐团这个

■ 三星对各区域市场开展的以普及数码应用为核心的群众性参与活动非常热心，而这正是三星电子在全球范围打造自己的“数码帝国”的秘密武器。

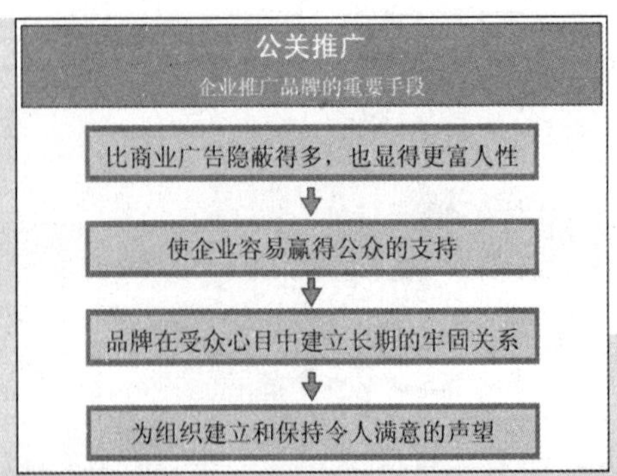

高雅音乐的传播使者合作，借助此次活动，将科技与艺术完美地融合在一起。音乐季从 2004 年 1 月开始，持续到 2005 年 1 月结束，共计演出 31 场，其间将邀请多位国内外著名指挥家执棒演出世界经典曲目。

当谈到如何实现时尚与高雅的“完美合奏”时，三星电子商务、无线事业部中国区总经理周晓阳说：“经典音乐带给我们源自灵魂深处的极致享受，是一种永恒的艺术之美。而三星电子将艺术的灵感融汇到每一款产品中，带给消费者的不仅是科技的力量，更是对高尚生活、高雅品位的向往和感受。”

7.4　公关推广

所谓公关，是公共关系的简称，是一项侧重于个体或团体与其他群体（常称之为公众）之间为培养互相好感而建立关系和进行沟通的管理职能。公共关系的目标就是改善公众舆论，创造美誉，并为组织树立和保持令人满意的声望。公关努力可以使企业赢得公众的支持，获得公众的理解或引起一定的反响，因而成为企业推广品牌的重要手段。但由于公共关系对企业产品和品牌信息的传递不如广告那样迅速、直接和精确，因此公共关系常常被一些企业轻视或忽略。

近几年来，公关推广越来越被一些有长远战略眼光的国际企业重视和运用。在企业的国际化进程中，如果企业不能妥善协调在当地的公共关系，就不能和当地合作。反之，如果企业能够和当地社会融为一体，为社区发展做出贡献，那么无论是企业形象或者品牌知名度都会有很大提高。另一方面，虽然公共关系作为一种品牌推广手段，不如广告精确和直观，但由于广告的

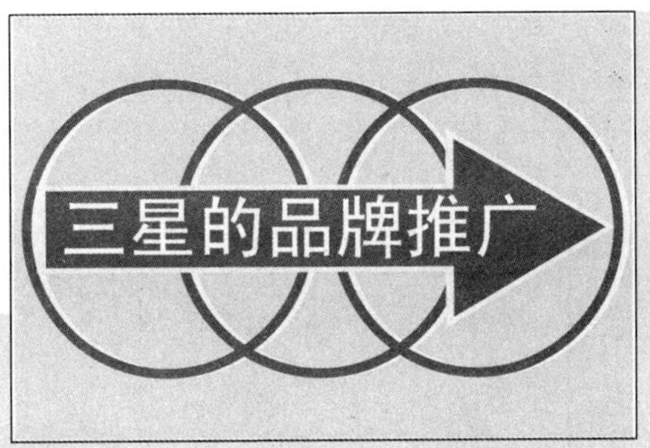

■ 所谓公关，是公共关系的简称，是一项侧重于个体或团体与其他群体（常称之为公众）之间为培养互相好感而建立关系和进行沟通的管理职能。

商业功利性过强，受众往往带着怀疑的眼光看待广告，或者干脆不予理会。利用公共关系宣传作为广告宣传的有力补充，更容易被受众接受。

从某种意义上说，品牌的价值就是受众对品牌信任度和忠诚度的体现，而建立对品牌的信任则是一个长期的过程。公关推广与广告推广的区别在于：第一，它使受众真正受益，在亲身体验中建立对品牌的好感，可以很好地建立与受众之间的品牌信任。第二，公共关系营销中所包含的商业信息要比商业广告隐蔽得多，也显得更富人性。

三星认为，要使品牌在受众心目中建立长期的牢固的良好印象，利用公共关系宣传来推广品牌是最为有效的手段。因此，三星非常注重企业的社会形象和品牌的社会效应。

在韩国，三星选择了投资韩国文化事业的方法来树立自己的品牌形象和社会地位。1965 年，三星成立了三星文化财团，并且开始赞助韩国几个因资金困难而陷入危机的大学。三星还设立了三星奖学金，建造了湖岩美术馆。不仅如此，三星还积极投资媒体，先后办起了汉城（首尔）广播电台、东洋电视台、《中央日报》社。这些都成为三星加强企业和品牌宣传的重要舆论阵地。

这些公关活动不但使三星节省了巨大的广告开支，也使三星品牌取得良好的社会效益，获得了良好的口碑，建立起三星重视教育、重视文化和关心社会的企业和品牌形象。人们以新闻报道、评论采访或事件特写的形式不断地接受着关于三星品牌的信息，在一种潜移默化的积累中，三星品牌的美誉度不断地提升，顾客对品牌的忠诚度也日益牢固。

近年来，公关宣传已成为三星的一种重要品牌推广手段。在中国，三星还聘请了专业的公关公司——西岸奥美公关公司为其出谋划策。

■ 三星认为，要使品牌在受众心目中建立长期的牢固的良好印象，利用公共关系宣传来推广品牌是最为有效的手段。因此，三星非常注重企业的社会形象和品牌的社会效应。

第八章

三星的创新法则

美国的托马斯·彼得斯在其所著的《追求卓越》一书中说："大型公司最令人感到失望的事莫过于，他们丢掉了在企业发展壮大过程中起关键作用的因素——创新；如果大公司不停止创新，其发展会不断地进行下去。"

著名的管理大师彼得·杜拉克曾说："创新行动赋予资源一种能力，使它能够创造财富。事实上，创新本身创造了资源。"

克里斯·弗雷曼在《工业创新经济学》中说："工业创新包括技术活动、设计活动、制造活动以及推销新（或改进）产品过程中的商业活动或者新（或改进）工艺或新设备的第一次商业应用。"

迈克尔·波特在《国家的竞争优势》中说："企业通过创新行为获得竞争优势。它们从最广泛的意义上进行创新，包括新技术和新方法。"

毫无疑问，一个企业能否长存，是与其创新能力息息相关的。即使公司营运现况很顺利，也要大胆以创新眼光投资未来，否则很容易堕入自满的陷阱中。任何公司要持久经营，就得不断推陈出新。

三星能有今天的辉煌，就在于其卓越的创新能力。1996 年，三星会长李健熙作出了一个激动人心的决定。他开始避开模仿产品的老路，在成本低廉的中国厂商的压力下，李健熙告诫三星的全体员工：不创新就会死。

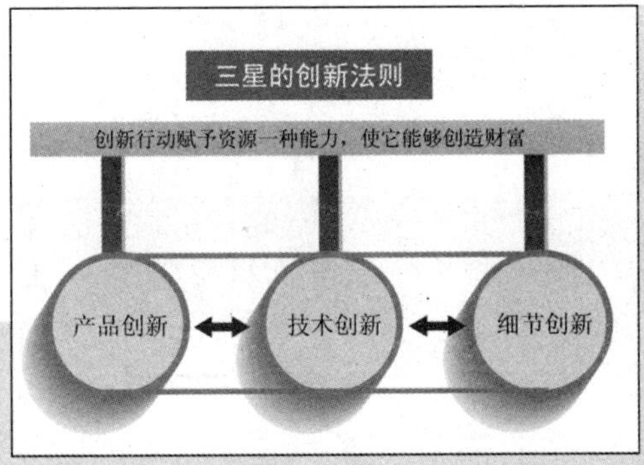

■ 著名的管理大师彼得·杜拉克曾说："创新行动赋予资源一种能力，使它能够创造财富。事实上，创新本身创造了资源。"

8.1 产品创新

成功的品牌首先是产品的成功，失败的品牌也就是产品的失败。优秀的品牌保证不了没有竞争力的产品的胜利，有竞争力的产品却能保证品牌的长盛不衰。

一个企业要取得长久的成功，就必须保证自己的产品永远具有竞争力，而不可能期待自己的著名品牌会保佑自己的产品长盛不衰。要使产品具有竞争力就要不断进行产品创新。所谓产品创新是指企业为消费者提供某种新产品或新服务。

不断创新、研制和开发新产品正是三星的生命源泉。在数字化曙光的照耀下，三星积极主动地进行创新，不断进行新产品的开发。三星瞄准 5～10 年后的产品开发，而不仅仅关注 1～2 年内的产品。即使未来的产品在目前不盈利甚至亏损，但仍要坚持，因为将来领先对手开发出的产品将会带来更高的垄断利润。前瞻性的眼光和深厚的技术积累使得三星能够每隔一段时间就推出一些代表最新技术的前沿产品，例如手机、液晶显示器、数字相机、笔记本电脑等。

8.1.1 电视的创新

在中国，三星在产品的光谱上进行着全面创新。在中国的天津、上海、苏州、威海等工厂，三星推出了平面电视，可以像画一样挂在墙上。紧接着，三星又研制出世界上第一台 63 英寸的等离子电视和 40 英寸薄膜晶体管

■ 不断创新、研制和开发新产品正是三星的生命源泉。在数字化曙光的照耀下，三星积极主动地进行创新，不断进行新产品的开发。

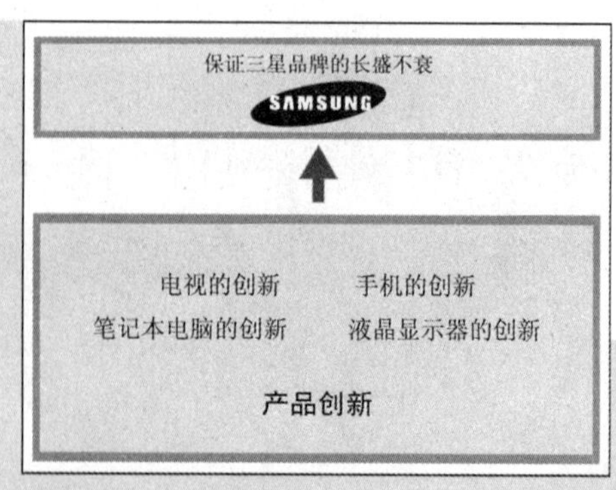

——液晶电视。2003年10月，三星又开发成功世界最大的76英寸等离子面板。

现在，三星已经在等离子和背投电视方面占据行业领先优势。三星的第三代等离子P3系列42P3S、50P3H、63P3H内置双调谐器，具有高清晰度，拥有DCDi尖端技术、DVI数字视频端子、双调谐器画中画/双视窗和模拟杜比环绕立体声，是目前最薄、最大的等离子电视。液晶背投L2、L5系列（46L5、56L5、50L2、61L2）高清晰数字电视（1080i，720p），具有高亮度和高对比度，三片液晶、276万像素、XGA级电脑接入、DVI端子、超轻超薄背投、防反射保护屏幕，是超大屏幕和清晰画质的完美结合。

8.1.2　手机的创新

在手机领域，游戏规则是不创新就会失去市场份额。三星每隔几个月就要推出新产品，这使三星的品牌保持了旺盛的生命力，不断巩固在消费者心中的形象。

三星手机的外观设计、视觉上十分强调个性，始终与时尚紧密结合在一起。综观三星手机制造历程，以技术研发为砝码，不断推出创新产品是其迈向成功永远不败的真理。

三星电子移动通信部共有9500名员工，其中研发人员就达4500名，设计中心有307名设计师，每年能够设计出成熟的700多种产品模型。这些设计师在手机的工业设计、功能配置方面不断创新：

1996年，三星成为第一家把CDMA手机商业化的公司，三星Anycall成为当时世界上最小最轻的CDMA手机；

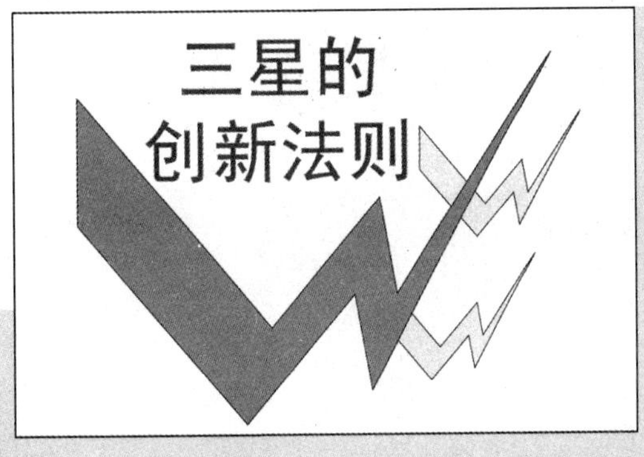

■ 在手机领域，游戏规则是不创新就会失去市场份额。三星每隔几个月就要推出新产品，这使三星的品牌保持了旺盛的生命力，不断巩固在消费者心中的形象。

1997年，三星开发出第一款具有语音拨叫功能的手机；

1998年，当时最小最轻的CDMAPCS手机SCH－1011推向市场，同时，开发出了满足用户个性化需要的无线上网手机和手表手机；

2001年，三星推出的带PDA的手机1300面世，以色彩和轻巧取胜的双屏显示来电的手机A－288也同期面世；

2002年，彩色显示屏开始流行，集照相功能与移动多媒体功能于一体的SCH－V300手机成为最具流行色的一款产品。

2004年6月，三星电子全新“华盖”手机系列旗舰产品SGH－D418和SCH－X809在京隆重登场。“华盖”手机系列的问世，标志着三星电子在业内率先推出滑盖式折叠手机。拇指只需轻轻一推，机盖便会流畅上滑，洒脱开启。

此外，第一款珍珠白色的手机、第一款挂在脖子上的手机、第一款符合人体生理节律的手机，都出自三星电子。与诺基亚、摩托罗拉等欧美厂商的技术及其应用的功能设置相比，三星手机在中国的功能创新似乎更注重时尚和实用。三星在中国推出的第一款专门为女性设计的手机“美丽人生”A408，增加了一些贴心的小功能，如可以测量卡路里、记录生理周期等，很受女性的喜爱。

8.1.3 笔记本电脑的创新

2001年，三星以一款轻薄、时尚的NV5000笔记本电脑作为“先遣部队”，上演了一幕令无数人瞩目的“抢滩登陆战”。三星NV5000以当时世界上最轻、最薄的笔记本电脑的形象出现，重量只有1.35公斤，厚度仅为21

■ 与诺基亚、摩托罗拉等欧美厂商的技术及其应用的功能设置相比，三星手机在中国的功能创新似乎更注重时尚和实用。

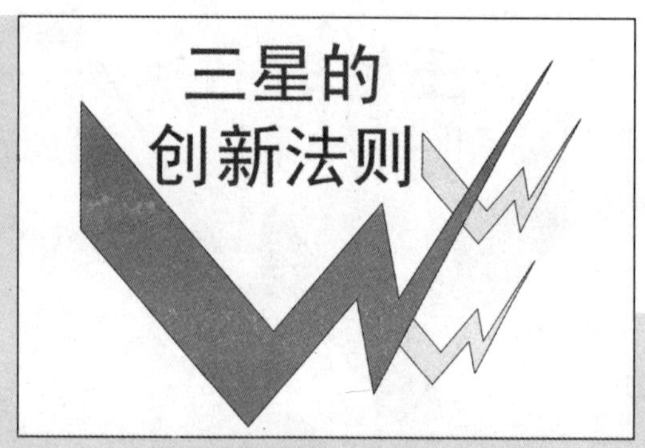

毫米；它独特的“可移动网站系统”，配备了打印机、UBS等各种接口，并且装有一个DVD ROM及两个音箱，更堪称PC史上的一次革命。继而，三星又辅以功能与时尚并重的GT9000和GT9000Pro，三剑齐发，分别在超轻薄、光软互换和全内置三大领域中取得了显著优势。

2002年3月，三星电子推出了全世界最轻薄的Q10，其厚度只有19.8毫米，重量1.29公斤；同年5月，在Intel发布P4－M后的第一时间，三星发布了最轻薄的全尺寸笔记本P10和功能强大的T10。

2004年2月，三星推出了首款宽屏笔记本电脑X30，开创了宽屏笔记本电脑的新纪元。作为三星笔记本电脑宽屏旗舰——X30，它的身上集中了三星电子的100多项创新技术。采用自身研发的电池桥技术，三星X30通过在笔记本电脑内部设置一个内嵌式电池，可以支持笔记本电脑在休眠状态下三分钟的供电，当用户需要换电池而在不能使用电源适配器的情况下可直接更换而不须关机，保证了电池在没电的状态下不会出现丢失数据的现象。

8.1.4　液晶显示器的创新

三星在液晶显示器的外观和轻薄程度上也不遗余力地进行创新，几乎要把显示器当成书房中的艺术品来设计。

三星的SyncMaster显示器就是产品创新的很好体现。它拥有像“保时捷汽车”式样的漂亮外观和时尚新颖的款式；该系列旗舰产品SyncMaster173P只有一个开机按钮，所有的调节都通过鼠标来完成，并将电线连接隐藏于机器背后。这款可折叠的17英寸LCD显示器不仅赢得了2004年工业设计奖，还获得了同年的德国iF设计大奖和Red Dot设计大奖。

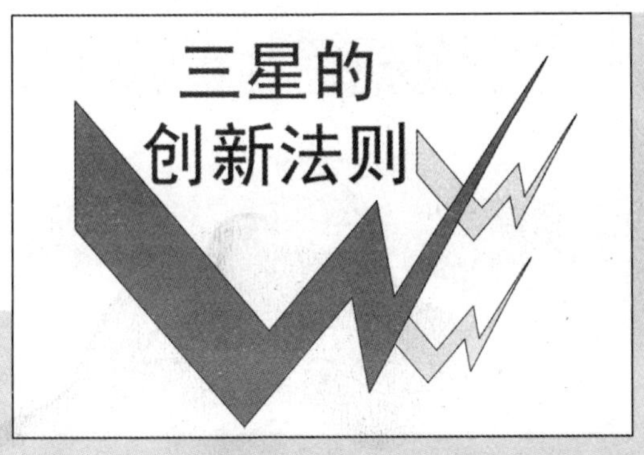

■ 三星在液晶显示器的外观和轻薄程度上也不遗余力地进行创新，几乎要把显示器当成书房中的艺术品来设计。

除了上述产品之外，三星还推出了世界上第一台 0.10 微米 4Gb 动态随即存储器；开发了联合式 DVD（数字化视频光盘）/VCRs、SPH-1300PDA（个人数字助理）电话和突破性的 NEXiOSl50 无线手持电脑；制造了组合式 CDMA20001X 和 WCDMA 第三代网络设备和系统，以及梦幻一般的电冰箱、微波炉。

新型 DuoCam 也是三星电子的一个杰作，该产品是一个带有内置数码照相头的便携式数字摄像机。对于那些希望能够拍摄高质量静态图片的，对数码便携式摄像机有着更高要求的客户来说，DuoCam 展现了一种独特的增值解决方案。

8.2 技术创新

技术创新是科技产业的灵魂。它决定谁是最后的赢家，企业技术创新的好坏直接关系到企业在市场的地位。

技术的进步和创新正是三星的信仰，三星从技术创新中获得了巨额的商业利益。

早在 20 世纪 90 年代中期，三星就已经认识到，数字化浪潮正在席卷整个消费电子行业，从模拟技术到数字技术，是整个消费电子行业技术发展的方向。因此，三星决心进行全面的技术创新，把核心竞争力从大规模制造，转向基于数字技术的自有品牌。

为了配合数码战略，三星从海外引入一大批人才对三星的领导团队进行改造，并对产品设计流程进行改造，从而更贴近市场与消费者。三星的创新

■ 技术的进步和创新正是三星的信仰，三星从技术创新中获得了巨额的商业利益。

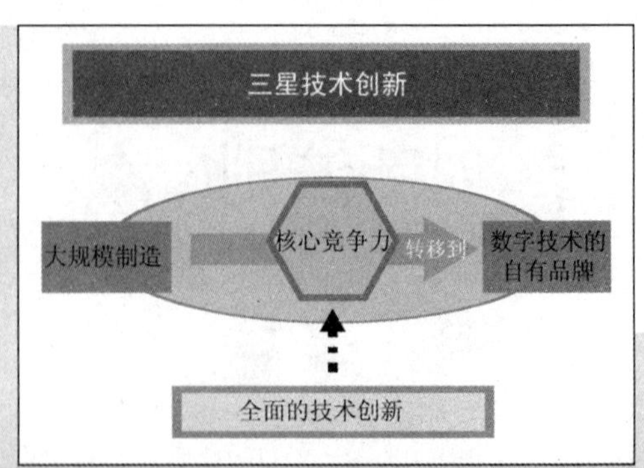

近乎是一种冒险，但并不盲目。

在创新战略指导下，三星电子已成为了世界顶尖级的技术创新公司，它在众多的领域创造了一系列的尖端产品，包括移动电话、手持计算设备、平面显示器以及超薄笔记本电脑等。

三星的技术创新可谓数不胜数：

三星于 2004 年 2 月推出的宽屏笔记本电脑 X30，集中了三星电子的 100 多项创新技术；

三星应用于高端电视产品方面的 DNIe 数码自然影像技术，刷新了数字电视的画质标准，属于一项“世界级影像技术”；

三星电子新一代照相手机集合了世界先进的 TFT-LCD 技术和用于多媒体通信的高速数字传输技术。

……

2002 年，三星电子的专利数在全球排名第 5，仅次于 IBM、NEC、佳能和 Micron 公司，领先于松下、索尼、日立、三菱和富士通公司。这一切都是三星的核心竞争力大大增强的表现。

8.3 细节创新

产品品质的高低就要看细节。关注细节并不是以偏概全，设计是否能体现“以人为本”可以从细节得到极好的检验。因此，企业要创新，首先要关注细节的问题。

但由于细节往往很不起眼，通常不容易引起企业的重视，不过，也正是

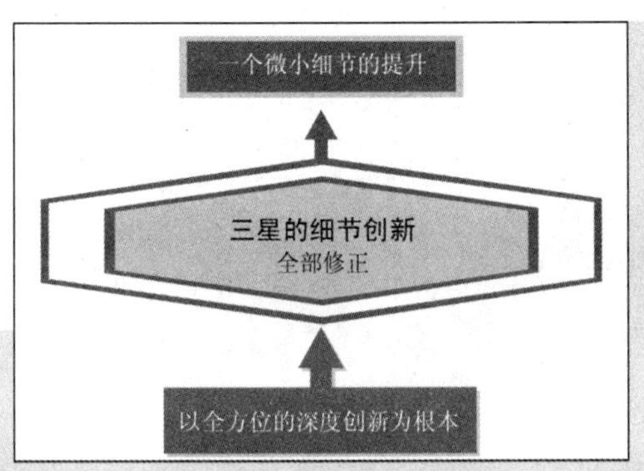

■ 产品品质的高低就要看细节。关注细节并不是以偏概全，设计是否能体现“以人为本”可以从细节得到极好的检验。因此，企业要创新，首先要关注细节的问题。

靠着这每一个细微之处，产品的整体品质才得以提升。正是对细节的创新体现了企业的技术水平和对客户、对社会的责任感。

市场竞争已使越来越多的企业意识到，注重产品细节设计对于销售十分重要。对于创新，三星就从不简化——任何一个微小细节的提升，都以全方位的深度创新为根本。

李健熙曾以喜爱的高尔夫运动来阐释三星的细节创新，他认为："抽球打出180码的人，有教练的指点，很容易就能打到200码。认真练习的话，也可以打到220码，但是，想要打到250码以上的话，从握杆的方式到站姿等，都得全部修正。"正是这种不放过任何一个细节的创新精神，使三星成为行业领头羊。

为了不忽视任何一个细节，从而设计出最贴近消费者需求的款式，三星手机在设计之前，都要经过缜密的市场调查。以手机为例，在颜色上，三星最早向消费者推出珍珠白。三星的调查人员还发现顾客在使用翻盖手机时，有电话来，但不知道是谁的电话，因此很不方便，顾客对此也不满意，于是三星率先推出了双屏手机。

三星手机在外观设计上的成功之处也源自从细微处着眼的精神：

对于一位崇尚时尚的年轻人来说，三星手机可以当电视，可以做手表，还能播放音乐；

对于年轻女士来说，Queen款三星手机有着光滑的红色外壳，配着金链，漂亮得就像化妆盒；

对于公事繁忙的公司管理人士而言，拥有银色外壳和超大屏幕的三星手机则是移动电话和笔记本电脑的综合体。

■ 市场竞争已使越来越多的企业意识到，注重产品细节设计对于销售十分重要。对于创新，三星就从不简化——任何一个微小细节的提升，都以全方位的深度创新为根本。

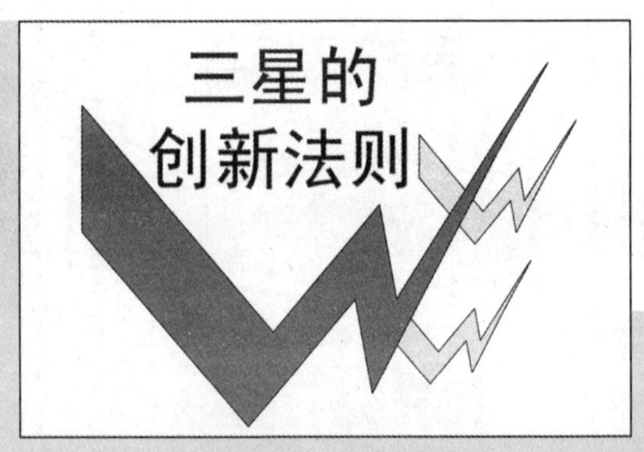

不仅如此，三星还首先倡导一种潮流：手机也可以作为装饰品。过去，人们通常将手机别在腰上或者放在包里，三星提出将手机挂在脖子上“秀”出来，事实证明，这一举措深得消费者青睐，市场也随之打开。

正是因为这些着眼细微之处的努力，三星手机的市场占有率一路飙升。根据 Gartner 的调查报告显示，三星在 2003 年以 10%的全球市场份额成功成为世界第三大手机制造商，牢牢地占领了高端手机市场。其中，CDMA 手机的发货量是 2040 万部，占据 CDMA 手机市场份额的 20.7%，仅次于 LG。

专题 1：企业创新的步骤

创新是一个过程，是对旧事物的否定，对新事物的探索。对旧事物的否定，创新必定要突破原先的制度，破坏原先的秩序。对新事物的探索，创新者只能在不断的尝试中去寻找新的程序、新的方法，在最终的成果取得之前，可能要经历无数的反复与失败。

不革新的企业只有等待死亡，但是不成功的变革则会加速企业的死亡。企业创新会在其进程中遇到一系列不可避免但可解决的问题，如目光短浅，只考虑眼前，受习惯势力的支配，过度的分析论证，担心失去既得利益，不确定性，个人的阻力等。企业只有对其有足够的认识、提前的预料和适当的解决，才能取得创新的成功。

创新也必然要遵循一定的步骤、程序和规律。通过总结众多成功企业的经验，成功的创新一般要经历以下四个步骤：

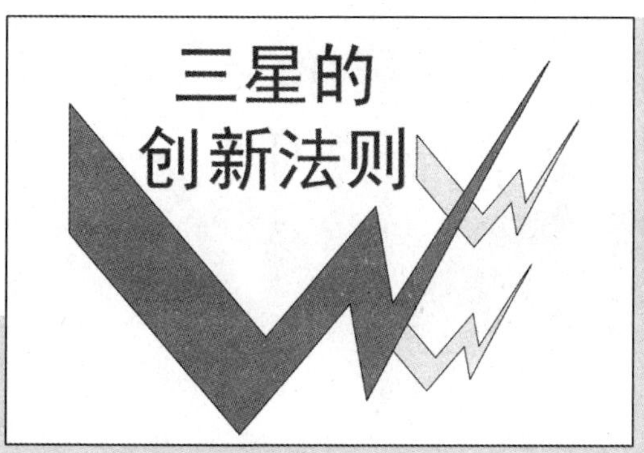

■ 创新是一个过程，是对旧事物的否定，对新事物的探索。

1. 提出设想

创新在本质上是杂乱无章的，这就要求必须对不协调的现象进行敏锐的观察，还要透过现象究其原因，并依据分析预测出不协调的变化趋势，估计它们可能给组织带来的积极或消极的结果，在此基础上，努力利用机会或将威胁转化为机会，例如，可采用头脑风暴或畅谈会等方法提出多种解决问题、消除不协调、使系统在高层次实现平衡的创新构想。

2. 寻求机会

创新的目的是打破原有的秩序。因为原有的秩序存在着或已经出现了某种不协调的现象。这些不协调对系统的发展造成了某种不利的威胁。创新活动正是从发现和利用旧秩序内部的这些不协调现象开始的。旧秩序内部的这些不协调现象可能产生于内部系统，也可能产生于外部系统。

对于系统内部来说，引发创新的不协调现象有两个：一是在生产经营中，一些问题影响了劳动生产率的提高或劳动积极性的发挥，也始终困扰着企业的管理人员。二是企业在生产和经营上意外的失败，往往可以把企业从旧有的思维模式中驱赶出来，从而成为企业创新的一个重要契机。

就系统的外部说，引发企业创新契机的变化主要有：宏观经济环境的变化；人口的变化；文化与价值观念的转变；技术的变化；等等。

3. 迅速行动

创新的成功还在于迅速行动。提出的构想只有立即付诸行动才有意义。

■ 创新的目的是打破原有的秩序。因为原有的秩序存在着或已经出现了某种不协调的现象。这些不协调对系统的发展造成了某种不利的威胁。创新活动正是从发现和利用旧秩序内部的这些不协调现象开始的。

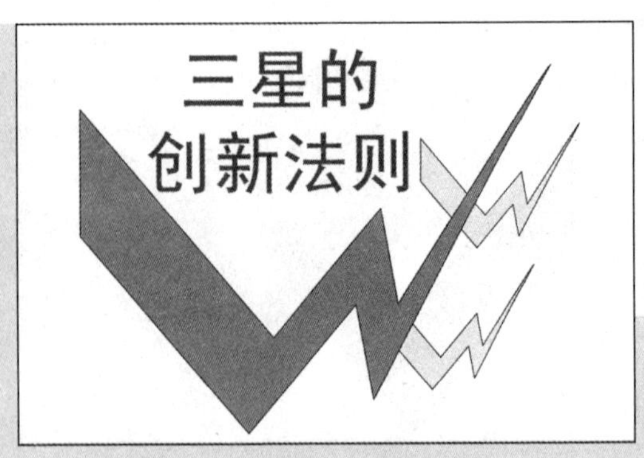

因为没有行动的思想就会自生自灭，创新思想的实践尤为重要。提出的构想不可能十全十美，只有在不断的尝试中才能逐渐完善，企业只有迅速地行动才能有效地利用机会。

4. 努力坚持

构想经过实践才能成熟，在创新者开始行动以后，必须有足够的自信心和较强的忍耐力，才能正确面对实践过程中出现的失败，为减少失误或消除失误后的影响采取必要的预防或纠正措施，为取得最终的成功，必须坚定不移地继续下去。伟大的发明家爱迪生有句名言："我的成功乃是从一路失败中取得的。"所以创新的成功在很大程度上要归因于"最后一刻"的坚持。

专题 2：如何从技术创新中获利

企业是否能从技术创新中获利，取决于其两个方面的能力：企业将技术优势转化成商业上可行的产品和工艺的能力；企业预防模仿者打破其优势的能力。

除了上述两项能力之外，还有一些相关因素也促使企业从其自身的技术优势中获得商业利益。在这些因素中，大部分的因素都依赖于技术的性质、产品市场以及知识产权制度。下面是九项促使企业从技术创新中获利的因素：

（1）保密性；

（2）累积的隐性知识；

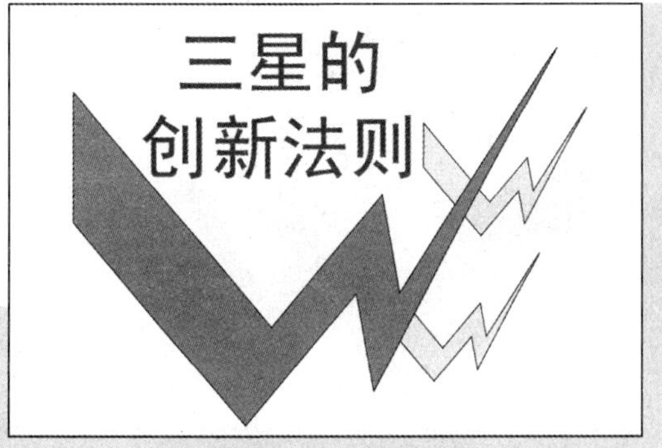

■ 企业是否能从技术创新中获利，取决于其两个方面的能力：企业将技术优势转化成商业上可行的产品和工艺的能力；企业预防模仿者打破其优势的能力。

（3）研发周期和售后服务；

（4）学习曲线；

（5）互补性资产；

（6）产品复杂性；

（7）标准；

（8）开拓性新产品；

（9）专利保护的强度。

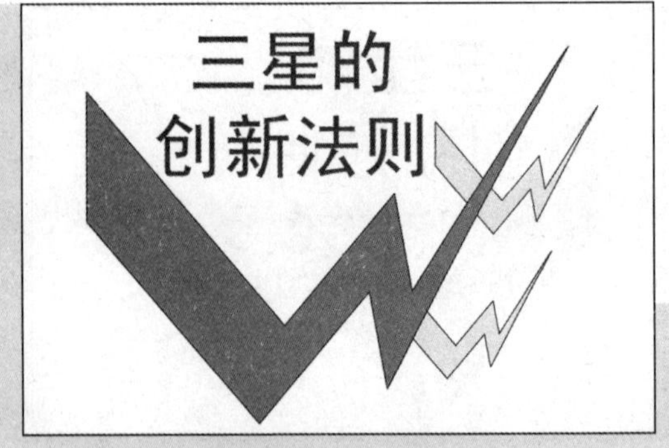

第九章
三星的企业文化

企业文化建设对于品牌建设来说至关重要。一个在国际化过程中的品牌，只有拥有了独特的但又包容世界文化的内涵，才能被世界所接受，才可以使产品具有高附加值，从而区别于竞争品牌，取得市场优势。

企业文化是指企业员工在从事商品生产与经营中所共同持有的理想信念、价值观念和行为准则，是外显于企业风貌、内隐于人们心灵之中的，以价值观为核心的一种意识形态。它的出现有其历史必然性和现实意义。

首先，科学技术的迅猛发展，使得在劳动中人的智力因素增大了，思想自由度增加了，特别是在行为科学的建立和完善上，要求管理者不能再把人仅仅当机器看待，而要给以其感情上和理智上的尊重。

其次，竞争的加剧，要求企业在竞争中运用新技术及手段的同时，要有符合时代需要的价值观念，如创新、服务、信誉等观念，把顾客作为亲密的合作伙伴。

再次，企业规模的扩大、跨国公司和集团企业的数量在不断地增加，全球经济一体化进程的日益加快，使得一个企业的员工可能来自世界各地区、各国家，他们在一起工作，必须有一个统一的思想、观念和行为，才能保证彼此很好地分工协作。

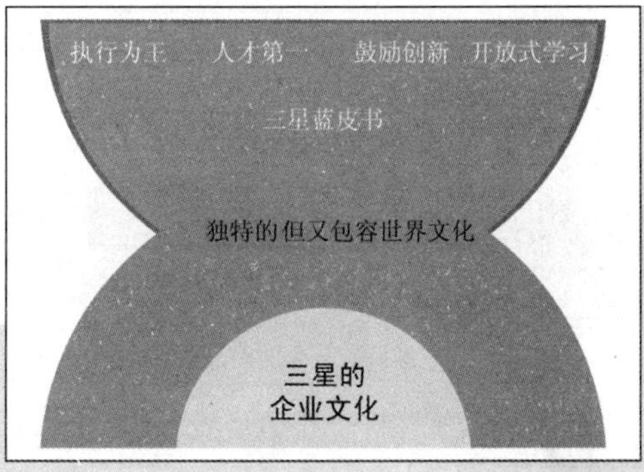

■ 企业文化是指企业员工在从事商品生产与经营中所共同持有的理想信念、价值观念和行为准则，是外显于企业风貌、内隐于人们心灵之中的，以价值观为核心的一种意识形态。它的出现有其历史必然性和现实意义。

企业文化对员工的思想起统一作用，对员工的价值观起凝聚作用，对员工的行为起约束作用，企业应积极倡导和建设优秀的企业文化。

在长期的经营过程中，三星形成了一套自己的企业文化，这包括：执行为王、人才第一、鼓励创新、开放式学习、三星蓝皮书。

9.1　执行为王

在企业的经营与管理中，建立企业的愿景、战略与计划以及强调对人力资源、财务资源和实物资源的管理固然重要，但如何将这些管理的重要方面有效地联结和整合起来，可能才是企业真正在竞争中取胜的根本保证。这种整合的能力就是“执行力”。

研究发现，卓越的公司——尤其是“世界最受推崇的企业”——并不一定在战略规划上花费更多的时间或努力，但他们却表现出卓越的执行力。

只有执行力才能使企业创造出实质的价值；失去执行力，就失去了企业长久生存和成功的必要条件。

三星能迅速地把一个低档品牌成功地打造成一个世界一流品牌，在很大程度上要归功于其重在强调执行的企业文化。

三星的企业文化有着浓重的韩国式集体主义精神，上下级之间强调的是一种家长式的权威。这种执行力极强的文化使三星电子在一些策略的上传下达上表现得异常坚决和快速，但一些管理界人士对此却表示质疑，认为这种文化也存在一些弊端：一是掺杂了太多的集体主义精神，会使权责利的关系

■ 企业文化对员工的思想起统一作用，对员工的价值观起凝聚作用，对员工的行为起约束作用，企业应积极倡导和建设优秀的企业文化。

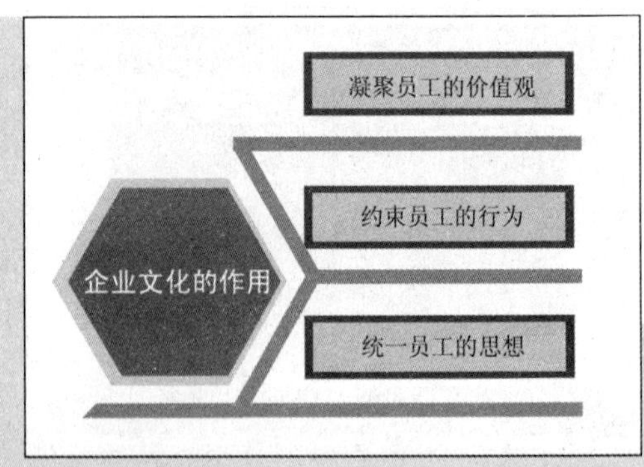

搞不清楚；二是讲究一种服从和忠诚，不利于员工发挥创造性；三是浓重的韩国色彩阻碍其真正走向世界的国际化步伐。

对于三星企业文化的核心，三星集团中国会长李亨道曾解释过：一是培养优秀人才，让他充分发挥自己的能力；二是三星一直主张要成为世界第一，不论是事业，还有专业技术方面；三是保持组织的清洁度，三星对企业内部的管理非常严格，杜绝在企业经营发展过程中影响公司利益的各种不良行为；四是非常重视人才的聘用。三星公司在聘用员工时不看他的学缘（同一个学校），地缘（同一个地方），血缘（同一个血统），比较客观地评价能力与业绩。

三星的执行文化的另一过人之处在于：正视自己的失误，但是不能全盘否定自己过去的成就和优势，以一种扬弃的态度去设计公司的未来。韩国的企业在金融风暴以前都是以超速度的成长为世人所津津乐道。但是，过高的负债经营、好大喜功、业务庞杂等问题在金融风暴到来的时候几乎葬送了他们的前程。但是，三星能壮士断腕，率先重组，在经历伤痛之后，已经重返世界舞台并参与竞争了。

三星具有的超强纠错能力，一个重要的动力是其持续不断地进行改革及结构调整。在瞬息万变的竞争时代，如果一个企业做各种事情的态度始终如一，这个企业就危险了。因此，三星一直持续不断地对企业进行着各种各样的研究，以适应瞬息万变的外部环境，让企业健康地发展。对企业内发展前景并不好的事业，就果断地抛弃，对有良好前景的事业，就对其进行培养。企业不应该自己去做所有的事情，而应该抓住其中核心，剩余的可以外包给其他的在外部配合的部门。

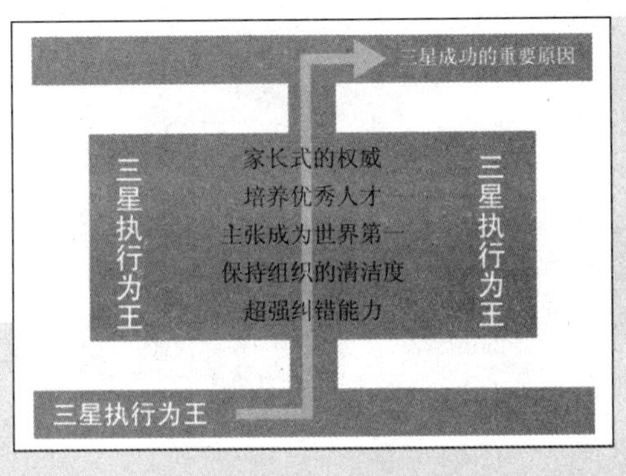

■ 三星具有的超强纠错能力，一个重要的动力是其持续不断地进行改革及结构调整。在瞬息万变的竞争时代，如果一个企业做各种事情的态度始终如一，这个企业就危险了。

三星独特的监察制度也使它的纠错能力得到了最大的发挥。三星一直非常重视公司的清廉，因为企业大了、业务多了，经常就会有一些人做一些不正当的事情，这些人的存在会给企业带来很大的影响，更重要的是这种行为的存在，会改变整个企业气氛。CEO不仅亲自督察，而且还有专门的人员对企业有关的事情进行监督。经常做一些经营的诊断，然后找出一些对策。

三星有一个精明的检察小组，这个精明的检察小组是由包括国家税务局，以及韩国一些检察方面十分知名的专家组成，他们每年都不定期地对三星内部的所有事业领域进行检察，包括他们的利润是怎么创造的、有没有私人小金库、会计是否属实。这种检察的效率非常高，工作也是颇有成效。一旦发现哪个部门有不实的汇报，经营这个事业的所有领导人都要受到非常严厉的惩罚。

当然三星也有出现决策失误的时候。面对错误的决策，三星会判断这个失误是方向性的错误，还是方法性的错误。如果是方向性错误，公司在中间进行评价的时候，就要求立刻停止，恢复到以前的状态。如果仅仅是方法的问题，公司就要求更优秀的人才来研究比目前方法更好的解决方案是什么。这种随时检测的决策体制很大程度上减少了由失误带来的损失。

9.2 人才第一

企业的经营实质是对人、财、物的有效管理，但“财”与“物”只是企业的眼前利益，“人”却是企业的发展之本。因此，人才是企业最宝贵的资

■ 企业的经营实质是对人、财、物的有效管理，但“财”与“物”只是企业的眼前利益，“人”却是企业的发展之本。

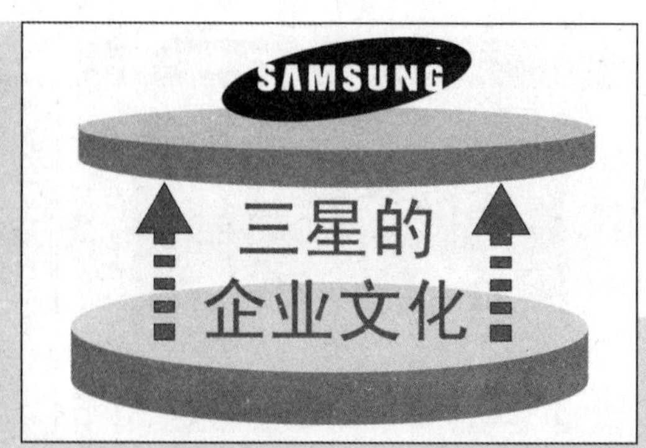

源，它是企业经营制胜的法宝，也是企业内部管理的关键。因此，从根本上说，21 世纪的竞争就是人才的竞争。

综观世界上的优秀公司，无一不将人才的重要性放在第一位。三星非常重视人才的作用，在三星的企业文化里，人才第一的观念根深蒂固。这种人才第一的观念包括四项内容：疑人不用，用人不疑；致力于培养人才；公正的绩效评价；强者为王的信念。

9.2.1　疑人不用，用人不疑

三星集团创始人李秉喆先生生前就主张“疑人不用，用人不疑”，对三星的员工实行“国内最高待遇”。三星公司采用公开招聘录用制度，应聘的人员一旦被公司录用就要接受公司彻底的培训，目的是使之成为“三星之星”，以实现公司成为超一流企业的目标。三星公司在“企业即人”的创业精神指引下，彻底贯彻了“能力主义”、“适才适用”、“赏罚分明”等原则。为了挖掘企业员工的潜在能力，除了总公司建立有三星集团综合研修院外，各分公司分别建立了自己的研修院，并通过海外研修等形式对员工进行有效的教育培训。1957 年，三星集团成为韩国第一个通过公开考试甄选人才的企业。

9.2.2　致力于培养人才

曾有人问三星（中国）会长李亨道：“三星是怎样克服金融危机的？”李的回答是：“三星公司没有更多的秘诀，就是以培养人才作为企业重要的事情，让他们成为企业所需要的栋梁。”

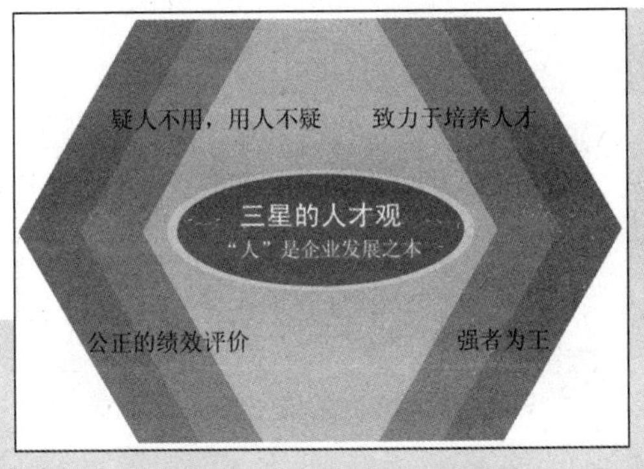

■ 三星非常重视人才的作用，在三星的企业文化里，人才第一的观念根深蒂固。这种人才第一的观念包括四项内容：疑人不用，用人不疑；致力于培养人才；公正的绩效评价；强者为王的信念。

三星拥有发达的教育体系，有两种教育课程，一种是对录用的人才进行与业务有关的专门能力提高的教育，另外一种是对他们进行充分的企业文化教育。人才进入公司以后，首先要进行入门课程教育，然后每提升一级都有相关的课程。除了这样的基本课程，对核心人员还有其他的课程，培养他们真正成为具有全球竞争力的人。

三星公司拥有各种培训中心数十个，讲师也有数千人。培养人才的第二步、第三步就是给他们提供适当的业务，让他们在这样的位置上充分发挥个人的特长。三星公司从公司的高级领导，一直到具体的实施层，都有与其职务相关的权利，让他们充分发挥自己的特长。从最基本的职员开始进行各种教育，而且给他们相应的权限，这样当他们做到 CEO 的时候，已经完全可以胜任能够创造数百亿销售额的企业 CEO。

三星在人力资源上的投入大概占其销售额的 1%左右。这个数字不单是研修院这样一些机构的费用，因为三星培养人才，不单是在研修院，还有在各个领域、各个方面进行的培训。中国已经成为三星的重中之重，三星派了很多人到中国工作。他们被派到中国之前，要花一年的时间接受培训。先在韩国的研究院进行几个月的教育，再利用一年的时间到中国来学习汉语，对中国的文化进行考察、研究和学习。

9.2.3 公正的绩效评价

除了人才培养，三星还有非常重要的一招，就是对员工所做的事情的结果进行比较公正的评价。如果他们自己认为得不到比较公正的评价的话，以后的工作就体现不出应有的热情。

■ 三星拥有发达的教育体系，有两种教育课程，一种是对录用的人才进行与业务有关的专门能力提高的教育，另外一种是对他们进行充分的企业文化教育。

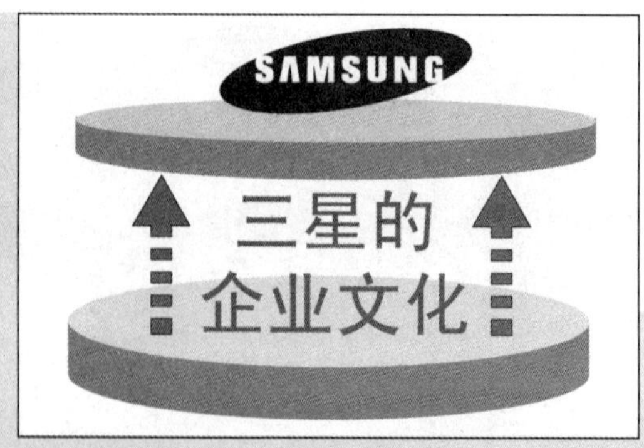

三星的目标管理是给员工一个目标，然后按照他的业绩来进行评价。比如，CEO 评价的标准，可以分成内部成果的指标和外部的指标两种。内部成果的指标分两个，一个是 EVA 的标准，它是公司的自由资本和所创造利润的百分比，还有一个是它到底培养了多少个核心人才，这是人才成本的指标。外部的指标有股票的收益率、核心竞争力指标。

CEO 的下面是事业部长的评价体系，内容就是他的业务的利润是多少、资金周转率是多少、产品的品质怎么样，还有六西格玛（6δ）的进行情况是怎样，以及 CEO 提供的目标完成情况是什么样。

评价以后，还给他们提供相应的奖励。三星的奖励制度分两部分：一个是集体奖励，另一个是个人奖励。对于集体奖励，三星有一个 EVA 的评价办法，如果完成并超过了目标任务的话，超额部分的 10％或者 20％可以作为集体奖励。对于个人奖励，按照个人的业绩，可以在制定年薪的时候反映出来，也直接关系到个人的升级。

9.2.4 强者为王的信念

无穷花是韩国的国花，有着强韧无比的生机，正好表现了韩国历万劫而弥坚的历史与民族性格。韩国人性格刚毅，有不达目的誓不罢休的顽强精神，最好的体现是在足球方面。2002 年韩日世界杯上，韩国不仅击败了意大利，而且还淘汰了西班牙，历史性地进入四强。在世界杯的球场上，大家可以看到韩国的英文名称“KOREA”写成了“COREA”，因为当年日本人在占领韩国时，为了在某些国际场合让日本的 JAPAN 排在韩国前面，制造了“KOREA”，可是现在韩国人终于在自己的主场上将它改了过来。

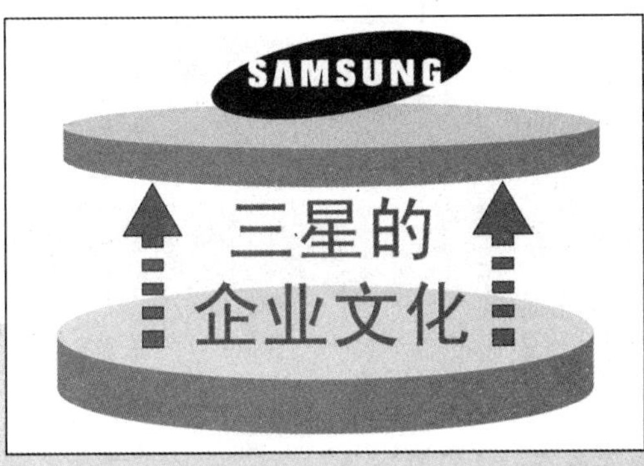

■ 无穷花是韩国的国花，有着强韧无比的生机，正好表现了韩国历万劫而弥坚的历史与民族性格。

在三星内部，足球教练希丁克也是被谈得最多的人之一。这体现了一种非常强劲的“强者为王”的信念。三星的强者为王体现在三方面：第一是事业结构。三星拥有成熟的数码产品和核心零部件，这是一个完整的机构，能够提供全面数码解决方案的基础和保障。第二是数码核心技术。三星电子在半导体、液晶显示器等多方面的技术处于世界领先地位。第三是技术专利和版权。三星拥有非常多的技术专利和版权，在美国，三星电子取得了1450项专利，在该奖项上排名为第五。

正是这种信念让三星电子变得如此出色。

9.3 鼓励创新

优秀的企业留给我们最深刻的印象，莫过于他们对创新的鼓励和支持。事实上，优秀企业的组织结构就是为培养创新型员工而设计的。这些优秀企业甚至故意在组织制度中留下一些漏洞，以便创新型员工有事情可做。

创新型员工不会自然而然地产生，要有适当的环境才能培养出来，如公司的传统精神、多重的支援系统、对失败的容忍态度等。具体来说，这些支援系统包括以下几个方面：

9.3.1 鼓励内部竞争

优秀的企业对正规的、理性的选择方法相当忽略。例如，在3M公司，不同的部门甚至小组之间存在有目的的竞争，不同小组、部门之间功能重叠。如果经理人员在本部门或小组以外承担新产品开发活动，他们就会受到

■ 优秀的企业留给我们最深刻的印象，莫过于他们对创新的鼓励和支持。事实上，优秀企业的组织结构就是为培养创新型员工而设计的。这些优秀企业甚至故意在组织制度中留下一些漏洞，以便创新型员工有事情可做。

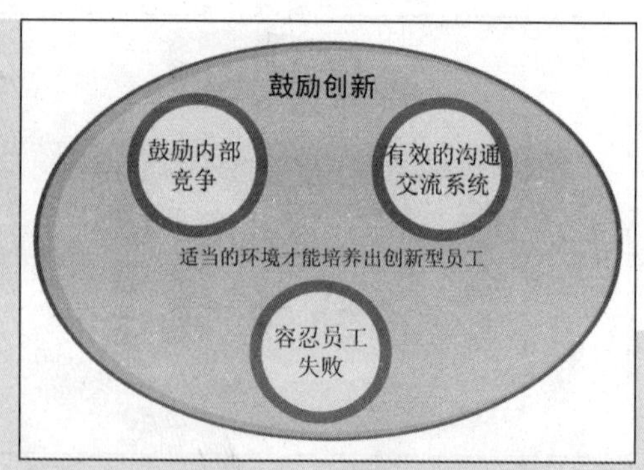

特别的奖励。

在优秀的企业中，我们可到处看到这样的现象，企业用内部竞争替代传统的、正规的及墨守成规的管理行为，这在培养员工的奉献精神、创新精神方面，对企业的长期发展大有裨益。

9.3.2 有效的沟通交流系统

有效的沟通与交流也可以推动企业的创新活动。研究发现，在优秀的企业里，员工之间的沟通方式表现出五个特征：①沟通方式非常随意，气氛融洽平实但又不失学术气息。②沟通频繁而且深入。员工自由地提出和讨论问题，只要有异议，任何人都可以随时打断董事长、总经理和会上任何人的发言。③具备沟通所需的物质支持条件。在英特尔公司的硅谷大楼里面有许多小的会议室，员工被要求在那里吃午餐，在那儿解决问题。每个会议室里面都有黑板，以便进行交流。④设立推动机构。优秀企业甚至把创新活动制度化。IBM的“革新人员计划”就是一个典型的例子。每位革新人员的任期为五年，在这一期间内，他可以随心所欲地从事他唯一的任务：革新制度。⑤最后，深入的、非正式的交流系统，也是控制创新过程的最佳手段。

9.3.3 容忍员工失败

一个积极、创新、追求成功的企业还有一大特色，就是有容忍失败的宽宏大量。对失败的容忍精神已经成为优秀公司的精神内涵之一，而且直接由公司高层灌输培养这种精神。创新型员工都经历过无数的试验，遭受过多次失败，否则就无法从失败中学习。

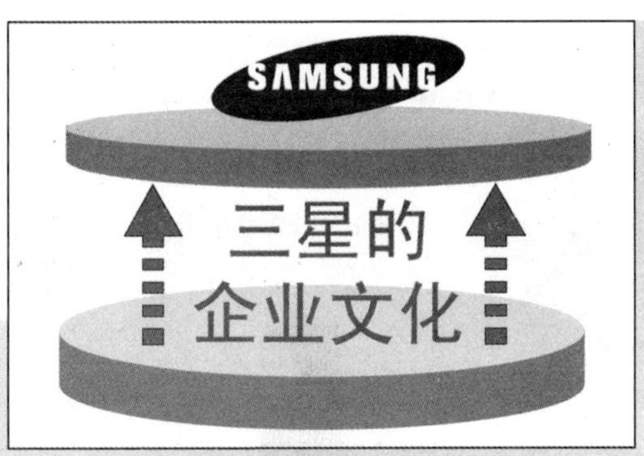

■ 一个积极、创新、追求成功的企业还有一大特色，就是有容忍失败的宽宏大量。对失败的容忍精神已经成为优秀公司的精神内涵之一，而且直接由公司高层灌输培养这种精神。

在这样的支持系统下，创新型员工的队伍不断地发展、兴盛和壮大，企业也随着产品和技术的不断创新而发展、兴盛和壮大。三星公司就是这样的一个公司。三星通过在公司内部营造一种宽松的环境来鼓励员工创新。

在《财富》杂志（中文版）评选出的2004年度“中国最受赞赏的公司”中，三星（中国）投资有限公司名列第15位，在单项评选之“创新能力”的评选中名列第四。

三星拥有今天的成就和技术实力，与其实施的鼓励创新的有效举措是密不可分的。三星努力在公司内部营造开放性的创新氛围，鼓励员工摆脱陈旧的工作和思维模式，勇敢大胆地向上级提出自己的设想及建议；同时，还鼓励员工在公司内部成立各种兴趣小组，并相应建立各种奖励制度。这些兴趣小组的很多建议、发明、研究成果为公司创造了不小的收益。如三星有四名员工组成的名为“技术谷”的兴趣小组，他们研究出了可以在电视屏幕上植入广告的技术（即“SA－TV回路设计”，三星已经在十几个国家申请了该项技术的专利），还写了一本题为《PC是我的朋友》的畅销书。还有三星物产一个名为“Top Gun”的基础材料研究小组发现了一种具有抗菌、保鲜、产生红外线的材料，公司随即为他们提供全部研究经费，还派他们参加博览会。经过无数次试验，他们终于研制出将食物保质期延长3～4天的新型冰箱，并最终实现了商品化。

9.4 开放式学习

杰克·韦尔奇说，学习必须成为企业文化的一部分。建立了学习型文化

■ 杰克·韦尔奇说，学习必须成为企业文化的一部分。建立了学习型文化的企业具有如下四个共同特征：学习受到高度重视；信息容易获取并且可以分享；人们坚持不懈地学习；允许人们犯错误或者遭受失败。

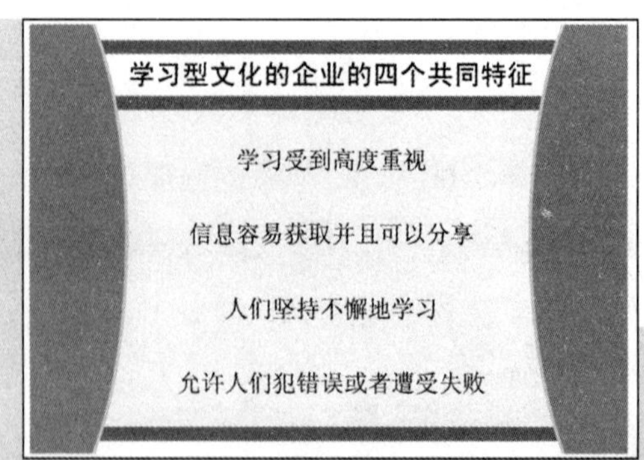

的企业具有如下四个共同特征：

- 学习受到高度重视；
- 信息容易获取并且可以分享；
- 人们坚持不懈地学习；
- 允许人们犯错误或者遭受失败。

在正在到来的知识社会，企业能够具备的唯一竞争优势，就是能够以比竞争对手更快的速度学习的能力。因而说在知识社会中，“开放式的学习文化”已经成为举足轻重的竞争优势。

在确定了“新经营”的理念之后，“开放式学习”成了三星一项重要的文化特征。学习在三星集团内受到高度重视，并被视为一项最重要的事情之一。三星向掌握各领域秘诀（know—how）的公司学习，其各个部门都树立了学习的目标公司。

9.4.1 电子部门学索尼公司

索尼是著名的世界性的家电公司。今天的三星虽然在某些领域已经超过了索尼，但当时索尼却远比三星要强大。

1960年索尼推出了世界上第一台晶体管电视，80年代，又以随身听等音响设备引领了世界市场的流行风潮。现在VAIO笔记本电脑和“PLAY-STATION 2”游戏机席卷世界市场。索尼的力量就在于通过开发新技术来独霸市场。索尼的哲学就是“为了达到制高点，就必须最早下手”。三星的电子部门将索尼定为学习的对象，学习它的创新精神。

三星各个部门学习的目标公司

三星向掌握各领域秘诀(know-how)的公司学习

电子部门学索尼公司　纤维部门学东丽公司

库存管理学西屋电气公司　客户服务学诺德斯特姆

生产作业管理学惠普公司

营销部门学服装专卖店网络THELIMITED

开发新产品学摩托罗拉和3M公司

■ 在确定了“新经营”的理念之后，“开放式学习”成了三星一项重要的文化特征。学习在三星集团内受到高度重视，并被视为一项最重要的事情之一。三星向掌握各领域秘诀（know—how）的公司学习，其各个部门都树立了学习的目标公司。

9.4.2 纤维部门学东丽公司

成立于1926年的东丽公司是日本最大的生产尼龙、涤纶、合成树脂、胶片和化学品的综合性公司。由于化纤是夕阳产业，东丽公司曾一度出现亏损。1987年，该公司以全球化理念为基础，重建企业，成为一家全球性的集团。三星的纤维部门将东丽公司定为学习的对象。

9.4.3 库存管理学西屋电气公司

美国西屋公司（Westinghouse Electric Company）是生产发电设备和电冰箱等家电产品的世界性公司，是送电技术方面的革新家。西屋公司为提高库存管理的效率，投资700万美元，于20世纪90年代初首次导入ERP系统，统一了六个事业单位的财务、采购、品质管理和存货管理的模块。

三星公司也模仿西屋公司，进行库存管理，但当时的三星对ERP概念还有些生疏，直到2003年才进入实用阶段。

9.4.4 客户服务学诺德斯特姆

诺德斯特姆（Nordstrom）公司总部位于西雅图，是美国最大的百货店之一。该百货集团无论在任何情况下都绝对不向顾客说“不”。所以，该公司成为三星的客户服务要学习的对象。

9.4.5 生产作业管理学惠普公司

诞生于1939年的美国惠普公司成为一家世界性企业的秘诀之一是领先

■ 诺德斯特姆（Nordstrom）公司总部位于西雅图，是美国最大的百货店之一。该百货集团无论在任何情况下都绝对不向顾客说“不”。所以，该公司成为三星的客户服务要学习的对象。

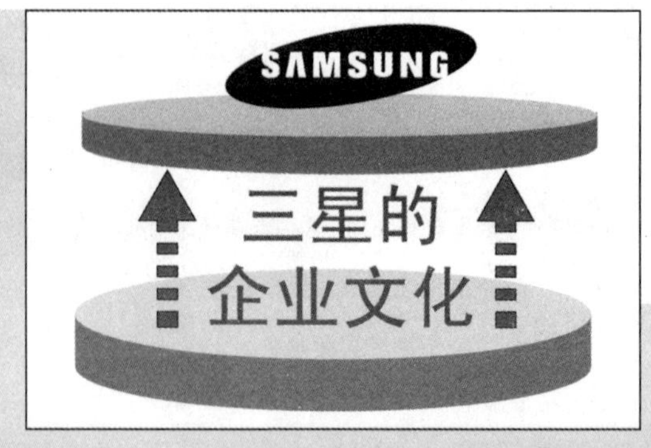

的生产作业管理技术。公司的生产作业管理系统是产品数据管理系统（Product Data Management，PDM）。PDM 系统对与新产品开发和已有产品更新换代等公司组织内部信息进行流动性追踪管理。直到现在，PDM 概念还在发展演化中。PDM 的功能在于开发产品时，提供从环境到生产过程的一切必要的情报，并选择在最合适的时期提供，对整个开发系统进行综合管理。

1994 年时，三星还没有导入 PDM 系统，公司以惠普为借鉴对象导入了这个系统。

9.4.6　营销部门学服装专卖店网络 THELIMITED

THELIMITED 是美国服装界最大的专卖店网络。作为世界最大的服装零售商，THELIMITED 在 1963 年创立之初，只是俄亥俄州哥伦比亚城的一家衣料店，主要面向十几岁的少女和年轻女士。当时的一家小卖店，20 世纪七八十年代迅速成长，现在已经成为最大的销售时装的连锁网络。这样的高速成长源自以标准化、单纯化和差别化为行动原则的组织管理方式和教育体系。

三星的营销部门将 THELIMITED 作为自己学习的目标，以期实现快速的发展。

9.4.7　开发新产品学摩托罗拉和 3M 公司

1971 年，摩托罗拉宣布将要生产人类历史上第一部手机。两年后的一天，手机概念产品问世。

1977 年，摩托罗拉开发了内置微处理器（Micro Processor）的终端机。

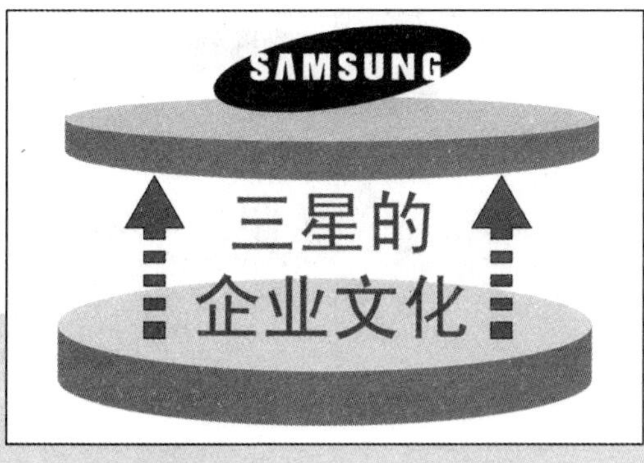

■ 1971 年，摩托罗拉宣布将要生产人类历史上第一部手机。两年后的一天，手机概念产品问世。

1981 年，设计出车用免提电话。1989 年，开发第一部个人用手机。1999 年，又开发了码分多址（CDMA）技术。

现在已经尽人皆知的六西格玛管理法也是摩托罗拉从 1981 年开始用五年时间研究出来的成果。

三星向摩托罗拉学习的开发新产品的秘诀是开放政策。

这是指公司的上下级、同事间什么时候都可以随心所欲地提出意见，保障对话畅通的水平系统。对于公司业务，所有人都可以参与，进行公开的讨论。全体职员的共同讨论可以让船开上山。技术人员想象不到的各种奇妙的想法也都层出不穷。

3M 也是一家开发新产品能力非常强的公司。

纵观 3M 的新产品开发历史，1930 年的透明绝缘胶带，1932 年世界最初的用于屋顶的彩色石材，1952 年的绝缘扣件，1960 年世界最早的医用伤口缝合材料，1967 年最早的一次性面膜，1973 年外科用 X 线胶片，1980 年的即时贴，1994 年的抗菌防臭的含有微生物的绷带洗涤剂，1996 年用于增强电脑显示屏亮度的胶片，新技术层出不穷。现在 3M 持有的世界发明权有 525 个。

这一系列新产品开发的基础是 3M 独特的经营哲学，即在新技术方面勇往直前，使新技术成为公司成长的动力。3M 的管理者从不对职员的失误横加指责，因为这样会遏制职员的创造性。

三星学习 3M 公司的做法，鼓励职员积极去尝试，不必承担失败的责任。

除了上述几个方面，在采购和协调方面，三星学的是本田、施乐和

■ 三星向摩托罗拉学习的开发新产品的秘诀是开放政策。这是指公司的上下级、同事间什么时候都可以随心所欲地提出意见，保障对话畅通的水平系统。对于公司业务，所有人都可以参与，进行公开的讨论。全体职员的共同讨论可以让船开上山。

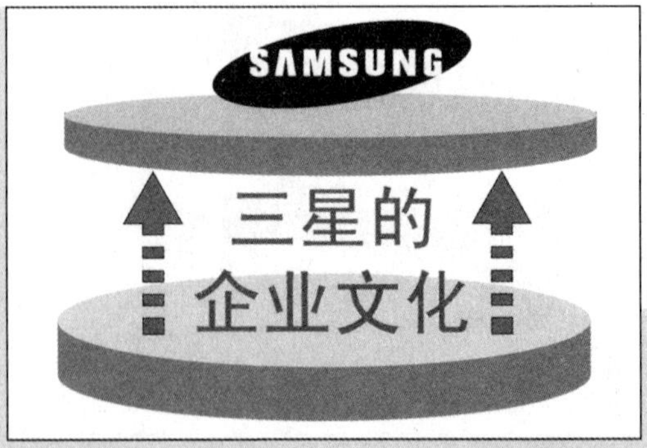

NCR 公司。在物流方面，三星参考的是玫琳凯和 HS 公司。

三星在按照部门确定了借鉴和模仿的对象后，对这些公司一一进行了研究，然后开始了大规模的模仿借鉴行动。

9.5 “三星蓝皮书”

在三星，有一本被称为“三星蓝皮书”的小册子，它的地位在三星公司内部员工中相当于“三星宝典”。这本 5 万字左右的小册子就是《三星新经营》，它是对三星会长李健熙于 1993 年在世界各地的讲话以及企业变革的阐述的浓缩。

李健熙在这本“三星蓝皮书”中极其推崇人性美、道德性、礼仪规范和行为规范，三星员工称之为“三星宪法”，它是“三星蓝皮书”的灵魂思想。就如同宪法是一国的根本大法，并优先于其他所有法规一样，三星把人性美、道德性、礼仪规范和行为规范看成是三星宪法，因为它比任何事情都重要，而且是必须遵守的。

李健熙认为，三星要发展成真正世界一流的企业，最重要的是所有的员工都要成为具有人性美、道德性、重视礼仪规范和行为规范的人，否则三星将永远摆脱不了二三流的水平。

李健熙认为，人要比金钱更重视信用，更要珍视人性美。何谓人性美？李健熙举了一个经常会看到的例子：无论怎么忙，即使是为赴约而奔跑的时候，如果见到小孩摔倒了，也要停下匆忙的步伐，把孩子扶起来，类似这样的行为就是人性美。

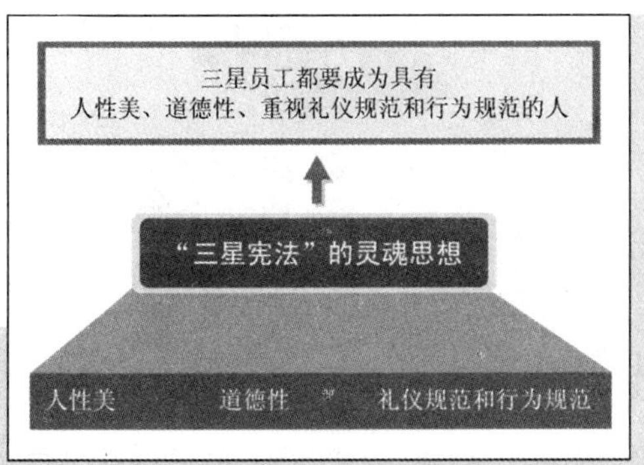

■ 李健熙在这本“三星蓝皮书”中极其推崇人性美、道德性、礼仪规范和行为规范，三星员工称之为“三星宪法”，它是“三星蓝皮书”的灵魂思想。

李健熙认为，如果三星不是一个讲究人性美的集体的话，即使钱赚得再多，他也不会开心。如果不能称为一个具有人性美的集体，三星就不可能有大的发展。

对于道德性，李健熙认为三星企业内部存在的大量的浪费就是缺乏道德性，而缺乏道德性的企业生产不出好产品来，即使生产出了好产品，这个企业也不会长久。

“礼仪”是李健熙从自己爱好的高尔夫球中得到的启示，他认为企业文化的创造就要以道德感和礼仪观为基础。现在三星集团的职员是韩国企业中最重视礼仪的职员。从接电话、接待访问办公室的客人时的姿势到递名片的姿势等，三星职员都要比其他公司的职员更有礼貌。

专题1：企业文化的作用

企业文化的作用一般表现在以下几个方面：

1. 导引企业的经营管理

企业文化包含的企业价值观和经营目标记录了企业在过去成功与失败的经验，以及企业决策者为企业制订的发展前景。可以说，企业的经营管理离不开企业文化的导向。其具体功能体现在以下两方面：

（1）超前引导

企业对人才的培养内容不仅包括科学技术知识，而且还包括企业文化精神的内容。通过这种企业精神的培训，使企业精神在员工心中形成共识，引

■ 企业文化包含的企业价值观和经营目标记录了企业在过去成功与失败的经验，以及企业决策者为企业制订的发展前景。可以说，企业的经营管理离不开企业文化的导向。

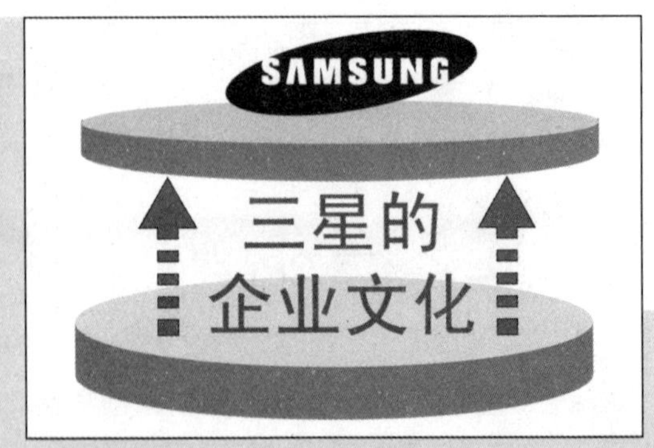

导员工齐心协力，为实现企业的共同远景做出贡献。

（2）对员工行为的跟踪引导

企业文化管理模式主张把代表企业精神的企业价值观变为具体的依据和准绳，使员工能够随时参照，并依次控制自我，使自己在企业的生产经营活动中不致脱离企业的大目标。

2. 增强员工的凝聚力

当个人价值观与企业价值观融为一体时，企业成员才会感到自己不仅是在为企业工作，也是在为自己工作。这种员工与企业的和谐一致，能够激发起员工强烈的归属感和自豪感，使员工感觉到企业目标的实现也意味着个人利益需求的实现。这样就能最大限度地激励员工为实现企业的崇高目标而勤奋工作、积极进取。

3. 激励员工工作

企业文化管理模式一方面采用个人激励的手段与方法，例如晋升可以赋予个人更多的责任与权力，在企业内部创造一种相互尊重、平等、民主的气氛等，激励员工追求出色工作的愿望和在出色的企业中工作的要求；另一方面又采取群体激励的方法，如为企业员工提供统一的价值观念，形成具有战斗力的团队精神等，满足员工在出色的企业中工作的愿望。通过企业英雄人物、典礼仪式及文化网络等因素的强化，为企业员工实践价值追求提供了机会，对个体行为的积极性产生了更持久、更广泛的影响。

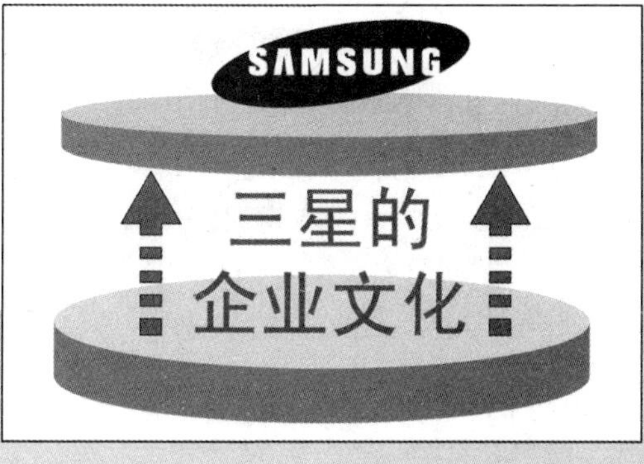

■ 企业文化管理模式主张把代表企业精神的企业价值观变为具体的依据和准绳，使员工能够随时参照，并依次控制自我，使自己在企业的生产经营活动中不致脱离企业的大目标。

4. 规范与约束员工的行为

在具有强烈文化气氛的企业中，企业价值观引导和约束人们的行为，使之符合企业整体的价值标准。在企业文化的引导与约束下，员工能自觉意识到应该做什么事、应该提倡什么，从而对产品和服务的质量精益求精，对顾客和消费者高度负责，为企业创造美誉度和知名度。

5. 协调企业与社会的关系

企业作为社会有机体中的细胞，它的生存与发展一方面依赖社会向它提供的必要的生存空间，另一方面企业也要承担起它对社会应负的责任。企业文化中崇高社会目标的规定、企业文化网络的建立等为企业如何协调与社会的关系，提供了有利的前提。

可想而知，人们在一种先进的企业文化氛围中工作，会充满自豪感和主人翁精神，会忘我地、创造性地工作，并井然有序、高效精确，人际关系融洽，减少内耗与效率损失，还能取得政府、社区和消费者的广泛支持，并减少工作中大量不必要的冲突与摩擦。企业的效益会因此大大提高。

专题 2：建立执行力文化的要点

进入 21 世纪以来，全球企业界都不约而同地对企业的执行力投入了极大的关注，并纷纷在企业内掀起一场构建企业执行力文化的浪潮。

在企业内建立执行力文化要注意战略的有效沟通、员工承担责任以及关

■ 进入 21 世纪以来，全球企业界都不约而同地对企业的执行力投入了极大的关注，并纷纷在企业内掀起一场构建企业执行力文化的浪潮。

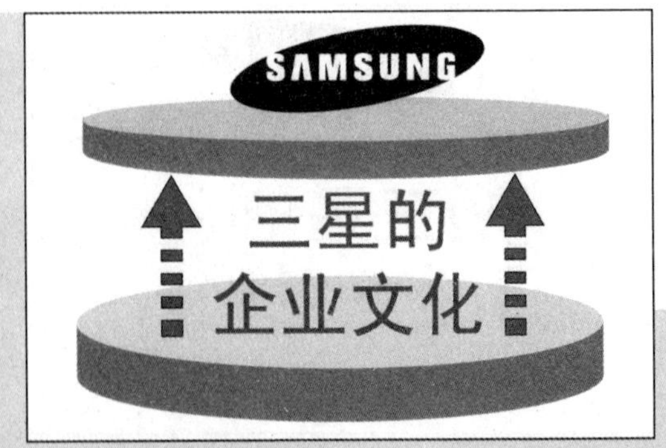

注细节三个方面。

1. 有效沟通战略

构成企业执行力的最关键的一点就是对企业战略的有效沟通。中层主管是理解战略意图的主要对象。因为中层主管是重要的战略执行者，同时又是将公司战略向下沟通的重要群体。世界上的许多名牌大腕企业就是通过各种手段来确保战略有效地向中层管理者沟通，并使中层管理者明白他们在实施战略过程中的角色。如果更广泛的员工群体能够理解企业的战略，并且对企业的战略目标有信心，他们对工作的热爱和对公司的信心也会随之加强。

2. 员工承担责任

许多优秀企业通常都是要求员工承担责任的，因为只有让员工认真地对待目标，企业那些明确的目标才会起作用。在企业界，不能落实是普遍性的问题，这也是执行力差的主要原因。大多数优秀企业的绩效目标都很清楚并具有挑战性，同时是可实现的，因为他们是将绩效指标与企业的战略挂钩，将员工的薪酬与绩效目标的实现相联结；管理者和领导人落实并跟进这些绩效指标，在必要时采取矫正性的行动来确保计划的顺利实施。

3. 关注细节

在“执行力”中，细节是最个性化、最不可复制的。企业很难靠战略取胜，因为战略是同质而且是易于复制的。差别恰恰就在执行能否到位，能否对一切细节给予足够的关注。

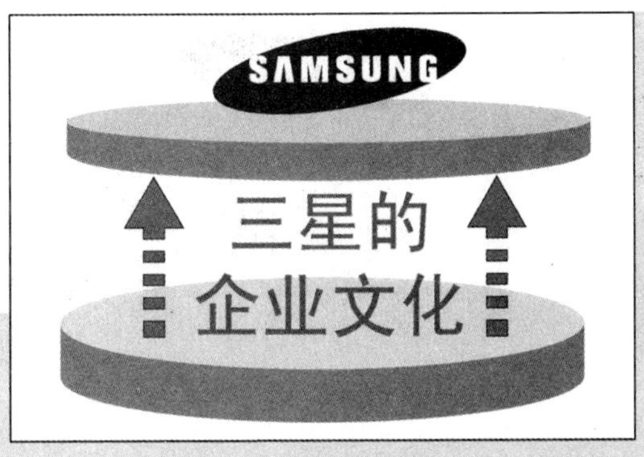

■ 在“执行力”中，细节是最个性化、最不可复制的。企业很难靠战略取胜，因为战略是同质而且是易于复制的。差别恰恰就在执行能否到位，能否对一切细节给予足够的关注。

美国通用电气前总裁韦尔奇被誉为“世界经理人的经理人”，他在担任通用电气总裁期间对管理细节特别注意身体力行：手写“便条”并亲自封好后给基层经理人甚至普通员工；能叫出1000多位通用电气管理人员的名字；亲自接见所有申请担任通用电气500个高级职位的人；等等。这正是他在管理上取得成功的关键之一。成功的执行者必须能够针对具体环境巧妙设计出解决问题的细节，这些细节体现着一个人处理问题的原创性和想象力。

案例：3M公司的创新文化

3M公司是世界上众多巨型企业之一，它坐落在美国中西部明尼苏达州首府圣保罗市。3M公司在财务上创下令人羡慕的纪录和其创新策略息息相关。下面是3M公司创新文化中最主要的几个方面：

1. 多元化的产品策略

3M公司最大的特色，是它的多元化经营战略。它所涉及的行业很广泛，其营业项目包括胶带、印刷系统、研磨、黏胶、建筑材料、化学制品、保护产品、摄影产品、印刷产品、录音器材、电子产品、保健晶等，其中以胶带及其相关产品（包括透明胶带ScotchTape）为最大，占其总营业额的70%。但尽管如此多元化，3M公司还经营一些化工产品，并以发展喷漆与砌合工业技术为重心。3M公司过去两年推出的新产品有：一种加速外科医生缝合伤口的特殊缝合器；一种游泳时不会脱落的防晒乳液；一种不需加入昂贵的银元素的特制胶印软片，以及一种可以抑制杂草生长的药剂。3M迄

■ 3M公司是世界上众多巨型企业之一，它坐落在美国中西部明尼苏达州首府圣保罗市。3M公司在财务上创下令人羡慕的纪录和其创新策略息息相关。

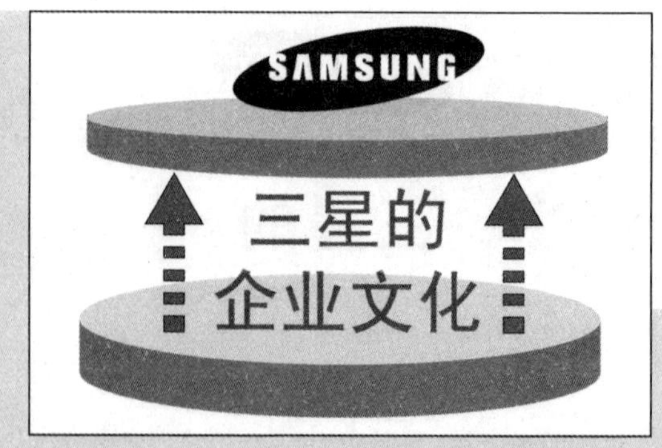

今总共已经发明 5 万种新产品，几乎平均每年推出 100 种以上的新产品，拥有 40 个产品部门，而且每年都会有新的产品部门成立。

这种多元化的产品策略使 3M 公司能够不断推出新产品，永远保持创新的步伐。

2. 建立创新支援系统

3M 公司要每一个员工都牢记，忠诚、奉献的精神是产品开发成功的必要条件。为了培养员工具有忠诚、奉献的精神，3M 公司建立了创新支援系统，并取得了良好的效果。

"创新产品小组"（new venture team)，是 3M 支援系统的基本单位，它具有由各种专门人才全力共同参与、任务无限期、全是自愿者、有相当的自主权的特点。

一个创新小组的成员至少要包括技术人员、生产制造人员、行销人员、业务人员，甚到财务人员，全部是专任的。这样的制度不能让所有的员工参与创新，会造成人才浪费的现象，但 3M 公司有其看重的一点，只有指派专人工作，才能促使员工全力以赴，专注于一项任务之上。

3. 重奖创新人员

在 3M 公司，创新的发明一旦成功，小组里每位成员，都会因此获得晋升，也会受到 3M 公司英雄式的热情款待。这样的奖励制度，对整个小组和个人，都有积极的鼓励作用。

而且，3M 公司对失败者同样也会给予鼓励，莱尔董事长还会经常用过

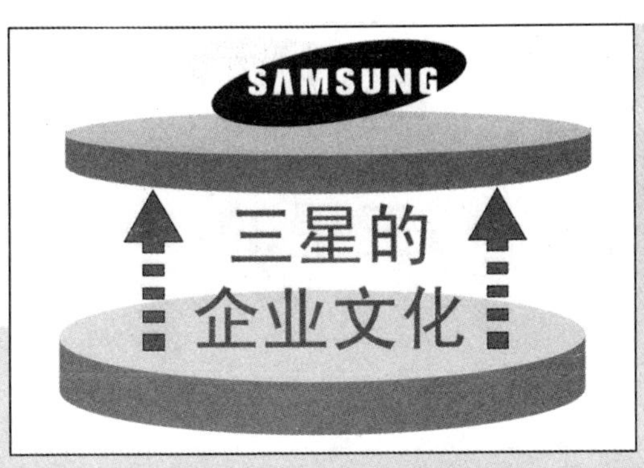

■ 3M 公司要每一个员工都牢记，忠诚、奉献的精神是产品开发成功的必要条件。为了培养员工具有忠诚、奉献的精神，3M 公司建立了创新支援系统，并取得了良好的效果。

去的实例勉励失败的员工，告诉他们不要怕失败，他们有坚持到底的自由，有不怕犯错、不畏失败的自由。

4. 为创新提供便利

3M公司为员工的创新活动提供了诸多的便利，这些便利条件大大激发了员工创新的积极性。

3M公司会为想要组织创新小组的员工提供研究基金，在圣保罗市，器材设备齐全的总公司本身就是个历史悠久的实验场所。

3M公司每个新产品发展计划书都非常简短，因为他们认为第一次出新产品提案，只需用一个条理分明的句子说明就可以了。在开发的初期，3M公司不会把时间、精力无谓地浪费在一切都还生死未卜的计划上。他们有计划，例如精密周详的销售实施计划，但一定要在研究发展到相当程度、有些端倪之后，才做这些详细的计划。在一开始，没有根据顾客的需求做些简单的实验之前，3M不会花很多时间去写没有必要的计划书。

■ 3M公司会为想要组织创新小组的员工提供研究基金，在圣保罗市，器材设备齐全的总公司本身就是个历史悠久的实验场所。

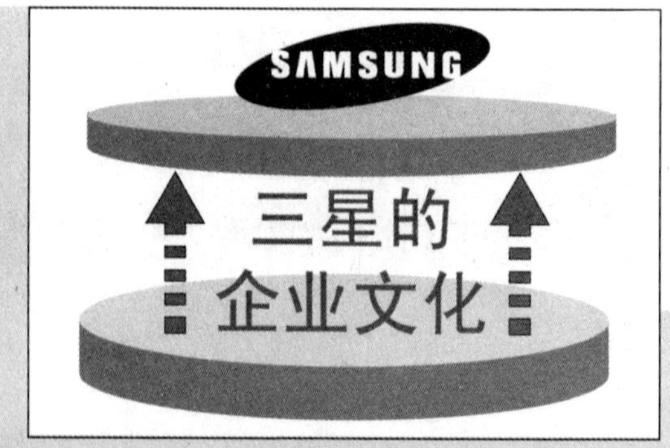

第十章

三星的人才管理

人才是创造强势品牌之本，在现代企业中，市场上的一切竞争都可归结为人才的竞争。品牌之争，更是如此。缺乏人才的企业就不可能创建品牌、发展品牌。

分析世界知名企业和品牌，它们成功的足迹无一不是那些企业家、经营者用人格、意志、行动等一步一步走出来的，无一不浸透着那些企业家、经营者的知识、智慧和心血。因此可以说，品牌与优秀企业家紧密相连。

除了企业家、经营者必须是杰出的人才外，名牌企业的成功之处还在于必须拥有大量的各类专业人才。人才是企业最宝贵的资源，是品牌制胜的关键。

创建于 1938 年的三星公司，之所以能在半个世纪的时间里，由一个默默无闻的小杂货店，在韩国乃至世界经济的大舞台上迅速崛起，在数年的时间里迅速从一个低质廉价的品牌转换为一个高价优质的品牌，关键就在于三星拥有大量的人才。据统计，三星具有硕士、博士学位的员工已由 1993 年的 4500 名增至 2003 年的 11,200 名，今后计划每年再增加 1000 名。

三星的成功不仅在于其拥有大量的优秀人才，更在于其对人才的管理。三星在人才管理的策略上，主要体现在人才选拔、巨资培训、人尽其才、激

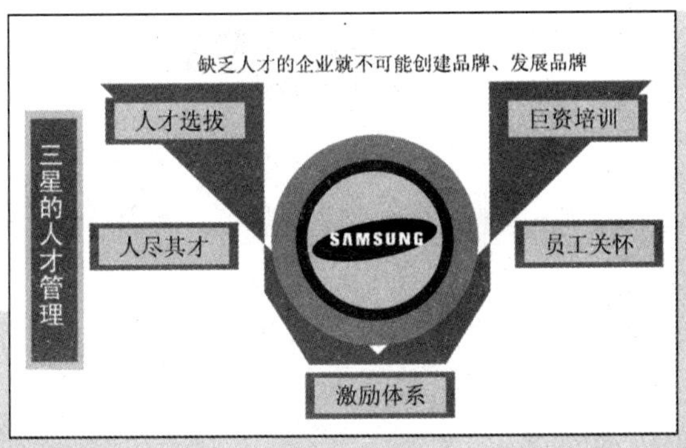

■ 三星的成功不仅在于其拥有大量的优秀人才，更在于其对人才的管理。三星在人才管理的策略上，主要体现在人才选拔、巨资培训、人尽其才、激励体系和员工关怀五个方面。

励体系和员工关怀五个方面。

10.1 人才选拔

随着企业间竞争的不断加剧，人才对于企业塑造强势品牌的重要性日益凸显。因此，企业必须能够在较短的时间内选拔出企业需要的各类人才，以避免因为人的问题而制约企业的快速发展，也必须构建好有效的人才选拔体系与机制，以实现人才良性入轨。世界上成功的大企业无不将人才选拔工作放在企业管理的重要位置。而吸引和选拔优秀的人才，一直是三星发展事业的关键。

经过多年的发展，三星如今已经形成了一套选拔人才的机制。对于集团副会长和社长级的人事，李健熙会长掌握着决定权，但考察决定过程90%以上是按照机制程序进行的，基准是反映其业绩、能力的各种数据和资料，尽量减少人为的、主观的因素。对于下属公司的人事，李健熙会长只给大政方针，由公司自主决定。在三星公司，李健熙改变下面提交人事方案的情况极少，每年最多一两件。正是这套严密、有效的机制支配着三星人才体系的运作。

10.1.1 三星的人才标准

在三星的网站上，可以看到这样的宣传：三星尊重人才、重视人才，欢迎有真才实学的人才加入三星。那么三星判断人才的标准是什么呢？三星在全球的人才标准是统一的：

■ 在三星的网站上，可以看到这样的宣传：三星尊重人才、重视人才，欢迎有真才实学的人才加入三星。

（1）有良好的道德修养

良好的道德修养包括遵纪守法、乐于奉献、积极参与社会公益事业。三星公司十分重视员工的道德修养。三星认为，良好的道德修养是对一个人的起码要求，只有具备良好的道德修养的人才会有积极向上的精神，从而把工作做好。因此，如果一个人没有良好的道德修养，即使其他方面再优秀，三星公司也不会接纳。

（2）具备高度的责任感和主人翁精神

责任心是三星核心的价值观，只有认同这样的理念，新加入公司的员工才能够很快融入到企业中。因此，在所有的标准中，三星最重视的就是员工对本职岗位的责任感和主人翁意识。它表现在员工的工作热情和工作时的意志力上。一个员工如果有强烈的责任感，那么，即使他遇到十分困难的事，也会勇挑担子，进而产生出强大的意志力去解决问题。

（3）具有创新意识

创新意识是指能够抛弃固定观念，提出新观念，并推进新观念的施行。像微软公司的比尔·盖茨、戴尔计算机的迈克·戴尔以及高尔夫天才泰格·伍兹（Tiger Woods）等都具有这样的创新意识。具有创新意识的人敢于质疑既存的社会秩序，勇于推倒围墙，重新开拓新的领域。这种人才正是三星所需要的。

（4）性格和三星的文化相匹配

三星公司认为，员工能否做好本职工作还取决于这些人原本的性格特点是否与三星的企业文化相匹配。只有员工的性格与三星的企业文化相匹配，他才能够迅速融入到公司中去，并为公司作出贡献。因此，三星在选拔新人

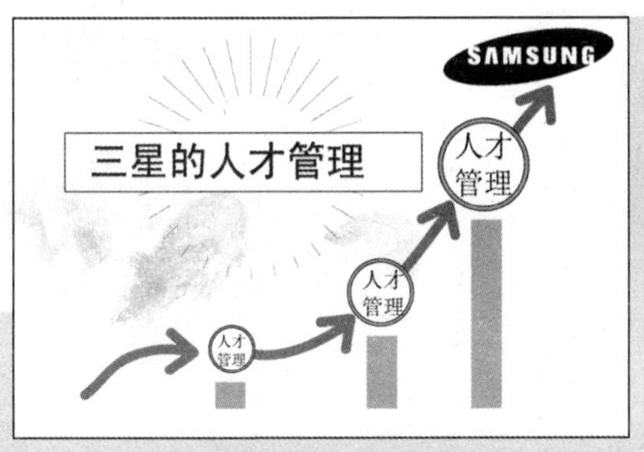

■ 责任心是三星核心的价值观，只有认同这样的理念，新加入公司的员工才能够很快融入到企业中。

时就注意严格把握这一点。

此外，三星除了对一般人才有自己的标准外，对于高层领导也有更高的要求。具体来说，三星认为高层领导应具备的素质的标准是：第一是领导能力，能有效地运营管理，让组织非常有活力；第二是前瞻的能力，不仅要对现况做出准确的判断，还要对未来的发展趋势有前瞻性的思考；第三，要对所从事的行业或所做的事情有非常高的热情。李健熙说："作为一个大公司的首席执行官，在必备素质上至少要有'知、行、用、训、评'5 项特质：知，要相当了解自己工作的'业'的概念、基础技术、必要的人才与事业的核心力量；行，不止于知，对于自己所知率先示范，不断地付诸行动；用，要懂得把工作分派给下属；训，要懂得如何指导下属；评，要懂得如何正确地评断最后的成果。"

为了吸引到符合三星标准的人才，三星各系列公司纷纷成立了事务局或临时组织，把人才采用组扩大，改组为人才开发研究所，这些都是为了确保优质的核心人力。

10.1.2 三星的招聘制度

为保证员工队伍的素质，招聘是一项十分重要的工作。为此，三星公司采取了一系列措施来吸引优秀的人才加入三星公司。

（1）公开的招聘制度

公开的招聘制度是三星人才选拔机制中的一项基本制度。1957 年三星开始实行这种企业制度，这在当时的韩国还是首创。

韩国企业在创业初期一般都是家族企业，选择人才时比较看重其血缘、

■ 为保证员工队伍的素质，招聘是一项十分重要的工作。为此，三星公司采取了一系列措施来吸引优秀的人才加入三星公司。

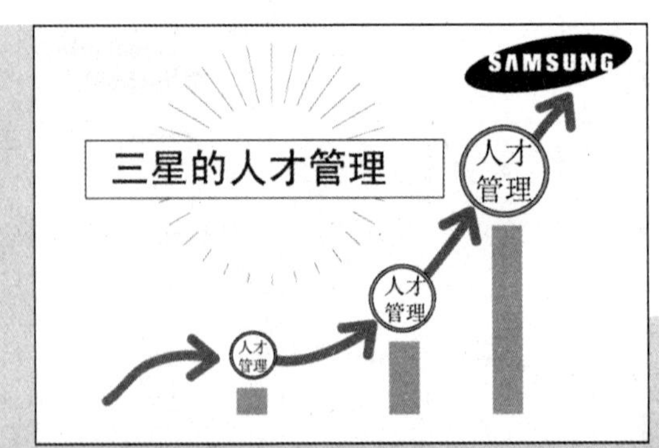

学缘、地缘关系。但随着企业规模的不断扩大，这种选择人才标准的弊病日渐明显：无德无才者往往占据高位，而真正有能力者则无用武之地；有亲缘关系的人拉帮结派，无亲无故者被挤到圈外，积极性大受挫伤，严重阻碍了企业的继续发展和壮大。

面对这种情况，事事都追求第一的三星开了先例，向家族制开刀，确定了以能力为主的选材制度。直到今天，这一制度仍在不断得到加强和完善，这极大地鼓舞了三星人的工作热情。在三星集团，最高决策层与董事长有亲缘关系的只占极少数，理事级以上高级职员在三星有 8～9 人，但除了李健熙先生接替其父当上董事长之外，其家族成员不过一两个人，其他位置则由那些热心工作、实绩显著的普通三星职工担任。

三星实行公开招聘制度，不仅向社会公开表明决心在全国范围内招贤纳士，而且有效地杜绝了靠“人情”、“说情”招人的弊端。三星在实行公开招聘的过程中要经历严格的考试。对于学历达到一定程度的应聘者，经笔试后即可参加面试。

在笔试和面试中，三星更注重后者。三星公司面试的内容分为两大类：人品和能力。人品方面主要考察对事业的热心程度、道德品质、人际关系、信誉等；能力方面主要考察分析能力、反应敏捷程度、健康等。面试的过程要经历两个阶段。与之相应，主持面试者有两层：一层是各公司的负责人；一层是集团的秘书室和主要负责人。这两个层次的面试内容各有侧重，集团秘书室主要考察应聘者的品性，而各公司则主要考察其能力。特别应提到的是，前会长李秉喆自 1957 年至 1978 年间，无论工作多忙，都要参加面试的考察。

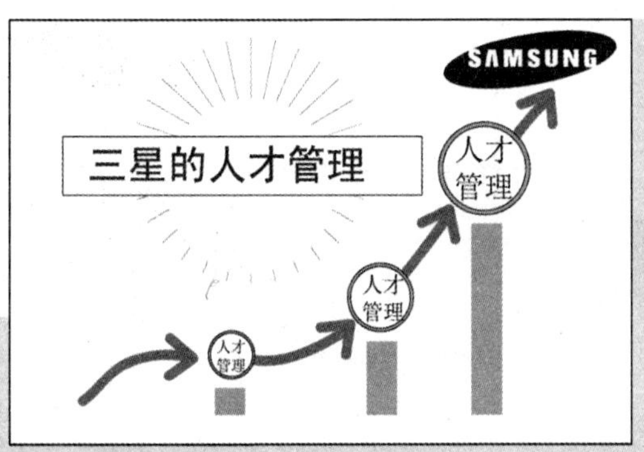

■ 三星实行公开招聘制度，不仅向社会公开表明决心在全国范围内招贤纳士，而且有效地杜绝了靠“人情”、“说情”招人的弊端。三星在实行公开招聘的过程中要经历严格的考试。对于学历达到一定程度的应聘者，经笔试后即可参加面试。

三星集团的公开选聘制度一直维持到今天，已公开招聘了30多届，共招聘3万多名职员，企业集团核心机构成员的70%都是通过这种形式招聘而来的。这些人是三星集团不可多得的宝贵财富。可以说，离开了他们，三星的蓬勃发展将是不可想象的。

（2）吸收海外人才

为了吸收全世界最优秀的人才，三星公司从来不顾及人才的国籍，它不只吸收韩国名校的毕业生，每年也定期到海外招募，甚至在海外知名企业工作多年的资深干部，都是三星积极猎取的目标。

三星公司吸收海外人才采取的方式主要有两种：一是通过三星设在海外的分公司，吸收和利用当地的人才，这种方式主要为在美国和日本的三星公司所采用。这是三星在家电、计算机、信息通信、半导体及精密玻璃等方面的研究开发中，为利用美国和日本的当地技术人才而制定的一项人才政策。通过这一政策，三星集团迅速获得了海外的先进技术。二是在海外录用当地人才，并送回三星集团的韩国总公司，对他们进行教育、培训，使他们领悟三星的经营哲学，掌握必要的能力才干，使之融合并成为三星大家庭的一员，具备三星精神和主人翁意识，为三星的事业发挥才干。

有一位工程师于1974年离开韩国后加入了美国国籍，并在硅谷工作了10年，是计算机芯片专家，他在美国的工作、生活条件都相当优越。然而，当三星电子公司（三星集团一下属企业）恳请他回国时，他毅然离开美国回到了汉城（首尔）。他说，在三星电子公司，他可以管理60名工作人员，而在美国，他只管理4名工作人员，三星给予的职位是他在美国梦寐以求的。2002年11月1日，作为引入海外人才的一环，集团迎来了原任职于东京海上火灾保险的

■ 为了吸收全世界最优秀的人才，三星公司从来不顾及人才的国籍，它不只吸收韩国名校的毕业生，每年也定期到海外招募，甚至在海外知名企业工作多年的资深干部，都是三星积极猎取的目标。

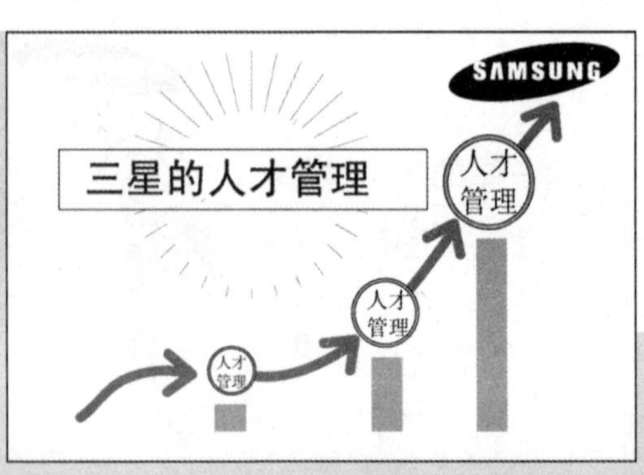

川下俊树，就任三星火灾的海外业务常务主管（东京海上火灾保险成立于1879年，总资产79兆元，是日本屈指可数的保险公司，在日本大学文科学生最想就职的公司中列第五位）。川下常务主管是三星的第一位日籍S级人才，曾在原公司任职28年，是开拓中国和越南等新兴国家市场的专家。

此外，三星公司从人才选拔早下手的角度出发，援助考入美国、日本和中国著名大学的高中三年级学生并从中发掘人才，给予奖学金。由于采取各种方法挑选和招募人才，三星在韩国被誉为“人才汇集中心”。

10.1.3　选拔从录用开始

在三星，录用仅仅是选拔人才的开始。员工被录用之后，企业便十分注意给他们安排合适的岗位，并赋予他们最大限度的活力和责任，以便员工尽可能地发挥各自的能力。

三星不但为员工最大限度地发挥能力创造条件，而且在生活上给予他们优厚的待遇，解除其后顾之忧。一般地，三星集团往往给高级员工安排好的住房，使他们深切感受到“三星就是家”，真正融入三星这个环境中。

三星还十分重视从实际工作中选拔人才。三星对人才的评价并不是依据学历高低，而是立足于实际工作能力。对于从实际业务中涌现出来的优秀人才，三星从来都是毫不犹豫地予以提升。

允许优秀人才犯错误，是三星人事管理的又一个重要原则。只要员工尽职尽责地工作，即使一时犯了错误，使公司遭到了一些损失，公司也给予宽大处理。但犯错误而得到宽大处理有一个条件，这就是犯错误者必须是兢兢业业为公司工作的人。一心为公的人才，即使偶尔犯错，公司也会给他改过

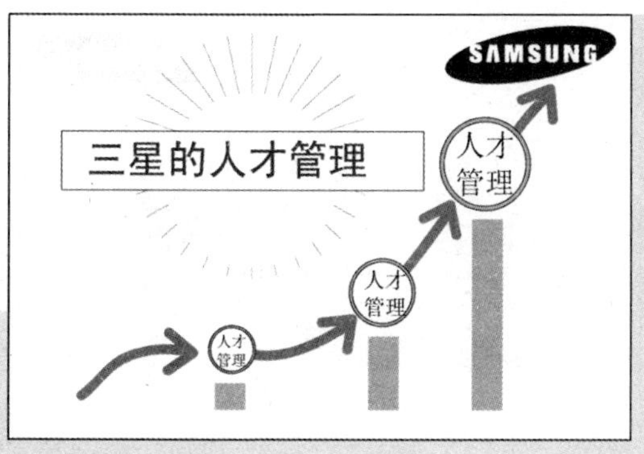

■ 在三星，录用仅仅是选拔人才的开始。员工被录用之后，企业便十分注意给他们安排合适的岗位，并赋予他们最大限度的活力和责任，以便员工尽可能地发挥各自的能力。

和重新发展的机会。相反，对于那些工作不勤恳，以一己之私利而给公司带来损失的人，则严惩不贷。

这种先进有效的人才选拔制度，使得三星人才辈出，为公司的发展提供了大量的人力资源，三星也获得了“人才宝库”的美誉。

10.2 巨资培训

全世界最大的培训组织美国培训与发展协会，在针对全世界 42 个国家的 550 家企业进行调查后发现，这些企业的平均培训支出，在 1997 年占员工工资的 1.8%，2000 年增长到员工工资的 2.5%，而 2001 年与 2002 年在美国经济发展速度放缓甚至有所衰退的情况下，企业对培训的支出却增长了 37%。

毫无疑问，在企业竞争日益表现为人力资源竞争的今天，培训无疑是企业培养高素质员工并提高企业核心竞争力的重要手段。以上数据则表明，目前越来越多的企业已认识到培训的重要性，并把培训作为人力资源管理的重要任务。三星正是这样一家重视员工培训的企业。

三星集团不但重视人才的选拔，更重视人才的教育培训工作，无论在量上还是在质上，无论在韩国国内，还是在全球企业界，“三星”的培训都是出类拔萃的。以三星电子公司为例，其每年纯粹的培训支出达 500 亿韩元（约 6300 万美元），若加上来自集团层次的培训费和教育设备投资，那么年均培训支出达 658 亿韩元（约 8200 万美元）。该公司职工人均年受培训的时间为 186 个小时，人均培训支出额为 145 万韩元（约 1800 美元），相当于工

■ 三星集团不但重视人才的选拔，更重视人才的教育培训工作，无论在量上还是在质上，无论在韩国国内，还是在全球企业界，“三星”的培训都是出类拔萃的。

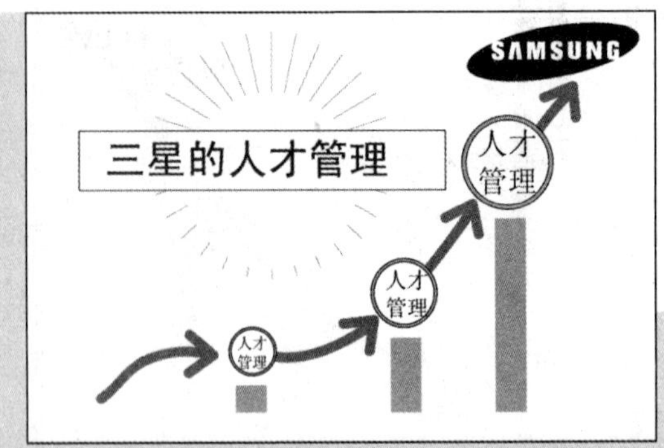

资的 3.35%。

经过多年的发展，三星集团形成了一整套独特的、系统的培训制度。在三星，员工只要有进修的需求就可以向公司申请，公司通常会给予其免费带薪的学习机会。这种培训制度也是三星最吸引员工的地方之一。据统计，三星公司每年用于职员离职培训的费用就高达 1 亿美元。具体来说，三星的培训制度包含以下内容：

10.2.1 新员工培训

在三星，所有的新员工在正式工作之前，都要接受为期四周的集团人文教育，使新员工树立正确的人生观、企业观、职业观、国家观，提高利用三星组织依靠自己的努力实现自己所要实现的目标的能力，培养健康的思考能力和判断能力，理解经营理念和三星精神，树立为企业和国家作贡献的观念。课程从清晨 5 点 50 分到晚上 9 点，即使是星期天，除了宗教活动时间以外，也都安排课程。

第一周的重点是基本技能，从衬衫的适当长度、打领带的方法到喝酒的规矩等，从头到脚地规范一体塑造。团队训练也是必修课之一，以 20 人为一组，进行攀岩活动，中途不能有任何队员落后，通过相互勉励鼓舞，让队员自然产生归属感以及对同事的爱。

第二周则讲授三星的经营观，集中在三星对韩国经济的影响及扮演的角色，以及探讨三星所具备的竞争力根源。

第三周的培训课程是志愿“服务”与“挑战”等主题的答辩讨论。

第四周是整理与评论时间。

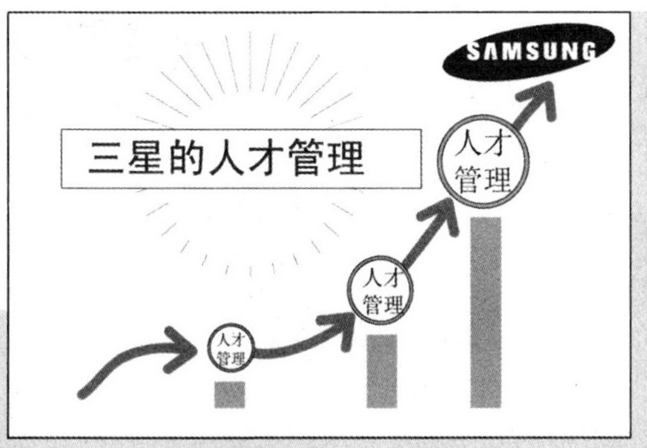

■ 在三星，所有的新员工在正式工作之前，都要接受为期四周的集团人文教育，使新员工树立正确的人生观、企业观、职业观、国家观。

通过四周的培训课程，三星要求新进人员对三星企业的存在理由，有明确的认识与了解。

对于国外的分支机构，三星公司要求一旦吸纳了当地的人才为其员工，必须送回韩国三星总部进行三星观念和精神的培训教育，灌输三星的团结协作精神。正因为如此，三星企业驰骋国际市场，产品备受用户青睐，其优秀的文化氛围起了很大的鼓舞和促进作用。

10.2.2 员工再培训

对于公司的在职员工，公司也大力提供进修机会。公司明文规定，从董事到员工，每人每年至少受训两周，以使大家掌握新的经贸知识，及时了解国外政治经济形势的变动。员工每隔数月或在企业投入新产品生产前，都要接受培训，更新知识，提高技能。

三星在企业内部设立了管理能力部门、业务知识部门和精神状态部门等三大职能教育机构。下设各类分院，对职工进行有针对性的教育培训。同时，三星集团还经常聘请许多国内外的著名专家到三星开办讲座。三星还轮流将各公司的负责人派往海外著名大学或机构，进行国际法规、专利、金融等方面的进修，培养他们的海外工作能力。

为了更好地适应企业国际化经营的需要，三星集团从 1991 年正式实施国际化人才培训制度——“地区专家培养制度”。每年选派一批具有 5 年工作经验的员工到国外考察、研修，以扩展视野，增强国际经营能力。年薪在 5 万～8 万美元之间，力争将他们培养成为通晓异域民俗的行家，为将来在那里扎根和结果做好一切准备。现在，三星已有 2500 多名地域专家活跃在

■ 对于公司的在职员工，公司也大力提供进修机会。公司明文规定，从董事到员工，每人每年至少受训两周，以使大家掌握新的经贸知识，及时了解国外政治经济形势的变动。

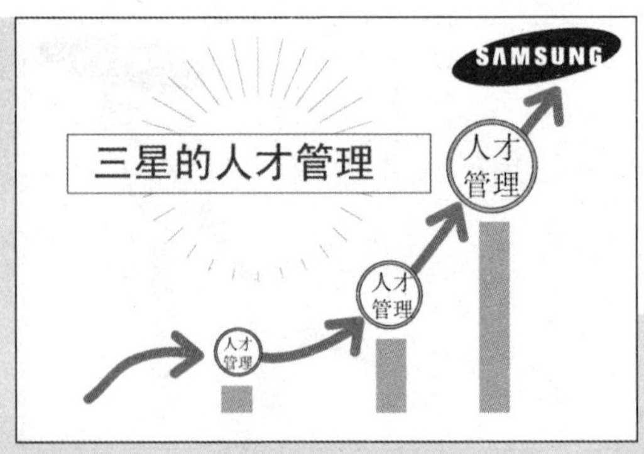

世界各地，成为开拓市场的生力军；他们个人素质的提高，最终转换成为企业的竞争力。

10.2.3　人才培训机构

为了培养具有“质量竞争时代”所必备的国际化素质和全球化观念的未来型人才，三星还不惜人力、物力和财力创建起三星人力开发院，全力培养主导三星未来、富有创造能力、乐意奉献社会的跨世纪人才。三星人力开发院下设5个研修院，分别进行领导人才培养、海外人才培养、外语能力培养、管理机能培训和高新技术培训，年研修经费高达6000多万美元。

三星人力开发院实行分层教育，对不同层次的人——新员工、中坚员工、经营管理者分别施以不同的教育培训，并采用不同的方法。下面是其中主要的几项：

（1）销售能力强化训练

销售能力强化训练是针对销售人员的一项培训，也是最典型的实践训练方法之一。培训中要求每两人为一组，身上不准带有分文，只有三星的产品带在身边，出门无钱，他们必须设法卖掉随身带的产品，凡是在训练规定的10小时内能最早并以最高价格卖出产品的员工，就将得到最高成绩。否则，这一天不但没钱坐车，连肚子都得跟着受罪。这样培训的目的就是培养员工的实际能力，从中也可发现一批充满生机、有能力的人才。

（2）岗位互换培训

岗位互换培训是指，进入培训中心的员工，凡是在同一个教室里学习，

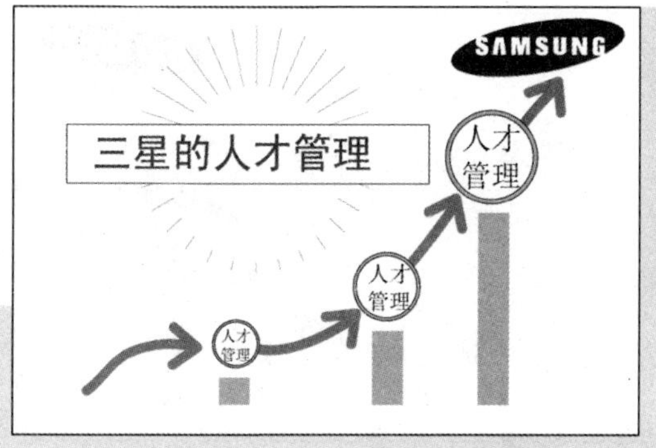

■ 为了培养具有“质量竞争时代”所必备的国际化素质和全球化观念的未来型人才，三星还不惜人力、物力和财力创建起三星人力开发院，全力培养主导三星未来、富有创造能力、乐意奉献社会的跨世纪人才。

又同在一个宿舍里起居的，就来个角色互换，颠倒领导与被领导的关系，下级可以领导上级，科员可以支配科长。通过这一培训，下级可以体会到当上司的尊贵和荣耀，从而培养了自信和勇气；上司也可以体验到下级被支配的滋味和苦衷，从而产生能够体谅下级的民主作风。培训结束后，大家仍能以“角色互换”的心情看待对方，使彼此的关系变得平等和谐。

（3）骨干员工训练课程

三星公司有一套针对骨干员工而制定的训练课程，对各部门负责人分别进行课长课程、部长课程、经理课程等分级重点培训，着力提高他们的经营管理能力和领导运筹水平。这套培训课程首先让骨干员工了解为达到目标应有的角色意识和执着追求的精神，其次是如何根据自己的能力设定适当的目标，再次是学习有效的商业谈判技巧，最后才是具体的个人为达成目标所制订的行动方案。这套培训课程虽然耗时长、实施起来非常困难，但却是骨干员工培养中不可缺少的一环，是提高骨干员工能力的重要途径。

为了全面提高员工的素质，三星人力开发院还大胆倡导教育方法改革，特别重视双向式教育，竭力鼓励学员们独立思考和思辨争论；学员们学习的主要内容五花八门、无奇不有，公司内每位员工年受训时间不得少于 15 天，必须学会两门外语，每会一门外语就加薪 10%～15%…… 所有这些都使三星对员工的培训取得了良好的效果。

此外，三星集团还开办了“总裁学校”。三星的所有高级管理人员都要在总裁学校接受 6 个月的培训：前 3 个月在本国接受训练，后 3 个月在海外学习外语并了解当地情况。通过这一培训，努力使员工具有国际眼光，适应国际竞争的需要，以在国际竞争中取胜。

■ 三星公司有一套针对骨干员工而制定的训练课程，对各部门负责人分别进行课长课程、部长课程、经理课程等分级重点培训，着力提高他们的经营管理能力和领导运筹水平。

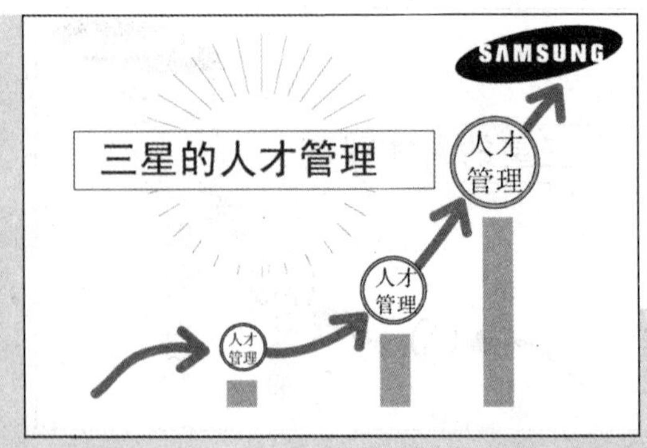

10.3 人尽其才

只有让每个人都充分发挥其才能，做到人尽其才，才能在企业内营造出一种努力向上的精神，从而推动企业不断前进。在竞争日益激烈的环境中，正是人尽其才的用人制度，为三星赢得了优势。

三星人尽其才的用人制度表现在如下几个方面：各尽所能、赏罚分明、不以“大学出身”取人和杜绝“用人唯亲”。

10.3.1 各尽所能

每个人的能力是有差异的，而且每个人都有长处和短处。根据不同情况，安排不同的工作岗位和有针对性地加以培训，是实现各尽所能和不断提高职工素质的重要前提。在这方面，三星做得十分出色。

首先，三星对每个新职工都要进行“适用性分析”。即分析此人最适合做什么工作。这种分析从两个方面进行，一是全面分析新职工的性格，二是全面分析新职工的基础能力。三星公司将这二者综合起来之后才能确定新进员工的岗位去向。

其次，三星公司对在职职工每年都要举行一次考核，并对考核情况进行“适用性分析”。

再次，三星公司实行“自我申告”制度。三星的员工每年要向人事部门递交“自我申告表”。

最后，三星各公司和集团的人事教育部门对每一工种提出“适应要求”。

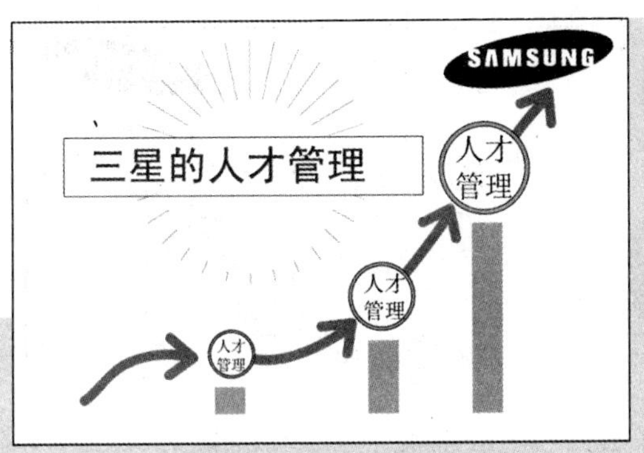

■ 三星人尽其才的用人制度表现在如下几个方面：各尽所能、赏罚分明、不以“大学出身”取人和杜绝“用人唯亲”。

就是说，根据每个工种的技术业务性质和工作环境，要提出做这一工作需具备怎样的性格、怎样的知识水平和要求。从而使“适用分析”更加客观，有章可循，并引导每一职工，依照“适应要求”加强自我修养，提高自身素质。

此外，三星公司还将上述资料全部输入电脑中，由人事部门经常地对考核结果进行分析和研究，在此基础上提出调岗、晋升、赏罚的意见。

10.3.2 赏罚分明

在三星，要想得到提升，得到高额报酬，唯有努力工作、提高业绩，别无他途。公司严格分明的赏罚条例为努力勤奋工作的人提供了保证。三星用人一向是公平竞争，绝对不会讲人情。

三星公司对优秀的人才的奖赏从来都不吝惜。例如，三星电子公司在开发半导体时，不惜血本，四处寻觅技术人才。如在美国发现韩籍半导体技术人才时，“三星”人如获至宝，对他做“深入细致的思想工作”，并用破格的优厚待遇招揽。但是，任何表现太差、成绩不佳的不称职的主管或其他人员，无论其资历多老，都要追究其责任，或者罢免其职位，或者下调其工资。

为了切实执行把工作业绩作为人事任免的标准，不让当事人有任何申诉的理由，三星集团每年 12 月都要召开集团系列公司负责人大会，对经营不佳的经理，毫不留情地给予训斥，有的则被当场免职；而对于经营出色的部下，除给予表彰外，还发给奖金。这种奖惩分明、不留情面的铁腕人事政策，深刻体现了三星集团的“人才第一”思想。

■ 在三星，要想得到提升，得到高额报酬，唯有努力工作、提高业绩，别无他途。公司严格分明的赏罚条例为努力勤奋工作的人提供了保证。三星用人一向是公平竞争，绝对不会讲人情。

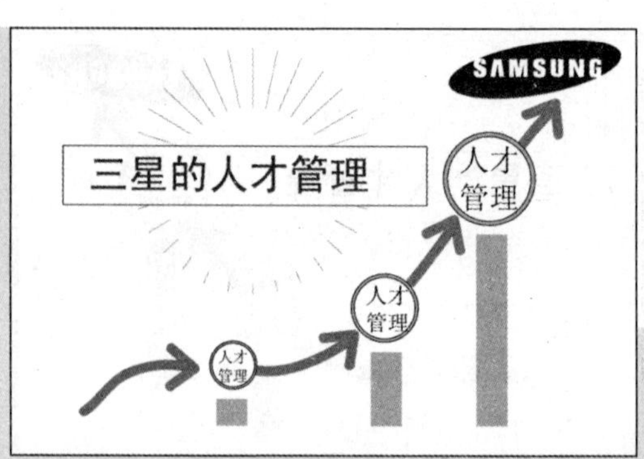

10.3.3 不以“大学出身”取人

在韩国，“大学出身”的观念根深蒂固。大企业集团无论在用人方面，还是在提拔干部方面，都特别重视由汉城（首尔）大学、高丽大学和延世大学这三所名牌大学毕业的学生。而普通大学的毕业生，只能在中小企业谋个出路，甚至连工作也找不到。以“大学出身”取人，在韩国是普遍现象。

但是，三星集团在用人方面破除了“大学出身”取人的传统观念，使员工感到在三星工作有前途，有希望。根据三星的人力资源部门的统计资料，在挑选高级主管经理职位的人选时，三星所提拔的汉城（首尔）大学、高丽大学、延世大学这三所名牌大学出身的人占全体晋升者的比例不足50%，在三星所提拔的人当中，地方大学出身的人竟占到1/6左右，这就打破了社会上以“大学出身”取人的模式。

10.3.4 杜绝“用人唯亲”

家族企业的一个致命弱点就是“用人唯亲”。这种对“外人”不信任的家族式管理方式必定会将许许多多的优秀人才拒之门外。三星虽然也是一个家族企业，但是其管理者深刻地了解“用人唯亲，必损事业”的道理，于是三星建立了一套完善的人才管理制度以杜绝“用人唯亲”的现象。

三星集团曾有个既没有背景也没有资历的来自乡下的普通社员，但是，此人能力很强，把工作搞得有声有色，三星集团并没有因为他不是家族内部成员而将其排斥在管理层之外，相反，三星集团对其委以重任，入厂两年多就把他提拔为一个毛织厂的厂长，不久又接连提拔他为总务部长、新世界百

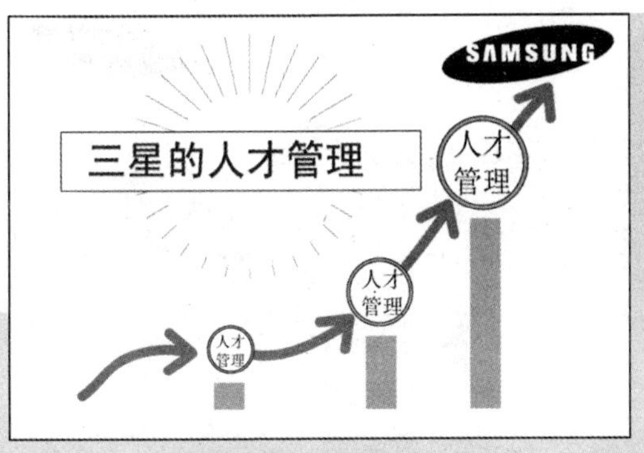

■ 家族企业的一个致命弱点就是“用人唯亲”。这种对“外人”不信任的家族式管理方式必定会将许许多多的优秀人才拒之门外。

货店经理、社长等职。在三星集团，像这位社长因为工作出色而连续被提拔的现象还有很多。可见，三星集团切实做到了唯才是用。

10.4　激励体系

激励就是指通过一定的手段激发员工的工作动力，调动员工的积极性和工作热情。它贯穿于人力资源管理的全过程，对于提高员工积极性和保持员工的忠诚度有着重要的意义。全方位激励体系也是三星公司能够吸引人才、留住人才的关键之一。

在三星集团，对员工的激励历来被管理层所重视。对于业绩突出的技术专家，三星给的年薪比企业最高管理者还要高；对于年度评定的“自豪三星人奖”获奖者，李健熙会长每次都仔细审核获奖者材料，除了给予奖金之外还要让其晋升一级。通过切实有效地落实员工激励制度，在三星公司内部形成了“赶超先进，力争第一”的氛围。这无疑使三星的发展如虎添翼。三星集团的激励制度主要有以下几种形式：

10.4.1　责任心激励

在韩国，对三星公司的员工有一种称呼叫“三星人”。这种叫法是独一无二的，其他公司的员工就没有被称作“什么什么人”的，而这种称呼正体现了三星一种独特的企业管理思想，那就是激发员工的责任心意识。

三星公司认为，在一个企业中，是责任心，而不是金钱，在支撑员工尽职尽责、加班加点地工作。其实，这就是三星的核心管理思想：依靠责任感

■ 激励就是指通过一定的手段激发员工的工作动力，调动员工的积极性和工作热情。它贯穿于人力资源管理的全过程，对于提高员工积极性和保持员工的忠诚度有着重要的意义。

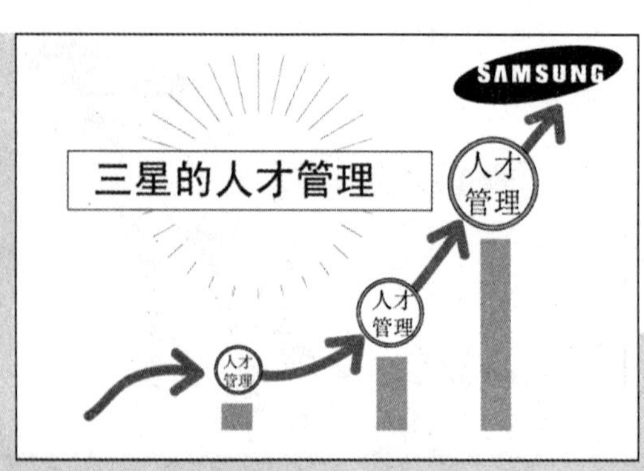

而不是金钱来激励员工工作。因此，三星公司不仅重视对员工进行物质激励，更重视培养员工的责任心，利用责任心来激励员工努力工作。正如三星SDS的人力资源经理刘航所说的那样："金钱刺激就像止痛药，只能是痛一下止一下，不能解决根本问题，而且容易产生依赖性。拿加班费来说，很多企业付加班费，但他们无法杜绝员工拖延工作时间和进度来领取加班费的问题。而三星SDS员工的加班完全靠自觉，由于他自己的工作没有做完，责任感会激发他加班完成工作。而没有加班费的刺激，员工也就会尽量提高工作效率而不会养成拖延时间的习惯。"

10.4.2　授权激励

中国有句古话："士为知己者死。"你对员工越信任，他就越有责任感。三星公司正是充分认识到了这一点，通过对员工进行授权来激发员工的责任感，从而提高工作效率。"如果你这次做好了一件事情，成功地完成了一个项目，那么在以后的工作中就会拥有更多自主权。通过这样的激励方式，每一层次的员工都能感受到这种'被信任'的感觉，也就会激发出更多的责任感，更努力地做好自己的工作。"例如，三星的部门经理的权力很大，而三星也正是通过这种授权来代替金钱激励的。

为了表达公司对员工的充分信任，在三星，员工上下班从来都不用打卡，完全凭自觉，如果早上8点来，那就5点下班；如果是9点来，那就6点下班；如果早上塞车来晚了一会，那下班的时候就自觉晚走一会。在年终评定成绩时，也没有那种残酷的、硬比例的"末位淘汰制"，如果所有员工在上一年表现都很优秀，那就一个也不用淘汰。一旦出现一些"责任心不

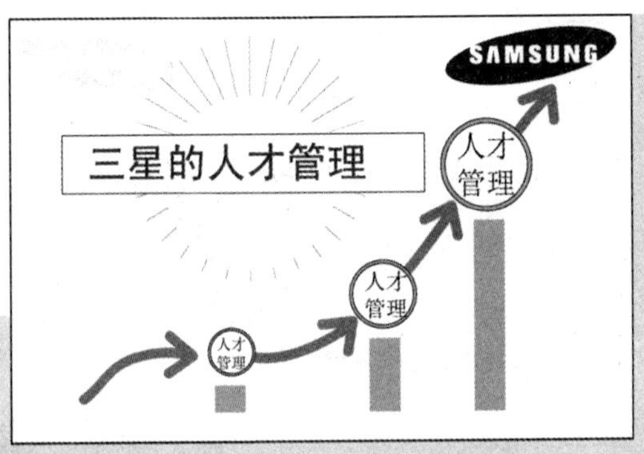

■ 中国有句古话："士为知己者死。"你对员工越信任，他就越有责任感。三星公司正是充分认识到了这一点，通过对员工进行授权来激发员工的责任感，从而提高工作效率。

强”的员工，三星SDS也不会立即解聘他，而是主要通过教育劝导来使他改正。在一个家庭里，如果一个孩子有坏习惯或犯了一些错误，家长也不会轻易不要他，最主要的还是让他自己认识到错误，这也是三星“家文化”的一种体现。

通过对员工的信任和有效授权，三星公司取得了很好的激励效果。

10.4.3 忧患意识激励

从三星电子所涉及的业务领域来看，半导体到TFT、手机、笔记本电脑、通信等，这些都是属于业界高端的技术。技术、市场等往往发展得非常快，这就要求三星的员工时时刻刻保持一种紧张的状态，不能有一星半点的松懈，这是由客观环境决定的，三星要想保持发展，必须在技术上领先，绷紧每一根弦，赶在变化的前面。因此，三星公司十分重视培养员工的忧患意识，通过忧患意识的培养来激励员工努力工作。“在公司的内部，从上到下保持一种紧张感，绷紧那根弦。”

10.5 员工关怀

员工是企业利润的创造者，如果员工对企业满意度高，他们就会努力工作，为企业创造更多价值，以企业为家。员工对企业如果不满意，结果一是离职，一是继续留在企业但是已经失去了积极工作的意愿，这两种结果都是企业所不愿看到的。所以，一个追求成功的企业应当重视如何提高企业内部客户——员工的满意度。因此，在很多企业都提出客户是上帝的时候，三星

■ 员工是企业利润的创造者，如果员工对企业满意度高，他们就会努力工作，为企业创造更多价值，以企业为家。员工对企业如果不满意，结果一是离职，一是继续留在企业但是已经失去了积极工作的意愿，这两种结果都是企业所不愿看到的。

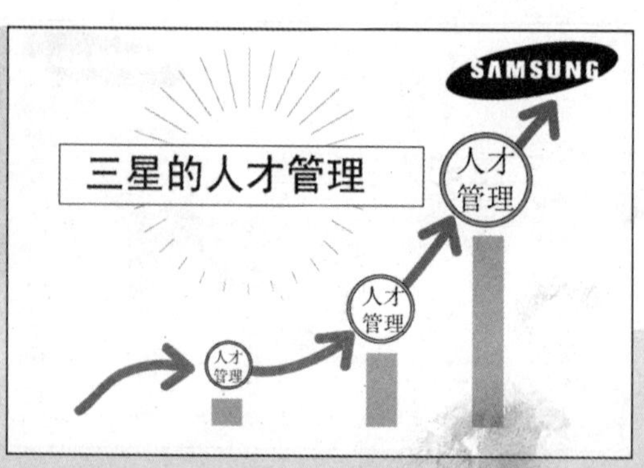

公司提出关爱员工也是企业获得最终成功的重要因素之一。

三星公司是这样说的，也是这样做的。从中国深圳三星视界有限公司的做法，我们就可以看出三星对员工的关怀程度。

近几年来，三星视界有限公司的效益、产值都获得了长足发展，公司认为这与上下齐心协力的辛勤工作是分不开的，其中就包含每一名普通员工的汗水。公司副总经理胡皓华说："每一名员工都是我们的财富，关心他们就是关心我们企业的发展前途。"

三星视界从 1996 年投资至今，从未拖欠过工人一分钱。有时发薪日赶上双休日，三星视界就提前发工资。公司的领导认为，这些普通打工者也许就是家里的经济支柱，给他们提前一天发工资绝对不是一件无足轻重的小事。三星视界目前有 2000 多名员工，每到发薪水的日子，向家里汇款的员工都会在附近的邮局排成长队。三星视界的领导发现后，认为这种寄钱方式不安全。为此，公司经过有关部门协助，把邮局代办点和自动柜员机都设在了工厂里，员工们不出厂区就可以自由取款、汇款。

三星视界的员工宿舍以前与公司相隔一条北环路，每天上下班工人要走 20 多分钟的路程，而且还要钻过一个桥洞。每到夜深的时候工人走这条路都提心吊胆的，时常有下夜班的工人被殴打、抢劫。为此，公司投资 1400 万元，重建一座女工宿舍楼，改建一座仓库作为男工宿舍。一次，公司领导巡视宿舍，发现一些员工正用电器烧开水喝，存在非常大的火灾隐患，为此公司赶紧下令禁止员工宿舍使用存在火灾隐患的电器，同时在员工宿舍每区设置多台纯净水饮水机，以方便员工饮用。公司还在每个楼层设置了一个电视房，休息的员工可以到电视房看电视，而且公司每周二、周五为全体员工

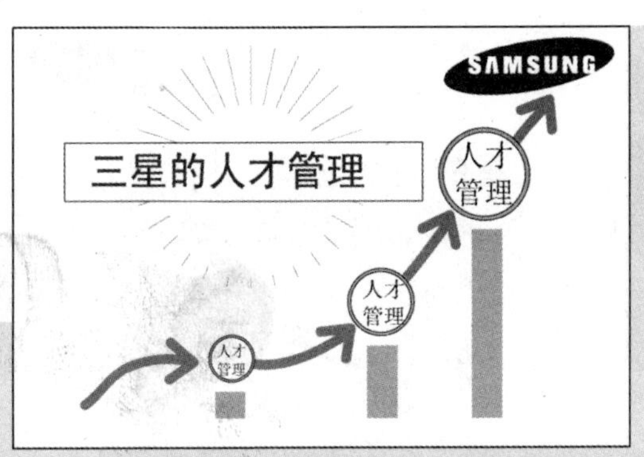

■ 近几年来，三星视界有限公司的效益、产值都获得了长足发展，公司认为这与上下齐心协力的辛勤工作是分不开的，其中就包含每一名普通员工的汗水。

放映两场露天电影。

三星视界的领导认为，员工的素质决定了企业潜力的大小，他们从来不认为把钱花在提高员工的生活质量上是浪费。目前三星视界有一支在业界小有名气的足球队，队员都是由普通的员工组成的；20 支篮球队，循环比赛接连不断；工厂合唱团，除了每个月的全厂大会前要表演合唱，一些重大节日的演出也深受好评；公司在厂区里原来设有一个配置了 20 多台电脑的网吧，后来发现想上网的员工很多，目前正在准备开办第二个网吧，把电脑增加到 100 台。

在新年和春节来临之际，三星视界的领导给每一位员工的家里都写了一封感谢信，感谢家长支持自己的孩子在三星视界工作，他们在过去的一年里都为公司做出了巨大贡献。为此，公司也采取具体措施回报员工的辛勤工作。

为了体现公司对员工全方位的关怀，三星公司甚至还设立了“生涯规划中心”CDC（Career Development Center），主要负责职员的生涯管理，离职职员的再就业，也是在此完成的。换句话说，从进入三星到离开三星，都是三星人事组要管理的事。

三星公司通过采取一系列关怀员工的措施，不仅保证了员工可以后顾无忧地工作，而且还提高了员工工作的积极性，使员工感受到三星公司就像家一样温暖。

■ 三星公司通过采取一系列关怀员工的措施，不仅保证了员工可以后顾无忧地工作，而且还提高了员工工作的积极性，使员工感受到三星公司就像家一样温暖。

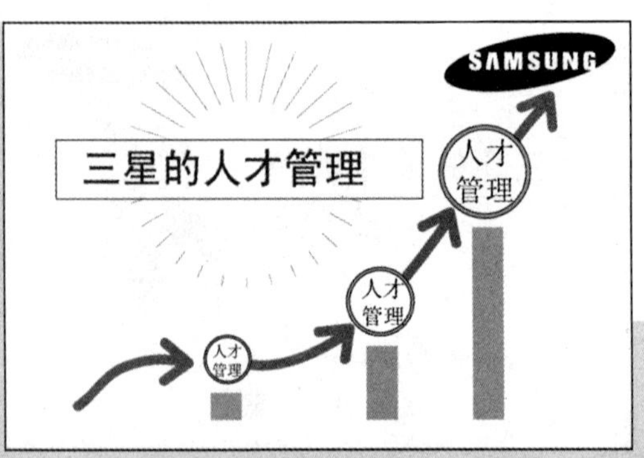

链接1：三星的知行33训

李健熙直接参与对员工的培训，而且也定了很多规矩，其中包括员工必须知道和必须执行的33条原则，这就是知行33训。下面是其中的几条：

1. 给现场负责人和职员真正赋予提供服务的权限。可以给常客提供饮料和食品。如果职员没有很好地为顾客服务，也有权向顾客提供赔偿费用和免费的饮料食品。给他们的权限应该可以允许他们提供这一切。应该教育职员，让那些与顾客直接接触的职员养成听到顾客抱怨即时汇报的习惯。这些职员的报告和会议内容应确保向社长报告，应保证有这样的机制。

2. 要在100名中找出一个拖后腿的人。这样工作人员也会有活力，积极提出自己的好想法。

3. 我的哲学就是从最小的数量管理中脱离出来，彻底地实行重视质量的管理，提升企业形象。为了消费者，为了职员，为了协助公司，实行完美的质量为主的经营，就会自然而然地获取利润，在获取利润后规模也就自然而然地扩大。以前的先后顺序是错误的，实行无计划投资，只是执着于投资；应该结束中央集权的上传下达的方式。

4. 重视顾客意味着什么？因为有顾客，我们才能吃上饭。你们口头上重视顾客，但真的花费心思为顾客考虑了吗？你们的雷达没有对准顾客，而是对准了我。对准顾客才是顾客指向性，这才是重视顾客。

5. 21世纪是文化的时代，是知识决定企业价值的时代。企业单纯销售产品的时代已经一去不复返了，企业也要销售自己的哲学和文化。有知识才

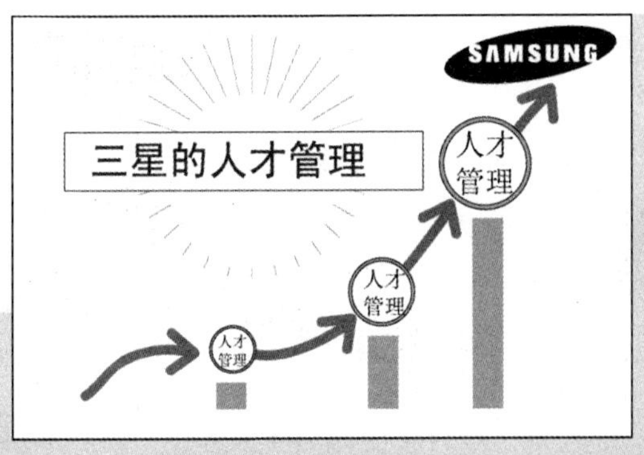

■ 李健熙直接参与对员工的培训，而且也定了很多规矩，其中包括员工必须知道和必须执行的33条原则，这就是知行33训。

有创造力：创造力决定21世纪企业竞争的胜负。

6. 再看看我们的集团。重工业等公司都是18、19世纪的产业，但现在还是没有掌握重心。虽然是一个三星集团，各系列公司还是存在差别，这是一个不可否认的事实。要做出完美的决定，没有的就没有，减少的就减少，合并的就合并，我们必须向前看，心思和精力都要为将来的事业做准备。

7. 必须实行天才教育。两三个世纪前，10万到20万人养活一个君主或者贵族，而现在一个天才就可以养活10万到20万人。天才开发一个软件就可以在一年内轻易地赚取几十亿美元，可以为数十万人提供工作岗位。

8. 危机就在自以为是第一而骄傲的时候降临。现在没有发展而骄傲自满就是退步。

9. 从我开始变革。所有变化的起点就是自身。如果我不变化，什么也变化不了。如果自己变化，即使别人没有变化也可以积极进取。

10. 政治人用周期性的选举来接受评判，而企业人每天都要在市场上接受消费者的评判。“顾客满意则兴，顾客不满则亡”。特别是那些非常挑剔的顾客，可以让我们认识到自己不足的地方，他们是应该感谢的老师。

（本节内容摘编自《三星总裁李健熙》）

链接2：三星的规范化培训体系

人才是企业竞争之本，三星的高层管理人员对此深信不疑。因此三星集团十分重视人才的培训工作，并且形成了一整套独特的、系统的培训制度。

■ 人才是企业竞争之本，三星的高层管理人员对此深信不疑。因此三星集团十分重视人才的培训工作，并且形成了一整套独特的、系统的培训制度。

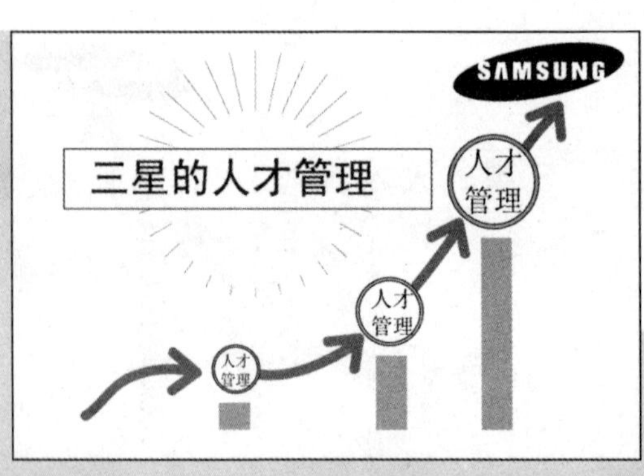

1. 三星的培训目标

（1）树立“三星精神”，培养使命感；

（2）提高经营管理水平和业务能力；

（3）培养对环境的适应能力；

（4）提高修养，全面发展，立志成为祖国的栋梁。

2. 三星的培训类别

三星的培训分两大类——入社培训和育成培训。培训的主体分两个层次，一是集团，二是各公司。集团主要是进行思想品德培训，各公司则主要进行业务培训。从培训时间分配看，前者占3%，后者占7%。

3. “三星”的培训内容

“三星”的培训内容和方式也很有特色，其注重品德培训的情况耐人寻味，按现在中国的话来讲即“精神文明培训”。三星人认为，企业的管理越是进入程序化、计量化、电算化阶段，就越要加强品德培训，否则，企业将陷入僵化和官僚主义的深渊。具体来说，三星的培训内容主要有以下几个特点：

（1）注重企业文化和道德培训

“三星”的经营理念和目标培训，道德观培训和爱国主义培训是三星每个员工都必须要经历的培训内容。这些培训主要是使员工能够融入三星的企业文化，并具备良好的道德情操。

（2）注重实践能力的培训和考察

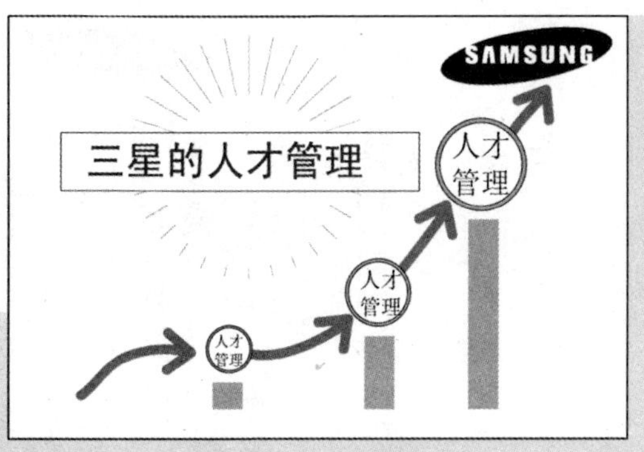

■“三星”的培训内容和方式也很有特色，其注重品德培训的情况耐人寻味，按现在中国的话来讲即“精神文明培训”。

三星的入门培训中有一课叫“销售力强化训练”。刚加入公司的年轻员工，经短期培训之后，每人发给一份三星的产品，然后把他们放到偏远的山村里，令他们用出售手中的商品的钱来做路费，在规定的时间内到达指定地点。其目的是要年轻人亲身体会到销售工作的艰难，知道社会是怎么一回事。

（3）举办带有一定动员色彩的学习班性质的培训

在进军半导体产业前夕，三星集团组织了 200 人的“大集团训练”。中心是“精神培训”，搞了“三星”人“十诫命”（基督教用语）。每天举行一次考试，成绩达不到 60 分者，要在大庭广众之下读“反省书”。正是这批学员成了今天三星电子公司的栋梁。

（4）注重毅力和团队精神的培养

三星公司有一种“毅力、团结培养训练课”。把新学员编成若干小组，选择酷暑或严寒举行“强行军训练”，日行 45 公里。既要考察和锻炼每个人的吃苦耐劳精神，又能培养“一人有难，众人相助”的团队精神。

三星的这些培训主要是通过三星人力资源开发院进行的。值得一提的是，三星的培训制度是非常严格的，在职学员入学后，每天受培训的时间从早 5 时 50 分至晚 9 时止。有时还搞封闭性培训——不准打电话、看电视、会客、看报，以便全身心倾注在学习上。考核也很严格。考核内容和评分标准是：受培训前的事先准备 10 分，听课态度、生活态度 30 分，听课理解程度 60 分。并规定属以下情况之一者勒令退学：综合分数达不到 60 分者；迟到累计 2 小时以上者；未递交听课预备报告者；听课态度不端正者；违犯生活准则者。因而有人说“三星”的人力开发院是“三星士官学校”。

■ 三星公司有一种“毅力、团结培养训练课”。把新学员编成若干小组，选择酷暑或严寒举行“强行军训练”，日行 45 公里。既要考察和锻炼每个人的吃苦耐劳精神，又能培养“一人有难，众人相助”的团队精神。

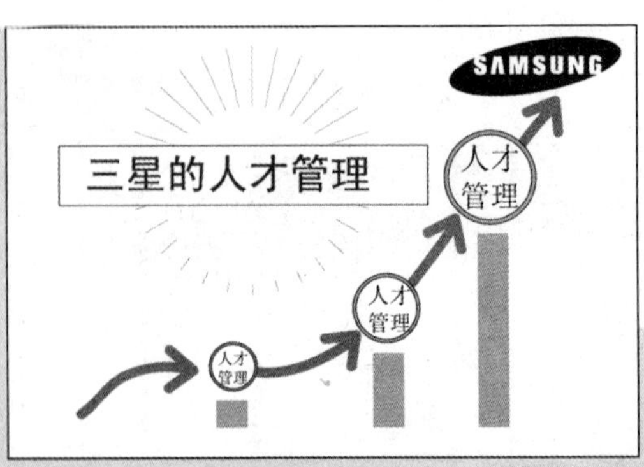

第十一章

三星 VS 索尼

十年前，三星还在吃力地追赶着索尼等世界级电子企业。现在在许多场合，三星人却开始敢于“夸口”道：我们在很多方面，包括技术，都已超越了索尼。

实际上，三星近年来的出色业绩任何人也无法否认。三星在许多方面已经超过索尼，在业界引起了极大的反响。以数码液晶彩电为例，在北美地区，三星将其高质的大屏幕液晶彩电以价格优势迅速而成功地打入这个索尼的原领地，成为市场新宠。

三星集团的旗舰企业三星电子在 2000 年创下的营业利润率达到 20.8%（索尼同期约为 18%），在 2002 年全球电子业整体衰退的情况下也达到 15.5%（索尼同期仅为 0.8%）。

进入 21 世纪以来，三星电子逐渐成为索尼的最大竞争者。三星甚至大胆预言：3 年后三星将超过老牌的索尼。有意思的是，当索尼全球总裁出井伸之因为“改革做得不够好，也不够快”被《商业周刊》评为最差经理人时，三星电子的 CEO 尹钟龙则是年度最佳经理人之一。这就是三星，一个称雄于全球、让索尼寝食难安的强者。

因此，就连索尼也承认三星对它构成了极大的威胁。但是，三星要想真

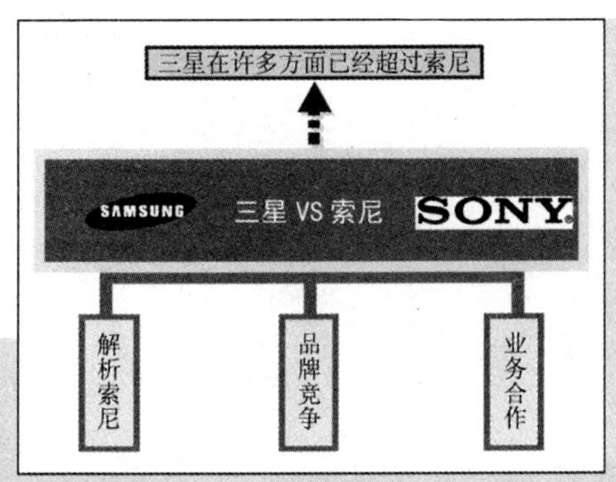

■ 十年前，三星还在吃力地追赶着索尼等世界级电子企业。现在在许多场合，三星人却开始敢于“夸口”道：我们在很多方面，包括技术，都已超越了索尼。

正超越索尼，殊非易事。因为索尼的实力依然非常强大，总资源优势数倍于三星。索尼没有把握住数字化时代的先机，并不等于说索尼不会很快重新取得领先优势，而且它还掌握着比三星多得多的娱乐资源。

这个巨人一旦调整好自己的状态，就会焕发出难以想象的威力。因为创新一直是索尼最核心的品牌理念，长久以来，它推出新产品的效率历来是世界企业中最高的。况且索尼的品牌竞争力仍旧非常强大，永远创新、最高品质、领导世界潮流的品牌形象占据世人心灵已有 30 多年了。

而三星也清楚地知道，在消费电子领域，自己还不具有像索尼一样提供从硬件到软件，再到提供数字化娱乐生活方式的全面能力。毕竟索尼公司在几十年前就抓住了“体验经济”的影子，早早地就把手伸向了电影、音乐和游戏等内容领域。但三星咄咄逼人，带着挑衅的姿态傲视索尼：“模拟时代，是属于索尼的时代，而数字时代，将属于三星！”

三星将索尼定为自己的赶超目标，同时，在业务领域里两个公司既有竞争也有合作。在可以预见的将来一段时间里，这种既竞争又合作的现象仍将持续。

11.1 解析索尼

索尼是一家有着几十年历史的日本老牌企业，一直被看作消费电子的“第一品牌”。创新是索尼的 DNA，而兼容并蓄则是索尼的内在气质。因此，在整个过去的 20 世纪里，作为质优价优的代表，索尼都是最响亮的品牌。

在中国，从 1978 年 SONY 进军中国市场以来，先后在北京、上海、广

■ 三星将索尼定为自己的赶超目标，同时，在业务领域里两个公司既有竞争也有合作。在可以预见的将来一段时间里，这种既竞争又合作的现象仍将持续。

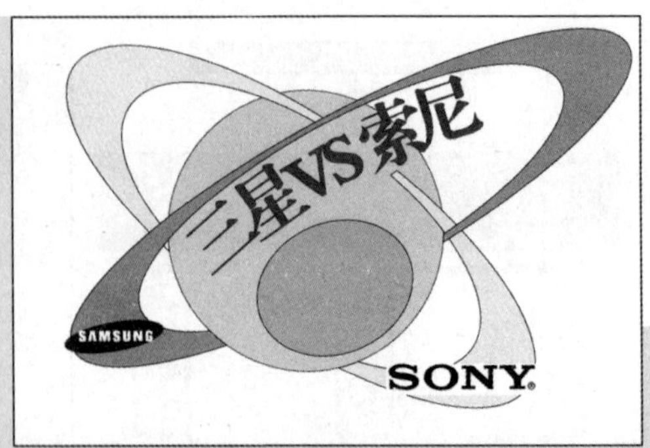

州、成都设立办事处。截至目前，SONY 在中国的投资企业已经达 6 家，SONY 产品销售额已达数十亿美元。如果在 20 世纪的 80 年代能有台索尼的电视机、90 年代能有索尼的随身听（walkman）或者是 CD 机都会让拥有者附带着那么一些骄傲自豪的情绪。但是近几年，在耀眼的宽频时代来临之际，在快速增长的中国电子市场，索尼统治多年的电子消费品领域，却受到了邻国的“韩流”和中国本土企业的冲击。中国电子消费品领域有着这样的一个比喻：索尼好比是开着豪华的敞篷跑车在高速公路慢跑的贵族，而三星则像是开着破车却一路狂奔的平民。这样的一场竞技中，有人认为庞大的娱乐巨人索尼有些落后了。

被称为日本公司叛逆者的索尼全球总裁出井伸之说道：“在美国，索尼被认为是最有胆量的公司。但在中国十年，索尼的品牌形象没有大的扩展，这需要我们今后做大量的工作，一个公司树立品牌形象的过程很漫长，有时候需要 20 年或 30 年。”出井伸之承认过去在索尼的高层看待全球市场的时候，一般是按照日本、美国、欧洲这样的次序进行的。从中可以看出，索尼过去并没有把中国甚至是亚洲当作其战略要地，这也直接导致了其对中国消费者的丧失，同时也让别人钻了“空子”。

虽然索尼的产品只要它标上了 SONY 四个英文字母，就等于向消费者承诺了它是高品质的代表，但是经过半个世纪的发展，索尼被年轻人视为一个针对“成熟”商人的品牌，它在新一代年轻人的心理上却不再是最为心动的产品，以往辉煌的优势正呈黯淡之势。在全球科技产业具有绝对权威性的《商业周刊》“科技 100 强”（Business Week IT100）排行榜上，三星电子跃登 2002 年度的冠军宝座。美国《时代》周刊也在近期预测：今后三年内，

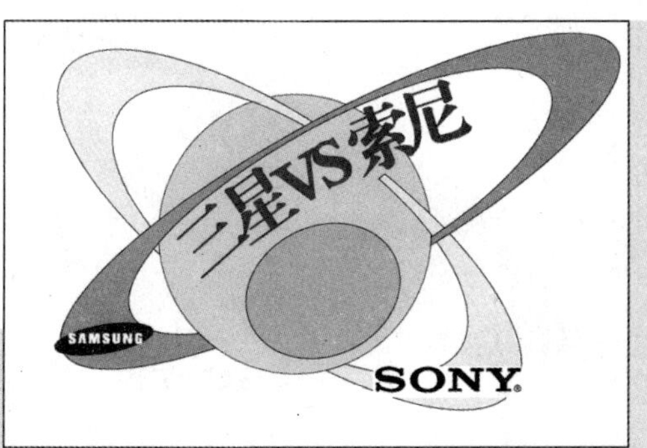

■ 中国电子消费品领域有着这样的一个比喻：索尼好比是开着豪华的敞篷跑车在高速公路慢跑的贵族，而三星则像是开着破车却一路狂奔的平民。这样的一场竞技中，有人认为庞大的娱乐巨人索尼有些落后了。

三星在品牌认知度方面将超过世界顶尖级的日本索尼。尤其是在中国这个趋势更加明显。连索尼 CEO 出井伸之都承认："三星确实在向索尼看齐；我要手下每周都交上一份三星的工作报告。"索尼总裁安藤国威也说："三星电子对我们策略的影响越来越大。"相比之下，在 2004 年 4 月 27 日索尼发布的 2003 年度（2003 年 4 月～2004 年 3 月）联合结算显示，在这一财年里，索尼的净利润为 885 亿日元（8.16 亿美元），比前一财年同期的 1155 亿日元下降了 23.4%，税前利润同比下滑了 41.8%。

已经意识到问题严重性的索尼，于 2003 年在上海召开的全球董事会上提出"转型 60"计划，其核心内容就是要在 2006 年——索尼公司成立 60 周年之前，实现利润率达到 10%的目标。

索尼承认在把中国作为高端电子产品市场方面慢了一步，但是，索尼已经觉醒了，并开始把目光投向中国，重新加强对中国市场的管理、整顿，希望在中国有所作为。其实从 2003 年 7 月起，身兼索尼东亚区市场及销售总裁的小寺圭就开始常驻上海。出乎他意料的是，中国的数码产品推进速度很快。为了使各业务部门和各地区更好地协调，2002 年 10 月，索尼在中国召开全球董事会；在随后 2003 年 4 月的机构调整（分为北美、欧洲、东亚三大区域）中，时任索尼日本销售总裁的小寺圭提议对中日韩三国业务有效整合，于是他就"领命"使东亚成为索尼全球发展的引擎。以前中国定位是"持返"——在中国生产然后带回日本销售的索尼，如今研发并投放"适销对路"的产品；以前讲"全球化的地方化"的索尼，现在讲"地方化的全球化"（Localised Globalisation）了。

其实，比如随身听、PS2 等，索尼已经在中国投放了不少这一类的成功

■ 索尼承认在把中国作为高端电子产品市场方面慢了一步，但是，索尼已经觉醒了，并开始把目光投向中国，重新加强对中国市场的管理、整顿，希望在中国有所作为。

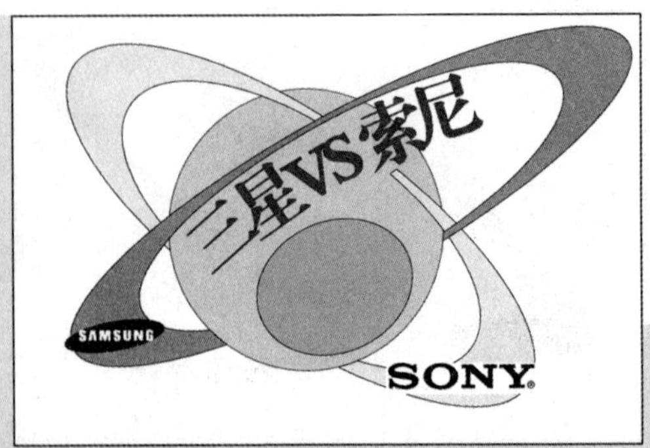

产品。虽然现在索尼有些衰落，但是如果索尼 3～5 年能调整好，还将是强大的品牌，以索尼接近 60 年的积累和全球化竞争能力，索尼仍然是最能创新的企业，将会再度崛起。

进入 2004 年后，从产品战略上来看，索尼这个老牌子已经开始加快步伐。索尼已开始着手进行基础方面的工作，包括在中国当地生产，并将所有的手提电脑和音乐播放器等更为个性化的产品与全球市场同步送到中国消费者手中。同时，索尼完全针对中国年轻一代设计的一款产品 PlayStation2，2004 年也开始在中国市场销售。索尼（中国）子公司总裁正田说："索尼将拓宽目标区域，向年轻人延伸，包括大学生、年轻的管理人士和白领阶层。"索尼还将在中国、日本及其他发达市场同步推出新产品，以期更早地登陆中国市场，并进一步提升中国在索尼公司战略中的地位。

不过，尽管索尼在提升着它在中国的速度，但很大一部分年轻人已经被三星占领，最终能否夺回在中国失去的市场，恐怕还要取决于索尼这个庞大的跨国公司战略调整的速度及其高层对未来时尚的把握。

11.2　品牌竞争

如今，企业已进入品牌竞争时代，以品牌为核心已成为企业重组和资源重新配置的重要机制。美国广告研究专家莱利·莱特有一句名言：拥有市场将会比拥有工厂更重要，拥有市场的唯一办法是拥有占市场主导地位的品牌。

三星电子的战略目标不仅是做最成功的企业，更是要把三星打造成全球

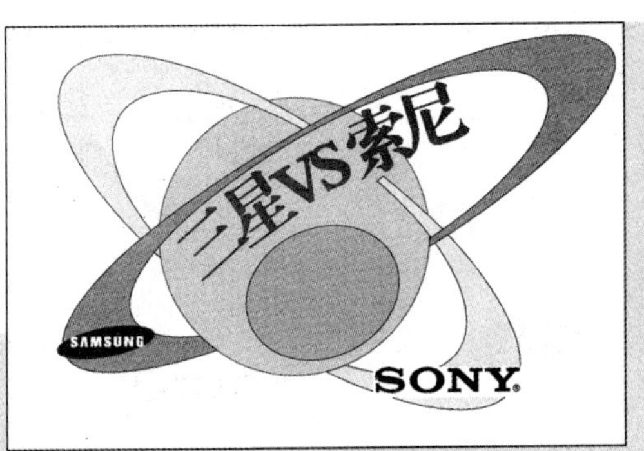

■ 如今，企业已进入品牌竞争时代，以品牌为核心已成为企业重组和资源重新配置的重要机制。美国广告研究专家莱利·莱特有一句名言：拥有市场将会比拥有工厂更重要，拥有市场的唯一办法是拥有占市场主导地位的品牌。

电子行业的领导品牌。为此三星设定了一个最强有力的竞争对手，立志努力赶上并最终超越它，这个目标就是索尼。在不同的时期，三星都牢牢锁定索尼，作为自己赶超的目标。因为在全球500强排序中，三星虽然在完成数字战略布局上，成为数字化信息时代的先行者，而且还抢得了市场先机，但品牌形象与价值却仍未全面得以成功塑造。三星的品牌竞争力仍远远不如索尼。索尼是排在三星电子之上的电子类企业中毫无争议的全球霸主。

三星和索尼的竞争涉及多个领域，最激烈的竞争主要集中在手机、数码相机和新娱乐经济领域。

11.2.1 手机领域的竞争

作为一名品牌挑战者，最重要的就是要集中优势资源，向领导者品牌最薄弱的软肋发起进攻，从而为自己打开一个市场缺口。于是，三星对准索尼最薄弱的部分——手机展开了最猛烈的攻击，进而在其他领域也和索尼展开了激烈的竞争。

近年来，索尼手机因缺乏创新、经营不善导致亏损，2001年不得不和爱立信手机部门合并，共同出资组建了“索尼爱立信”。经过努力，索尼爱立信公司2003年全年出货量达到2720万部，比2002年增长了19%；2003年销售额为46.73亿欧元，比2002年增长了12%；税前收入是负1.3亿欧元，其中包括业务调整的6300万欧元。索尼爱立信所关注的GSM市场出货量比2002年增长了50%，日本市场出货量则比2002年增长了15%。虽然较之2002年全年2.91亿欧元的亏损，索尼爱立信的经营状况已经大大好转，但索尼爱立信依旧没有走出亏损的阴影。

■ 作为一名品牌挑战者，最重要的就是要集中优势资源，向领导者品牌最薄弱的软肋发起进攻，从而为自己打开一个市场缺口。

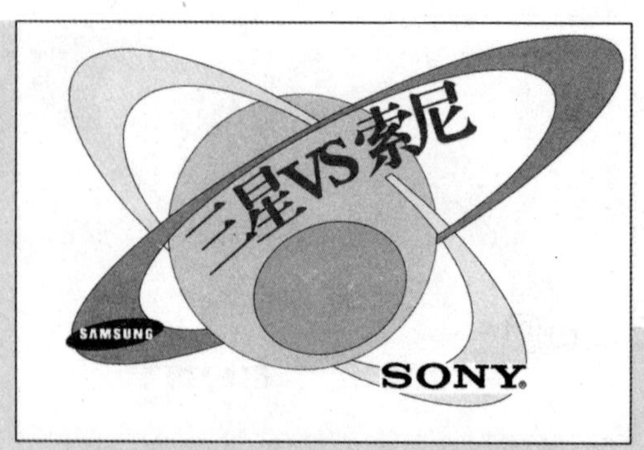

即便有了与爱立信这位昔日手机霸主的联姻，三星还是在 2002 年以优异业绩超过了索爱。并且在 2003 年三星以 10％的市场占有率击败了索尼（索尼爱立信），一跃而成为仅次于诺基亚与摩托罗拉的世界第三大手机制造商，并且直追诺基亚与摩托罗拉。而三星频繁赞助 TOP 计划，成为国际奥委会无线通信领域的全球赞助商，更使三星在无线通信产品上赢得了先机。

现在，在手机领域，最漂亮的手机不是索尼的而是三星的，这完全颠覆了索尼在消费电子领域顶尖角色的图景。不过，在美国市场，三星的名头仍不及索尼。美国人眼中的三星不像索尼那样“亲美”，而且略嫌古板，缺乏创新，是“跟风猫”而非“首创者”。“我们的品牌无法引起情感共鸣，”三星的北美首席执行官吴东振说，“要成为美国第一，我们还有很长的路要走。”

11.2.2　数码相机领域的竞争

全球消费型数字相机的出货量在 2003 年达到了 4790 万部，较之 2002 年时的 2800 万部增长了 71％。随着人们对于随时随地拍照、存储以及打印相片的要求提升，用户对于数字相机的需求继续在增长。

据 IDC 研究公司有关 2003 年数字相机市场上的一份报告称：在快速增长但竞争非常激烈的全球数字相机市场上，索尼以 18％的全球市场份额位居龙头老大的地位。根据早前各个调查机构的统计数据，三星数码相机的市场占有率只有 4％。

三星认为，虽然自己切入数码相机市场时间晚，但品牌价值已经超过索尼、佳能，名列世界第五，虽然这不是指照相机赢得的声誉，但借助三星在 IT 行业，包括手机、CDMA 等领域的品牌积累，三星上位只是时间的问题。

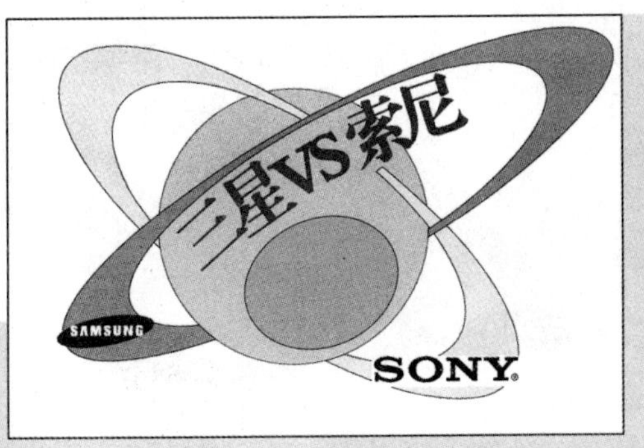

■ 据 IDC 研究公司有关 2003 年数字相机市场上的一份报告称：在快速增长但竞争非常激烈的全球数字相机市场上，索尼以 18％的全球市场份额位居龙头老大的地位。根据早前各个调查机构的统计数据，三星数码相机的市场占有率只有 4％。

按照三星公司的计划，三星数码相机市场占有率要在2006年坐上中国数码相机市场第三的交椅。为了达到这一目标，三星公司一方面在2004年推出从入门级到专业级合共21款新品，这一数值是2003年的3倍；在三星发布的21款新品中80%都是针对入门级市场和时尚消费市场，高端机很少。

三星认为，从目前市场上来看，最大的需求是在时尚消费市场，这也是未来能给三星带来丰厚利润、赢得市场占有率的领域。根据三星卓越的工业设计特长，三星数码相机采用了当初手机的市场手法，针对年轻一族消费群体。同时，三星还增加大量室外、户内、平面、网络等各种媒体的广告投放。此外，三星还联手神州数码进行数字相机的推广。神州数码代理销售了其中6种产品。与神州数码的联合将有利于三星数码相机的品牌传播。

11.2.3 新娱乐经济领域的竞争

毫无疑问，娱乐文化逐步改变人们的生活，网络游戏、在线音乐、视频、新鲜的FLASH，正在街头巷尾悄然流行，新的娱乐方式已然来到了普通人的生活里，人们的语言里也增加了许多网络时代的新名词。这种新娱乐文化熏陶出来的消费者的取向，将会影响到企业的生存。有关研究表明，近两三年内整个数字娱乐市场将达到1000亿美元。对许多对市场有着敏锐触觉的企业来说，这无疑是一个新的腾飞机会。三星和索尼都意识到了这一点，于是，一场涉及文化的争夺战在三星电子和索尼之间轰轰烈烈地打了起来。

在对娱乐经济的应用上，三星电子可谓别出心裁。它发起和组织的

■ 毫无疑问，娱乐文化逐步改变人们的生活，网络游戏、在线音乐、视频、新鲜的FLASH，正在街头巷尾悄然流行，新的娱乐方式已然来到了普通人的生活里，人们的语言里也增加了许多网络时代的新名词。

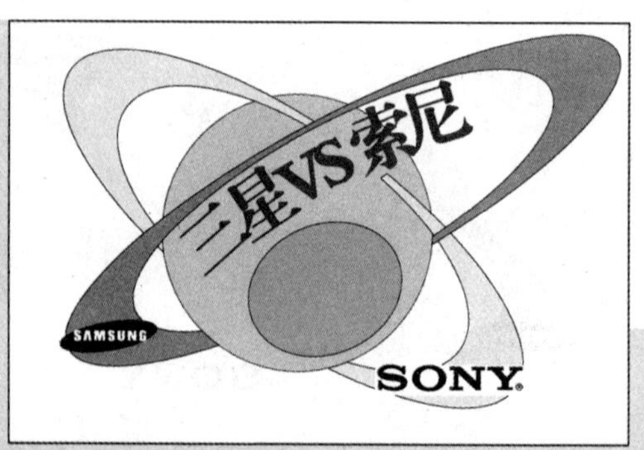

WCG电子奥运会，恰恰给全球各地的玩家创造了良好的体验场所，玩家在这里所“体验”到的不仅仅是南征北战、快意恩仇的英雄情怀，更有三星电子带来的一流视听享受。通过这次活动，三星借助网络游戏的目标用户和本身的特点，在娱乐文化上促进人与人之间的和谐与交流，领导电子娱乐文化的发展，为年轻一代创造新的时代文化潮流。这使本身并未涉足游戏产业的三星电子却提前成为了新娱乐时代的赢家。三星还在中关村建成了数码体验馆，使得普通的每个人都能触摸并使用包括家用多媒体、移动多媒体、个人多媒体在内的世界尖端数字概念产品和成型产品。

正像三星自己认为的那样：“借助网络游戏的受众与之相似的特点，塑造一个健康、有朝气、有创意、有文化的品牌，近而促进数码消费的快速发展。三星电子的数码、半导体、信息通信和家用电器恰恰构成了公司数码产品的核心竞争力。”

对比三星电子在新娱乐经济领域咄咄逼人的态势，索尼却似乎已现疲态。当然，说日本企业不重视文化潮流是不对的，索尼创始人之一盛田昭夫开创的随身听时代，至今仍被很多人津津乐道。索尼通过迎合和引导个人解放的娱乐文化奠定了其在市场上的领导地位。之后在20世纪80年代进军好莱坞，创办索尼音乐，都是索尼引导娱乐文化消费潮流的战略延续。在个人娱乐产品上，则靠推出PS2游戏机成为游戏机行业的霸主。可以说，传统街机游戏文化孵化了索尼这个电子游戏巨擘。正是对以个人解放为核心的“文化”（其实也就是一种时尚潮流）的把握成就了索尼在游戏与电子娱乐业的霸业，并取得了重大利益，使得他们对新崛起的新娱乐文化漠视。但“善泳者溺于水”，由于过于沉迷自己所创造的旧娱乐时代，索尼和其他日本厂商

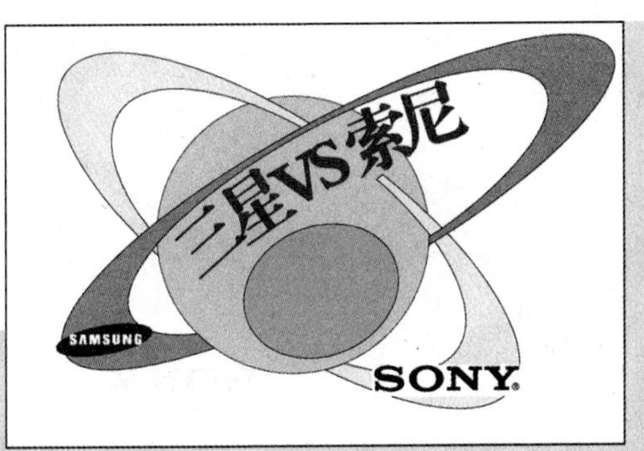

■ 正像三星自己认为的那样：“借助网络游戏的受众与之相似的特点，塑造一个健康、有朝气、有创意、有文化的品牌，近而促进数码消费的快速发展。三星电子的数码、半导体、信息通信和家用电器恰恰构成了公司数码产品的核心竞争力。”

一样，在网络游戏为核心的新娱乐文化时代成了踏空一族，导致许多日本消费电子产业日趋没落。

11.3 业务合作

企业间的合作可以分为水平合作和垂直合作两种类型。

水平合作关系包括交叉授权、财团合作，以及与拥有互补性技术和市场知识的潜在竞争者合作等。

垂直合作关系包括分包以及与供应商或顾客的联盟。

随着世界范围内竞争的日益加剧，企业间的合作也越来越广泛，甚至昔日的竞争对头也纷纷携手。三星和索尼就是这样。

尽管三星和索尼的争斗已愈演愈烈，但两家公司并非是不相往来的对手，双方之间仍有很广泛的合作关系。它们之间的合作属于水平合作，如索尼就是三星半导体芯片业务的一个大买主，三星为索尼游戏机 PS2 提供芯片。而且，双方还定期举行高层交流会。

2003 年 8 月，三星电子与索尼公司正式签署技术合作备忘录：三星电子在 2003 年下半年，将索尼的记忆棒技术（记忆棒是一种崭新形式的计算机储存介质，在任何时间、任何地点均可储存、传送及回放任何数码资料，包括数码影像、声音、数码录像、电脑数据等）用于三星笔记本电脑和台式电脑。

2004 年 3 月，三星、索尼这对冤家对头再一次携手合作，并正式签署协议，共同投资 20 亿美元组建生产电视机液晶显示器（LCD）的合资公司。

■ 随着世界范围内竞争的日益加剧，企业间的合作也越来越广泛，甚至昔日的竞争对头也纷纷携手。三星和索尼就是这样。

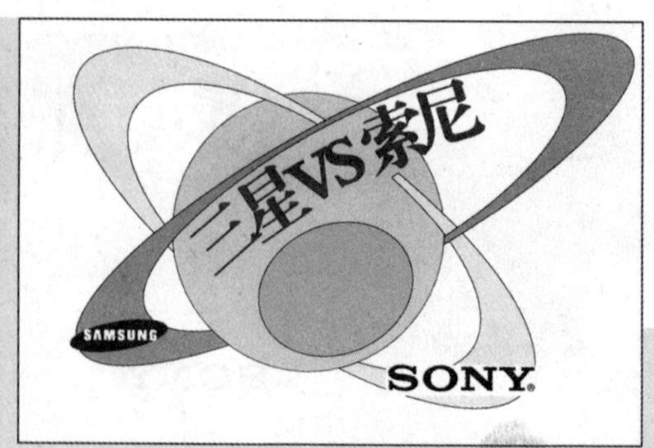

这家名为 S-LCD 的合资公司由三星选派首席执行官，索尼选派财务官和 3 位董事会成员。新公司预计 2005 年夏季达到每月数万片基板的生产能力。新工厂将与现有供应厂商一起，为索尼自身的电视业务保持稳定的非晶 TFT-LCD 液晶面板供应，从而推动产品的开发，并适应不断增长的全球市场需求。三星电子和索尼将从该合资公司购买显示器，但仍将制造自己的品牌电视机。

对三星来说，与索尼共同组建合资公司，不但能巩固三星在快速增长的液晶市场的领先地位，而且通过索尼液晶电视的销售，三星获得了稳定的利润来源。与此同时，三星并未放弃自己的液晶电视。2002 年三星在中国市场的销售额为 46 亿美元，2004 年为 110 亿美元，比 2002 年翻了一番，并使中国成为其海外最大的市场。三星的目标是，在它所进入的主要领域，都要成为中国市场第一。目前，无论等离子电视还是液晶电视，三星在中国市场均稳居前 5 位。

对于索尼来说，合资公司为它提供了一个可靠的显示器供应商，也为它在技术上确立了立足点。

三星和索尼两大科技巨人间的合作，对于双方来说都是有利的，并且使它们在激烈的市场竞争中居于领先地位，有力地击败了其他竞争对手。

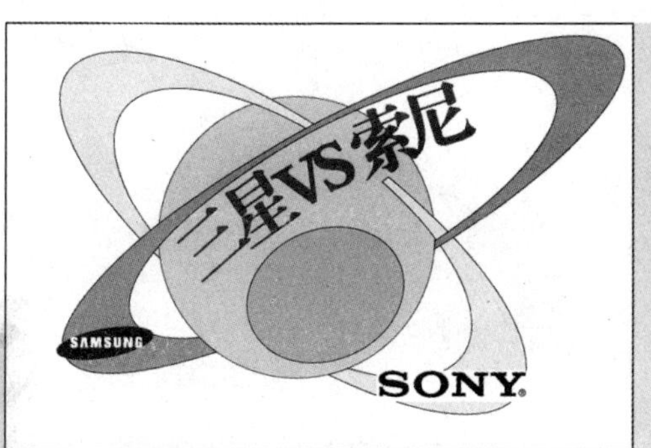

■ 三星和索尼两大科技巨人间的合作，对于双方来说都是有利的，并且使它们在激烈的市场竞争中居于领先地位，有力地击败了其他竞争对手。

链接：三星、索尼的业务比较

1. 三星、索尼的业务领域

	索尼	三星
中国地区领导层	小寺圭	李相铉
业务范围	5 大支柱产业：电器设备、娱乐业、游戏机、因特网/通信服务、金融服务	业务范围包括消费类电子产品、金融、贸易和服务
业务来往	索尼是三星的重要客户，三星为索尼游戏机 PS2 提供芯片，双方还定期举行高层交流会。	
中国的销售额	2002 年 10 亿美元	2002 年 46 亿美元

通过上表可以看到，三星和索尼在业务上既有竞争也有合作。在全球的业务上，它们经常会发生这种对决的情况，在中国，同样的情况也出现了。而且，由于中日韩一衣带水，这种对决格外显眼。以至于索尼的中国董事长小寺圭都不愿意提到三星的名字，他认为“有时候外界对索尼的期望太高了”，期望与三星的战事再精彩一些。

■ 通过上表可以看到，三星和索尼在业务上既有竞争也有合作。在全球的业务上，它们经常会发生这种对决的情况，在中国，同样的情况也出现了。而且，由于中日韩一衣带水，这种对决格外显眼。

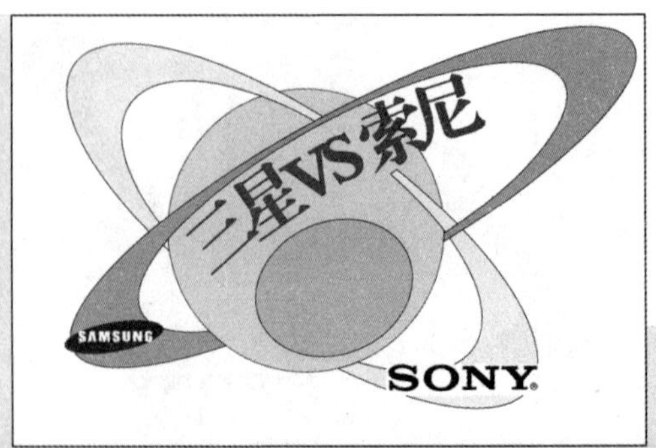

2. 三大业务领域的较量

（1）显示器：三星占优

三星电子用了多招撒手锏，利用其品牌、渠道以及拥有液晶面板世界最大产量的优势，提高市场占有率（目前大概 29%）。这方面，不是索尼能追上的。

①打出价格牌。2004 年 3 月，三星高调发起了总价值超过 2000 万元“体验亮丽，尽享好礼”的促销，宣布在该促销月内，在三星凡购买 17 英寸以上 LCD 显示器或 PDP 显示器，加 188 元送三星彩色喷墨打印机。三星显示器华南总代理新华胜公司甚至推出广东和海南用户将免费获得三星打印机的“利好”。

②建设到中国去。三星两年前在苏州建 LCD 厂，还将在已投资 3 亿美元的基础上，另追加 6600 万韩元，并可能在 2005 年建造一个第六代 LCD 工厂。

（2）数码相机：索尼领先

4 月 11 日，主管三星数码相机业务的天津三星光电子有限公司董事长朴钟钦在新品发布会上宣布：计划在 2006 年坐上中国数码相机市场的第三把交椅。

索尼公司欲打败佳能公司争夺数码相机市场的全球第一，声称 2004 年要将数码相机的出货量提高 50%，目标是在截止到 2005 年 3 月的财政年度内，销售 1400 万至 1500 万台数码相机。

（3）家电行业：各有千秋

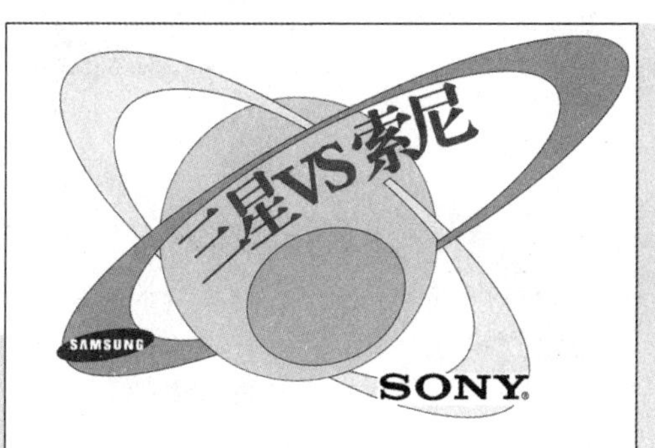

■ 三星电子用了多招撒手锏，利用其品牌、渠道以及拥有液晶面板世界最大产量的优势，提高市场占有率（目前大概 29%）。这方面，不是索尼能追上的。

三星已增资3000万美元在中国内地建设新厂，增加空调产量，将中国基地建成其白色家电在海外的最大基地。

由于电路板存在问题，索尼公司将召回在日本本土销售的10,700台等离子电视。根据媒体的相关报道，此次召回将给索尼带来380万美元的损失。

3. 三星索尼在中国

(1) 索尼改变定位

以前中国定位是“持返”——在中国生产然后带回日本销售的索尼，如今研发并投放“适销对路”的产品；以前讲“全球化的地方化”的索尼，现在讲“地方化的全球化”了。从2003年7月起，身兼索尼东亚区市场及销售总裁的小寺圭就开始常驻上海，最后，他成为了索尼的中国董事长。小寺圭说他在索尼中国有三个任务：人力资源本土化，加快品牌建设，及时反映消费者的需求。

数码相机：索尼2003年的数字相机出货量占到了全球出货量的18%，仍是老大。佳能超过了奥林巴斯达到了16%，后者为13%。柯达的市场份额为12%，名列第四位，超过了富士。

PDA市场：索尼宣布在美国推出三款新的掌上电脑产品，包括入门级的PEG-TJ27、带有Wi-Fi功能的PEG-TJ37和具有高分辨率显示屏的PEG-TH55. 占有20%的市场份额。

PS2游戏机：索尼在亚洲市场居主导地位。

手机：索尼爱立信2003年第四季度比前年同期增长13%，销售收入达

■ 以前中国定位是“持返”——在中国生产然后带回日本销售的索尼，如今研发并投放“适销对路”的产品；以前讲“全球化的地方化”的索尼，现在讲“地方化的全球化”了。

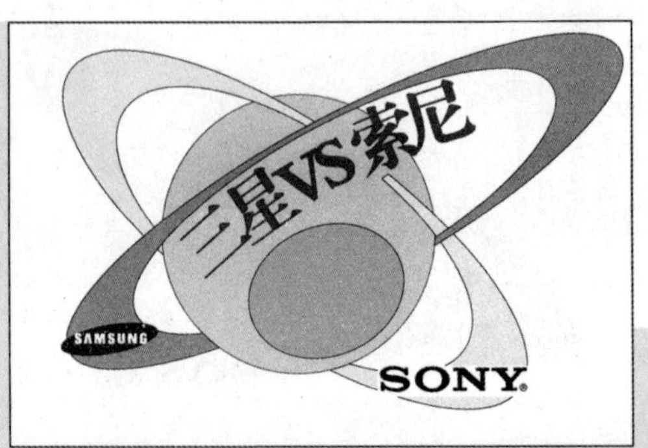

到 14.37 亿欧元，比 2002 年同期增长 16%，索尼爱立信第四季度税前收入达 4600 万欧元。

彩电：在“企业形象评价”中索尼名列第一。

唱片业务：索尼公司旗下的索尼音乐和贝塔斯曼集团旗下的 BMG 正式签署合并协议。双方下一步是向布鲁塞尔和华盛顿的监管机构提交他们的合并计划。如果该合并最终成功，索尼－BMG 将成为世界上第二大唱片公司。

（2）三星：一直在努力

2003 年三星投资建了笔记本电脑、LCD 工厂以及半导体研究所，扩大了生产和研发队伍；以 12 个生产法人为单位，据称其业绩将达到 100 亿美元。身兼三星集团中国社长和三星电子大中华区总裁两个职务的李相铉说，三星对他的工作评价有 5 个标准：经营目标、中长期发展举措、吸收和培养优秀人才、三星在中国的品牌以及企业形象、消费者对于三星及其产品有什么样的评价。

CDMA 手机：全球第三大手机制造商三星公司，2003 年 CDMA 手机发货量是 2040 万部，占据该市场份额 20.7%，仅次于 LG，为全球第二大 CDMA 手机供应商。

手机：三星公司表示，该公司 2003 年手机的销售额已经超越摩托罗拉，从而成为仅次于诺基亚的世界第二大手机公司。

液晶显示器：韩国的三星电子 2003 年第四季终于将 LG、飞利浦挤下宝座，一跃成为全球最大的电脑屏幕与电视专用液晶显示器（LCD）制造商。

芯片：三星排名全球第二，增长了 19.6%，主要来自 NAND 闪存的带动。

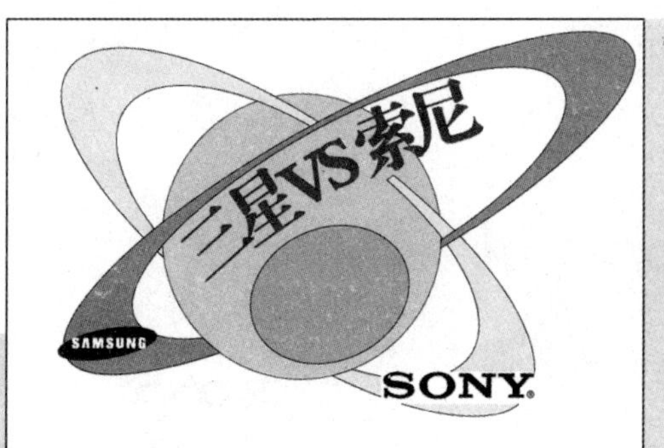

■ 索尼公司旗下的索尼音乐和贝塔斯曼集团旗下的 BMG 正式签署合并协议。双方下一步是向布鲁塞尔和华盛顿的监管机构提交他们的合并计划。如果该合并最终成功，索尼－BMG 将成为世界上第二大唱片公司。

数字电视：三星电子排名中国第二位，市场份额为 12.8%。

等离子电视：三星公司为加速抢进全球等离子电视市场，利用世界杯足球赛的机会，积极进行强化宣传。另外，促进在美国与欧洲的一流百货公司卖场设置等离子电视展示场，赴各国举办巡回展，并与 CBS 及 ABC 等知名广播公司共同试播数字广播，借此提高知名度。2004 年，LG 电子和三星的全球市场占有率将分别跃居第一和第二位，两家合计将快速扩大到 52%左右。

（部分内容摘编自：网易商业报道）

■ 2004 年，LG 电子和三星的全球市场占有率将分别跃居第一和第二位，两家合计将快速扩大到 52%左右。

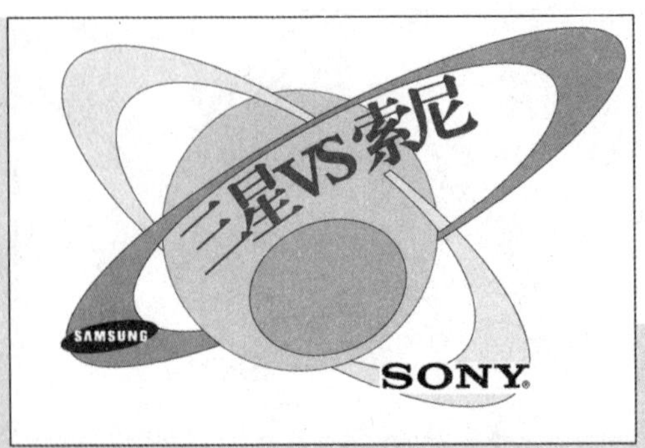

第十二章　三星品牌的国际化

真正有实力的品牌必然是国际化的品牌。随着全球经济一体化步伐的加快，越来越多的企业开始着力打造自己的国际化品牌。这是因为国际化具有如下优势：

1. 国际化品牌意味着品牌存在的世界性、跨地域性和普遍性，表明品牌被世界范围内的人们所广泛接受，从而可获得全球消费者的肯定，极大地增强品牌的亲和力。

2. 作为成功的国际化品牌，往往可以获得广大消费者的信任，从而成为领导品牌。于是，该品牌将具有强大的市场潜力，随之而来的则是巨大的市场利润。

3. 国际化品牌由于具有规模大、范围广、亲和力强的特点，因而在竞争中处于有利地位。

4. 品牌国际化便于企业集中管理和操作，有利于保持策略实施上的全球连续性，给世界各地的消费者以稳定的形象认知，增强品牌定位的稳健性、品牌亲和力与凝聚力。

在品牌国际化方面，三星取得了令人瞩目的成就。进入 21 世纪以来，三星的品牌价值连年飙升。如今的三星已经俨然是一个全球知名品牌。2002

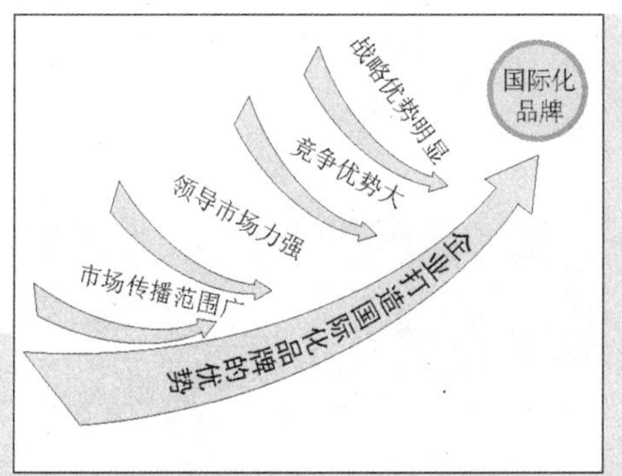

■ 真正有实力的品牌必然是国际化的品牌。随着全球经济一体化步伐的加快，越来越多的企业开始着力打造自己的国际化品牌。

年，三星公司下属三家独立法人企业入选《财富》500强，6月24日被《商业周刊》评为“科技100强”龙头。三星公司的市场资产总额相当于现代公司、LG集团公司和SK公司的总和。13种产品占据全球市场最大份额，如加上那些在全球市场份额排前5名的产品，三星在全球具有高度竞争力的产品将超过20种，比如存储芯片、超薄液晶显示板、CDMA手机、显示器和录像机等。三星进入全球制造公司前十强。

三星取得的这些成就与它的国际化品牌战略和在全球范围内的品牌传播是分不开的。在三星身上，我们可以看到，一个传统的本土化企业，如何成为一个高科技的、国际化的知名企业，如何将本土的、东方的特质结合在品牌国际化发展的理念中，从而把一个本土品牌打造成一个国际化的领导品牌。

12.1 国际化战略

随着全球经济一体化趋势的进一步发展，商务活动和经济活动已经随着生产分工的逐步细分而淡化了国界的概念，企业竞争已经跨出国界。21世纪的经济将由跨国公司主导。三星要想在激烈的国际竞争中占有一席之地，实行品牌国际化战略将在所难免。

12.1.1 品牌国际化转型

三星的发展道路与当时韩国的时代背景有着密不可分的关系，这使得三星公司体现出很浓郁的韩国特色和时代烙印。在短短的几十年里，三星企业

■ 随着全球经济一体化趋势的进一步发展，商务活动和经济活动已经随着生产分工的逐步细分而淡化了国界的概念，企业竞争已经跨出国界。

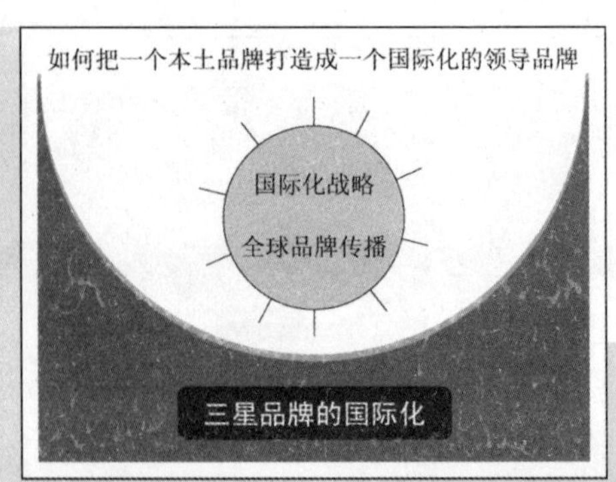

从无到有，在经历了几次挫折之后，不仅完成了资本积累，而且向着多元化的现代集团型企业方向发展。到 20 世纪 70 年代末，三星投资的领域包括重工业、轻工业、农业、科教领域、文化事业等国民经济的重要部门。从工厂到学校，从农场到商厦，三星涉及到国计民生的各个方面，也因此和韩国人民建立了密不可分的关系。三星成为人们日常生活无法离开的朋友，这种强烈而牢固的品牌忠诚度有时甚至已经转化成了品牌依赖。但是，不断进取的三星没有满足于韩国第一的位置而沾沾自喜，裹足不前，而是把目光转向了海外。

国际市场竞争激烈，瞬息万变。要在国际市场上取得一席之地，三星任重道远。较之国际知名的大公司、大企业，三星无论在资金、人才资源、科技水平和品牌知名度等一些重要参数上都没有优势可言。三星公司的领导人清楚地认识到，在新的历史条件下，旧经济模式下单一追求规模扩张的企业战略思维已经无法适应现代商业社会的节奏，一味地追求规模更大、更多元化，不但不能够使三星具有国际竞争力，还会使三星企业内部机构庞大臃肿，无法对市场变化做出迅速反应，从而错失商机，有时还会带来致命的打击。三星要立足于国际市场，就要对自己有正确的定位，集中力量发挥自己的优势项目，提升企业核心竞争力。这样，三星才有成功的可能。因此，针对三星品牌从国内名牌到国际品牌的最大瓶颈——分散经营、战线过长、单一领域的实力弱、不具有国际竞争力的强势项目这一特点，三星总裁李健熙在 1988 年三星建立 50 年庆典上，就宣布集团的“二次创业”，把高科技领域和电子科技领域作为三星今后重点发展的目标，并做出了战略性的调整，树立了进军世界五大电子企业的战略目标，进而将三星的发展方向定为 21

■ 国际市场竞争激烈，瞬息万变。要在国际市场上取得一席之地，三星任重道远。较之国际知名的大公司、大企业，三星无论在资金、人才资源、科技水平和品牌知名度等一些重要参数上都没有优势可言。

世纪世界级超一流企业。由此开始了三星的品牌国际化进程。

12.1.2 品牌国际化战略

三星作为新崛起的品牌，其国际化的起步更晚一些。真正称得上国际化战略的推进始于20世纪的90年代，但其发展速度极快。

为把三星集团切实地引向世界超一流的轨道，自20世纪90年代以来，三星集团认真总结经验教训，虚心向外国的跨国公司学习，理清国际化的思路，在战略目标、战略步骤、战略措施等一系列环节上都进行了重要的调整，开始实施新的国际化战略。这些国际化战略包括联合作战、促进网络化和体系化。

(1) 联合作战

联合作战就是几家企业联合起来一同到国外开拓市场、从事生产和经营。联合起来的企业，或者全是三星的成员，或者是以三星企业为主体带动国内有协作关系的企业。后一种情况以三星物产公司组织中小企业到国外从事生产经营例子为多。

对于三星而言，它虽然在韩国是第一大规模的企业，但在国际化经营方面，还缺乏经验，因此仅仅依靠自己的力量，到十分陌生的海外市场去闯，风险很大。采取联合作战的方式开拓国际市场可能会相对容易克服诸多困难，特别是在筹措零部件和搜集信息方面，会获取很大的规模效益。联合起来，则可以化小为大、化弱为强，变未知为有知。在拓展东南亚市场时，三星就采取了联合作战策略。如图12－1所示：

通过图12－1我们可以看出，三星集团的电子业向东南亚“联合作战”

■ 三星作为新崛起的品牌，其国际化的起步更晚一些。真正称得上国际化战略的推进始于20世纪的90年代，但其发展速度极快。

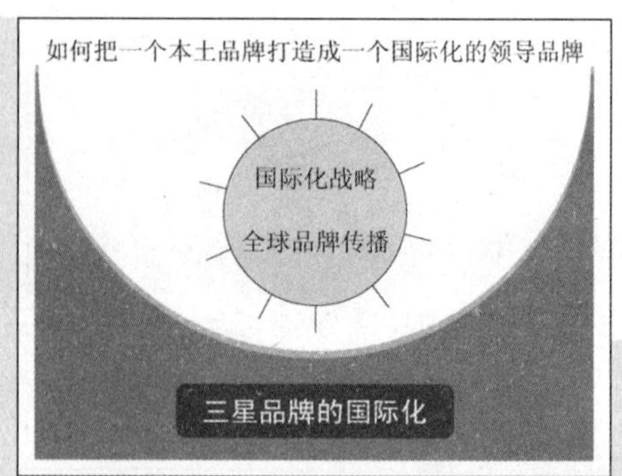

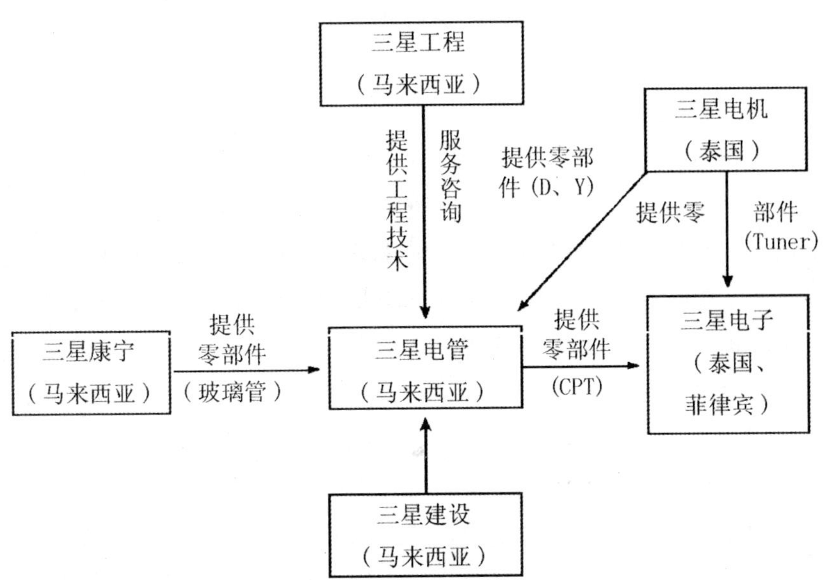

图 12－1　三星采取联合作战策略开拓东南亚市场

是以三星电子和三星电管两家公司为龙头带动形成的。如图 12－1 所示，三星电子在泰国和菲律宾组装生产的彩色电视机所需零部件是由三星电管和三星电机两家公司提供的，其中三星电管提供大部分零部件。因为三星电子在当地生产出的产品的价格，比它的竞争对手便宜 5%，因而前景看好。而三星电管所需的零部件和咨询服务，又有 4 家公司提供援助——三星康宁、三星电机自不待言，另外三星工程公司和三星建设公司也在建筑厂房和机械设备方面提供服务和咨询。此外，后两家企业还以此为契机，扩大了在当地的业务范围。

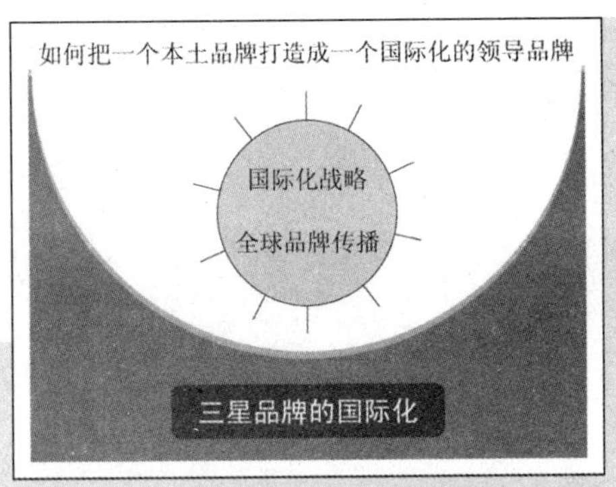

■ 三星电子在泰国和菲律宾组装生产的彩色电视机所需零部件是由三星电管和三星电机两家公司提供的，其中三星电管提供大部分零部件。

通过联合作战的方法，三星迅速占领许多海外市场。

（2）企业网络化、体系化

企业集团的网络化、体系化程度，是衡量跨国公司成熟与否、实力强弱的重要标志。企业的跨国集团化的内在动因，说到底是为了在全世界范围内更有效地配置资源，以进一步提高竞争力。而要达此目的，就需要通过网络化的途径，向各个企业提供最准确、最丰富、最敏捷的信息，使生产的每个环节、每一个零部件、每一个产品都在质量和价格上优于竞争对手。

三星意识到，要达到这样的要求，海外企业需具备相应的经营自主权，速战速决，尽可能地降低成本。因此，像过去一些企业到海外散兵作战时，“事事上奏”的机制显然是不行的。从未来发展需要看，三星的整个集团的经营管理体制要做很大的调整。集团的秘书室权力要大大下放，各公司也要向其海外的分公司或分支机构放权，让海外的企业按地区、业种建立相应机构，统一调度海外企业的各种事业。只有实行网络化、体系化，才能使“联合作战”成为可能并保持长期的稳定。另外，通过这样的努力，还可以把以往“三星”在海外的散兵游勇者组织起来，纳入到“联合体”中，以发挥聚集优势。

现阶段，三星海外企业的网络化还处在地区内相对独立的网络系统阶段（intraregional），未来则要把各地区的网络进一步联结起来，使其成为有机的统一体（interregional）；即实现研究开发——生产——营销的一条龙。当然，要跨进这一目标并不容易。但无论怎样困难，为实现世界超一流企业的理想，三星都必须向高标准的国际化迈进。三星自 20 世纪 90 年代以来向西欧的跨入就证明了这一点。

■ 现阶段，三星海外企业的网络化还处在地区内相对独立的网络系统阶段（intraregional），未来则要把各地区的网络进一步联结起来，使其成为有机的统一体（interregional）。

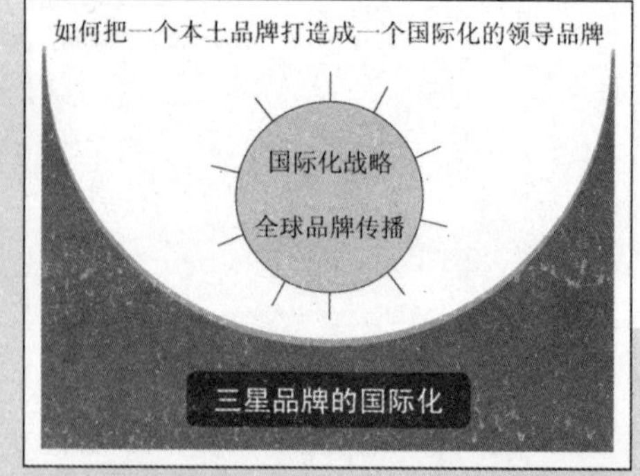

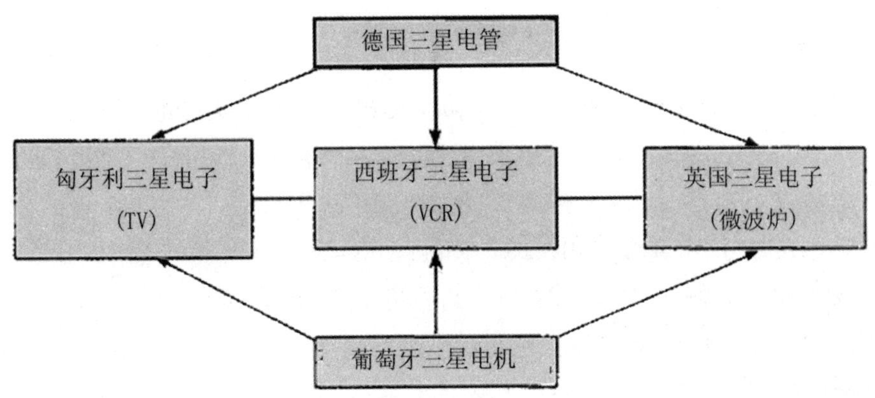

图 12-2　三星电子业在西欧的网络化

12.2 全球品牌传播

品牌是企业跨国经营的利器。在新经济时代，品牌的传播早已跨出了国界，想在全球范围内占领制高点，就必须拥有全球性的品牌。

为了在国际市场上营造企业实力，提高企业的形象，创国际名牌，三星并没有满足于在国内取得领先地位，而是把打造全球品牌作为其品牌经营的重点。三星要走向世界，成为世界的品牌。

要想成为国际顶级品牌，就必须在全球范围内进行品牌传播，建立自己顶级强势品牌的形象。三星以美国为重心的全球品牌传播分为两个阶段。

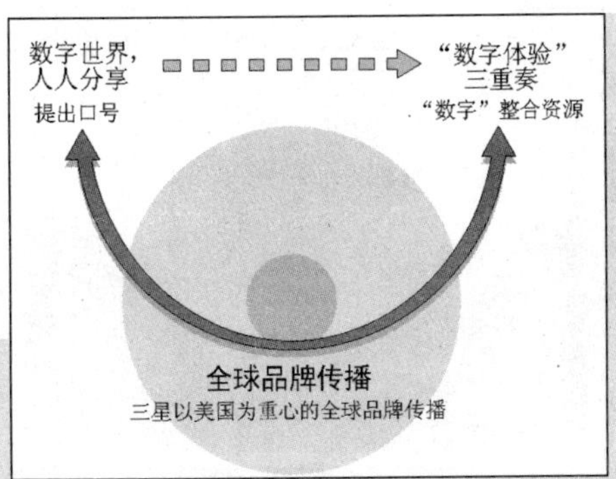

■ 品牌是企业跨国经营的利器。在新经济时代，品牌的传播早已跨出了国界，想在全球范围内占领制高点，就必须拥有全球性的品牌。

12.2.1 数字世界，人人分享

三星2001年已经在欧洲、中东和拉美市场取得了成功的经验，在这样的条件下，三星发动了第一次大规模的全球品牌传播，范围涉及30个国家，广告花费达4亿美元。这次传播活动以美国市场为重心，传播的主题是“数字世界，人人分享（DigiTall，Everyone's Invited)”。

“数字世界，人人分享”这句广告口号很好地诠释了三星的品牌理念。它透视出这样一些品牌信息：三星数字产品适用于每一个人，它不但精巧，而且使用简便。三星电子一直以其先进的科技和优质的产品以提高人们生活质量为品牌发展的宗旨。人人分享不仅体现了三星电子致力于服务大众，回报社会的品牌内涵，更暗示了三星要积极开拓美国市场，占据美国市场的雄心壮志。

声势浩大的全球品牌传播运动全面展开，广告影响力也迅速从美国蔓延开来。这是一次成功的大型广告运动，三星不仅在美国市场奠定了品牌基础，改善了三星品牌在美国人心目中的品牌形象和品牌地位，更在全球市场加大了三星的品牌影响力。同时，广告运动也使三星电子“数字世界，人人分享”这句广告口号深入人心。根据美国专业品牌调查机构Inter brand对全球品牌价值的调查，三星的品牌价值在2001年就提升了10亿美元，成为当年全球品牌价值提升最快的品牌第二名。

12.2.2 “数字体验”三重奏

三星在这一阶段的品牌传播可以概括为：用数字化概念整合全部品牌的

■ 根据美国专业品牌调查机构Interbrand对全球品牌价值的调查，三星的品牌价值在2001年就提升了10亿美元，成为当年全球品牌价值提升最快的品牌第二名。

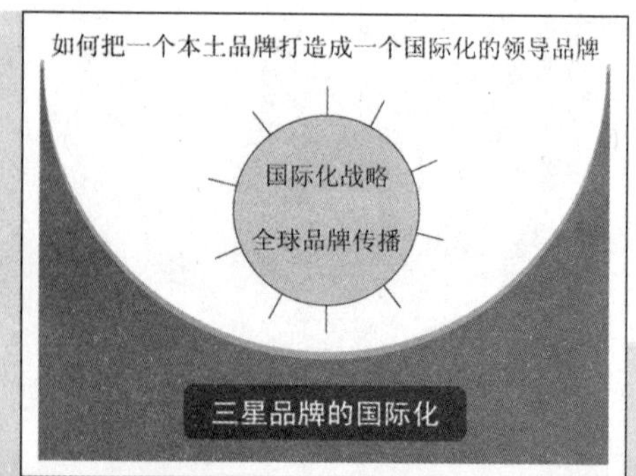

内涵，为三星的品牌塑造找到了一个强有力的传播点和支撑点。第一阶段“数字世界，人人分享”的广告运动后，三星并没有满足于已经取得的成果，2002年又发动了新一轮的更大规模的品牌传播攻势。新的广告运动主题为“数字体验（DigiTall，Experienee)”，这次广告传播是三星全球广告运动的扩展和延伸，也是对新兴的体验经济的一种有力回应。三星这次传播活动的投资总额高达9亿美元，比2001年增长了21%，投资包括广告、电视广播以及平面媒体的购买、零售促销活动和一些品牌展会。三星电子希望其数字产品给消费者带来全新的数字体验，也希望代替索尼而成为数字娱乐世界的领导品牌。

以2002年5月16日在美国电视媒体播出的三星广告影片为序幕，三星随后在欧洲、南亚、拉美、非洲、中东地区和中国的媒体上也陆续播出或刊登了三星一系列以“数字电视”为主题的广告。

除了在传统媒体上投放三星广告外，在这次传播活动中三星还加强了在互联网上的传播力度。三星向超过50个网站购买了门户广告版面，其中包括合并后的美国在线时代华纳、《财富》杂志网站和福布斯在线等许多著名网站，采用“24/7”策略（即每天24小时，每周7天）不间断播出，广告播出一直持续到2002年底。

这次传播运动集中表现了三星数字产品怎样为人们创造新的财富和使人们的生活更有情趣，从而有力地扩展了三星品牌的知名度，并增强了品牌的亲和力。

这次传播运动的突出特点是，三星在宣传品牌的同时，还在向消费者宣扬一种全新的体验消费概念。广告宣扬了这样一种消费主张：产品的实用已

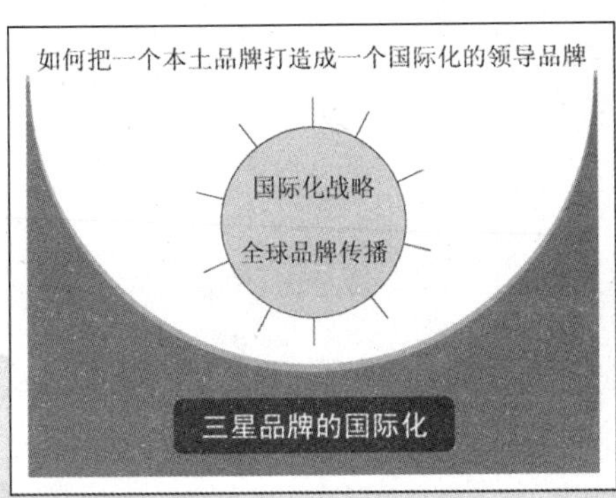

■ 这次传播运动集中表现了三星数字产品怎样为人们创造新的财富和使人们的生活更有情趣，从而有力地扩展了三星品牌的知名度，并增强了品牌的亲和力。

经不再是消费的最大诉求，而新的消费动力是满足心理需求和实现梦想的情感享受。同时，广告也向人们传达了这样的信息：三星数字产品正好能够满足消费者这种以体验为特征的情感消费需求！

通过两个阶段的全球品牌传播运动，三星迅速在全球范围内建立起了品牌的高端形象。更为重要的是，三星树立起了在数字化时代中领导品牌的印象，这对三星未来的发展奠定了有竞争力的可持续发展的优势地位。今天，三星电子已经以生产、销售分公司、分店、研究所等不同的形态进驻全球47个国家，成为一家名副其实的跨国公司。

■ 今天，三星电子已经以生产、销售分公司、分店、研究所等不同的形态进驻全球47个国家，成为一家名副其实的跨国公司。

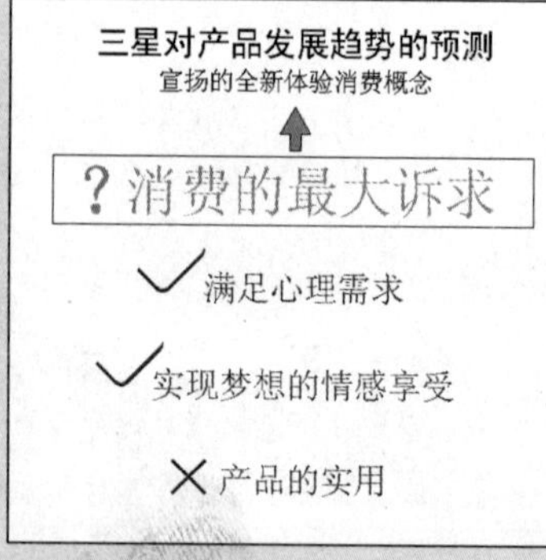

第十三章

三星品牌的中国攻略

从 1992 年开始，三星电子就开始了其中国之旅，并在此后不断加大在中国市场的投资与合作。时至今日，三星公司已经成为对中国投资最大的韩国企业，并且是在中国投资最成功的一流国际企业之一。

中国已成为三星公司全球发展战略的一个重要部分，也是除韩国外全球最大的投资对象国。三星在中国的投资主要由三星电子、SDI 等电子系列公司完成。它们主要以通信产品为主扩大其在华事业，并以高端产品为重点，在提高收益率的同时在市场上占有有利地位。以显示器为代表，手机、冰箱、背投电视等产品在市场上也取得了不俗的口碑。此外，三星公司还积极推进数字事业战略，确立了在数字领域的领导地位，其笔记本电脑、数码摄像机、MP3 等产品在市场上也获得了极大的成功。此外，三星重工业、三星物产等企业在中国也有投资。三星在中国主要投资三个地区，其中包括华北地区、华东地区和华南地区，随着中国政策的调整也会考虑向中西部城市发展。

在北京大学管理案例研究中心和《经济观察报》联合举办的 2003—2004 年度“中国最受尊敬的企业”评选活动中，三星（中国）投资有限公司进入了本次评选的前 20 名。三星为中国的发展作贡献，以一个中国企业

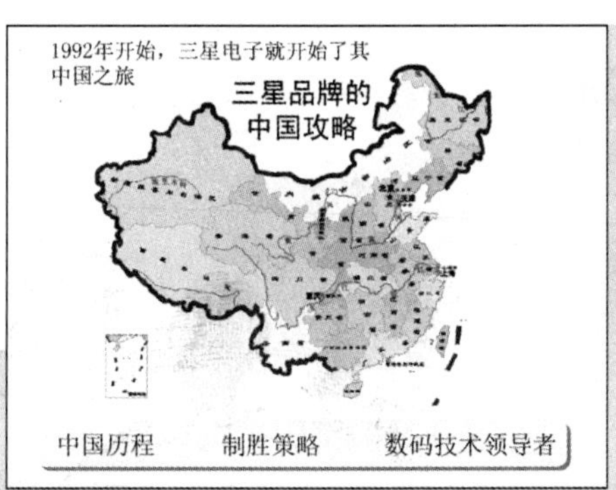

■ 从 1992 年开始，三星电子就开始了其中国之旅，并在此后不断加大在中国市场的投资与合作。时至今日，三星公司已经成为对中国投资最大的韩国企业，并且是在中国投资最成功的一流国际企业之一。

的身份成长、发展的诚挚愿望及为此付出的努力又一次受到了肯定和称赞。

13.1 中国历程

三星在中国的发展可追溯到20世纪70年代，在中韩还没有建交的历史背景下，三星公司就经中国香港从中国进口煤炭，这也是韩国企业在新中国成立以后和中国进行的第一笔贸易。到2004年为止，三星在中国的历程大体上分为三个阶段：初入中国、战略转折、全面发展。

13.1.1 初入中国

1992年4月，三星康宁在天津成立三星第一家在华合资企业。这标志着三星公司正式进入中国。1992年8月，中韩两国建交以后，三星在中国的发展开始加速。对三星而言，与欧洲、美国一样，中国也将成为重要的世界市场。于是，三星在中韩建交4个月后的1992年12月，便投资5200万美元在广东惠州成立了惠州三星电子有限公司，生产音响设备。紧接着，三星又在1993年4月正式启动第一个生产法人天津三星电子有限公司。1995年1月，为加强三星在华业务，三星集团中国总部成立；次年，三星（中国）投资有限公司成立。此后彩色电视机、电冰箱、洗衣机、半导体、音响等生产法人也陆续进入中国。

这期间虽然是三星对中国投资最活跃并持续增长的时期，但也是对中国市场缺乏认识和经验而积累的时期。刚进入中国的时候，三星品牌在中国还是低质廉价的代名词。20世纪90年代中的一次CCTV“3·15”晚会上，三

■ 三星在中国的发展可追溯到20世纪70年代，在中韩还没有建交的历史背景下，三星公司就经中国香港从中国进口煤炭，这也是韩国企业在新中国成立以后和中国进行的第一笔贸易。

星产品甚至因质量问题和售后服务态度恶劣而被曝光。这是因为，三星并没有将中国当成其真正的主体市场，认为中国的消费能力无力支撑三星的品牌战略规划。为此三星在中国执行的一直是“以量取胜”的策略，试图把产品铺满整个中国，但三星并没有取得成功。在相当长的时间里，三星在中国的状况并不好，在中国开设的工厂出现亏损。在 1997 年之前，尽管三星意图覆盖全中国，但是三星产品在中国市场的销售状况并不令人满意。到 1998 年时，三星在中国的财务赤字高达数千万美元。

13.1.2　战略转折

以 2000 年底为界，三星的中国战略大体可为两个阶段：前一段主要以战略合作为主，建立以低价劳动力为基础的生产基地；2001 年开始趋向直接投资及直接出口方式，并与第三国企业联合对华投资，向以产品高级化、个性化为基础的品牌中心过渡，把中国作为最重要的海外业务与品牌拓展市场。

其实，1998 年以后，三星就开始酝酿变革，并于 2000 年重新进行了战略调整，舍弃了低端市场，把产品定位在高端市场。从原来建立单纯的生产基地战略中走出来，积极推进产品高级化。当时，三星会长李健熙强调：三星要在中国发展下去，未来的五年特别重要，中国将成为美国以外的第二个完全竞争市场。在 2005 年之前，要使三星品牌进入中国最著名的品牌行列。为此，三星对在中国的业务进行了全面清理，撤换了大部分的中国主管，一口气关闭了 23 个销售处，并责令 7 家工厂厉行整顿、自负盈亏。

具体来说，三星在中国的投资重点发生以下几方面转变：

■ 在 1997 年之前，尽管三星意图覆盖全中国，但是三星产品在中国市场的销售状况并不令人满意。到 1998 年时，三星在中国的财务赤字高达数千万美元。

（1）以制造为中心的投资转变为包括研发、生产和营销的全方位投资；

（2）提高投资项目的技术含量（天津电视机生产基础从生产传统电视转向生产背投、PDP；威海生产基地从生产电话交换机转向生产传真机、打印机）；

（3）加强品牌经营；

（4）确立数码品牌形象；

（5）提高品牌价值。

13.1.3 全面发展

改革开放若干年后，中国经济取得了令世人瞩目的成就，中国市场已成为全球经济的最亮点，而且中国市场的消费格局正在发生巨大的改变。对于各跨国公司来说，获取中国市场份额的战略意义，已经远远超过中国市场本身。中国市场已成为世界各大经济集团决胜全球的战略要地。一种流行的说法是："到中国投资不需要勇气。"在三星看来，中国不仅是全世界瞩目的地方，而且对三星来讲也是一个非常重要的市场，因此，三星需要在中国全面发展。

在这种战略的指引下，三星在中国取得了迅速发展。从 1992 年三星与天津合作开展电子元器件业务开始，到目前为止，天津已成为三星的一个重镇，三星集团在中国运营着 25 家工厂，在这 25 家工厂中就有 11 家在天津。可见三星在中国发展之快。除天津之外，三星在中国其他地区的发展也十分迅速。到目前为止，三星在北京、天津、大连、威海、青岛、苏州、上海、宁波等地都建立了战略布点。

■ 改革开放若干年后，中国经济取得了令世人瞩目的成就，中国市场已成为全球经济的最亮点，而且中国市场的消费格局正在发生巨大的改变。对于各跨国公司来说，获取中国市场份额的战略意义，已经远远超过中国市场本身。

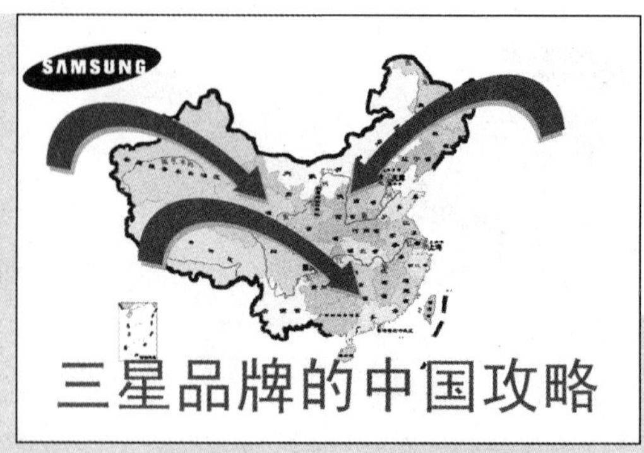

从三星电子的整体产业布局看，在中国市场已形成半导体、电子消费品和通信三分天下的格局。

如今，三星旗下30多个企业中有三星电子、三星SDI、三星电机、三星康宁、三星网络、三星生命、三星火灾、三星证券、三星物产等16家企业开展了对中国的投资，业务涉及电子、金融、贸易、重工业、建筑、化工、服装、毛纺织、广告等诸多领域。三星在中国建立了26个生产企业，6个销售企业，3个研发机构及若干代表处、办事处、产品技术服务机构，拥有员工约45,000人。截至2003年底，三星实现对华累计投资29亿余美元，2003年营业额达94亿美元。

13.2　制胜策略

回顾三星在中国的发展历程，它的成功是因为三星公司在中国采取了正确的策略。三星也认为，三星在中国市场所取得的成功主要得益于对中国市场准确的策略定位。

13.2.1　产品策略

三星在中国的成功，首先得益于其产品的定位明确。它的产品线绝不同于其他厂商，而只在中高档线上有所建树。产品高级化这一定位使得三星的产品在消费者心中有一个明确品牌形象，那就是高档、时尚。

（1）笔记本电脑

三星的笔记本电脑更适于个人用户，强调使用的移动性和技术的前瞻

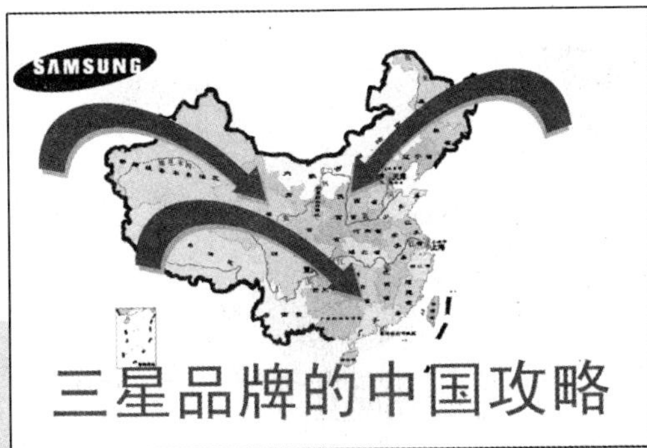

■ 回顾三星在中国的发展历程，它的成功是因为三星公司在中国采取了正确的策略。

性。三星并不追求在整个笔记本电脑市场占据第一，三星的目标是，在高端市场上做到第一。三星笔记本电脑很薄，比如三星在 2001 年推出的两款笔记本电脑——时尚、移动型的 NV5000m 和侧重于专业、高尚型的 CTg000 就是这样。三星要用这种很薄的机器占据一个相对较高的用户群。

有了笔记本电脑，三星的各个数码产品，如 MP3、摄像机等产品都可以凭借其实现转接，并为客户提供全方位的服务，而笔记本电脑就像是一个“e 站”。如此一来，不仅三星的产品得到了有效的关联，其品牌形象也保持了相对一致性和稳定性。

（2）数字电视产品

三星的数字电视产品也体现了其一贯的高端定位。三星的高端数字电视产品包括，数字多媒体背投电视、16∶9 宽屏多媒体背投电视、液晶背投电视、PDP 等离子电视等多种高科技产品。这些数字多媒体电视除具备画中画、丽音等先进功能外，最大的特点是可以展现出通过 DVD、数字摄像机等设备所提供的高清晰度影像，同时还能作为超大屏幕的电脑显示器。显然，三星希望抢在中国数字化时代到来之前占好自己的位置。

（3）CDMA 手机

中国的 CDMA 市场的发展与三星电子有着密切的联系。1997 年，三星电子与上海长城集团签署了 CDMA 系统供货合同，并率先向中国推出 CDMA 移动电话。1999 年初，三星又抢在竞争对手之前率先推出 CDMA 中文手机，并与河北世纪公司签署了 CDMA 系统供货合同。为进一步促进双方的合作，三星电子还于 2000 年在北京成立了三星通信研究所。后来，三星电子又率先在中国市场推出符合中国联通标准的机卡分离中文手机。

■ 三星的笔记本电脑更适于个人用户，强调使用的移动性和技术的前瞻性。三星并不追求在整个笔记本电脑市场占据第一，三星的目标是，在高端市场上做到第一。

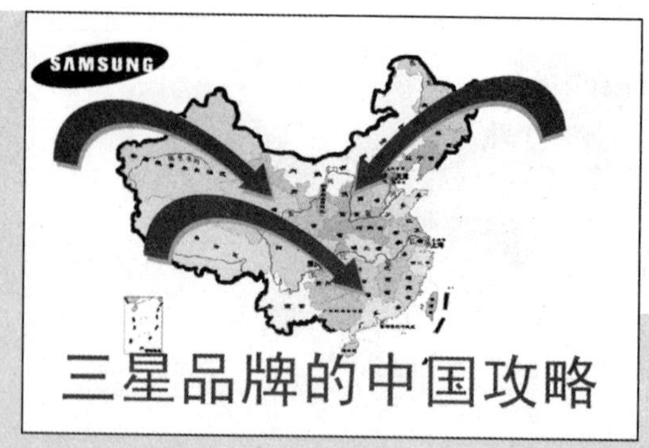

从1997年中国正式提供CDMA服务至今，三星电子始终是中国市场上最大的CDMA手机供应商。三星手机以其卓越的品质和领先时代的新潮款式受到越来越多的中国用户的欢迎，成为最受中国用户欢迎的手机品牌之一。随着三星电子中标联通CDMA一期工程以及中国CDMA市场的全面启动，相信将有更多、更好的三星CDMA系统和手机产品服务于中国，为中国用户带来更安全、更清晰、更可靠、更时尚的CDMA产品和技术。

13.2.2　多元化策略

三星在中国市场所取得的成功与其多元化战略也息息相关。通过实行多元化的产品策略，三星拥有了跨度最长的电子消费产品线——从传统的电视、空调、冰箱到电脑、打印机，再到数码摄录机、电子元器件和手机等，超过了中国的几大家电巨头。2003年三星在中国内地的销售额已经接近94亿美元，比前一年提高了50%左右。目前三星在中国的产品线主要包括：

CDMA手机、激光打印机、TFT-LCD显示器等通信及办公产品；

半导体（IC，TR）、34英寸纯平显像管等核心零部件；

背投大屏幕电视、DVD、家庭影院等AV产品；

数码相机等光电子产品；

大型双开门冰箱、中央空调及柜式空调等白色家电产品；

高端数字电话、MP3播放器等数码产品；

金融、保险服务等领域。

所有这些都得益于三星的多元化产品策略。

■ 三星在中国市场所取得的成功与其多元化战略也息息相关。通过实行多元化的产品策略，三星拥有了跨度最长的电子消费产品线——从传统的电视、空调、冰箱到电脑、打印机，再到数码摄录机、电子元器件和手机等。

13.2.3 品牌策略

经过一段时期的磨砺后，三星电子清楚地看到了中国市场的目前容量，同时也看到了市场上群雄逐鹿的场面，认识到匆忙出击必将和其他许多品牌一概陷在价格战中不能自拔。同时，三星也清醒地看到技术进步是无可抵挡的潮流，而中国市场将是未来全球竞争的重要高地。于是三星果断调整战略，以高端产品为主进入中国，到中国的投资也将放在通信等高端市场，从而树立起高端品牌的形象。

1999 年，三星电子作出重大战略调整，把品牌塑造列为公司战略的重中之重，确立了以数字技术为中心，经营核心转向自有品牌的发展方向。2002 年 3 月，李亨道出任中国会长，对三星的中国策略做出重大调整：此前，三星在中国的主导战略是“将中国作为生产基地”；此后，中国将成为三星“最重要的海外业务与品牌拓展市场”。三星要进入数字领域，和全球范围内的家用电器生产商展开竞争，打造数码技术领导者形象。

由于三星电子在中国一如既往地坚持产品的高端路线，树立起强有力的品牌形象。现在，一提到“三星”这个品牌，就会让我们想起液晶显示器、数字电视机、数码摄像机、数码相机、数码录音笔、时尚手机、数码超人、光盘刻录机等许多高端产品。

13.2.4 营销策略

当三星不再将中国作为“后院工厂”，而将其视为最重要的海外业务与品牌中心时，三星开始在中国采取与世界同步的营销策略。

■ 现在，一提到“三星”这个品牌，就会让我们想起液晶显示器、数字电视机、数码摄像机、数码相机、数码录音笔、时尚手机、数码超人、光盘刻录机等许多高端产品。

（1）推出新产品

三星在中国不断推出新产品：

2001 年，在中国推出第一款双屏概念手机 SGH-A288，造型简约、时尚，色彩炫目，一时间，双屏顾盼的魅力在中国所向披靡。

2002 年，在中国同步推出当时世界上最轻、最薄的笔记本电脑，重量只有 1.29 公斤，厚度只有 19.8 毫米，居然还装有一个 DVDROM 和两个音箱。

2003 年，三星电子精心打造的 CDMA 高端手机精品 SCH-A599 绚丽登场，在中国再领通信产品时尚化、潮流化的风骚。

同年 9 月初，三星将旗下最具竞争力的 AV 产品进行全线整合，并在广州全球首次推出最大的 63 英寸等离子电视和 40 英寸液晶电视以及 3 片液晶背投等尖端平板电视，以期在与索尼彩电决战中国的竞争中，赢得产品与品牌的制高点。

……

（2）品牌推广

在推出新产品的同时，三星塑造数字信息时代领导品牌的推广活动也在中国同步展开。

在中国，三星首先是通过体育营销活动来进行品牌推广的。多年来，三星电子一直积极同中国的体育事业结盟，赞助各类赛事。“三星杯四国足球邀请赛”、“中韩足球对抗赛”、代表围棋界最高水平的“中日韩三国围棋擂台赛”、“三星电子杯万人长跑”……不一而足。三星还和中国体育总局组织了官方的三星球迷拉拉队，由中国旅游公司承办，组织球迷去韩国看世界

■ 在中国，三星首先是通过体育营销活动来进行品牌推广的。多年来，三星电子一直积极同中国的体育事业结盟，赞助各类赛事。

杯。此外，三星电子在中国的很多宣传册子上，总是把三星的 LOGO 和奥运的五环标志放在一块，从而产生了较好的连带效应。

其次，三星还通过户外广告来推广三星品牌。

在中国的许多地方，北到北京，南至苏州，都可以看到三星电子的巨幅户外广告："三星数字世界欢迎您"。在各地大型百货店、IT 商场内设置店中店、展台、数码体验馆，每天都会迎来熙熙攘攘的人群，里面摆放的大多是最酷、最炫的数码产品，有的甚至在中国还没有上市，但消费者可以使用里面的产品，切身体验数码技术带来的方便快捷，实现三星与消费者互动，以此巩固三星在消费者心目中的品牌地位。

（3）分销策略

三星一贯以高额利润培养忠实的分销商，这可以说是其市场营销的成功之举。以手机为例，三星产品的平均价格比诺基亚高 60%，这意味着三星分销商的利润比其他手机代理商的利润高出近一倍。

通过采取这些营销策略，三星取得了丰厚的回报。三星在中国正逐渐成为数码产品的代言人，例如中国用户对三星手机的喜爱程度越来越高，三星显示器连续几年在中国市场占有率排名第一。三星 N.C 笔记本电脑以"世界上最薄的笔记本电脑"概念于 2002 年打入中国市场，仅仅 5 个月就占领了这个领域 20%的市场份额，成为了中国"富裕知识阶层"的象征。三星笔记本电脑在中国的销量大于欧洲市场，而其每台价格比相同型号的日本索尼产品还贵 5%左右。

■ 三星一贯以高额利润培养忠实的分销商，这可以说是其市场营销的成功之举。以手机为例，三星产品的平均价格比诺基亚高 60%，这意味着三星分销商的利润比其他手机代理商的利润高出近一倍。

13.2.5　本土化策略

本土化就是针对不同的目标市场在社会、经济、政治、文化、科技等环境的差异和由这些差异而导致的消费者的不同需求和偏好等，提供适应目标市场消费者需求的营销组合。品牌本土化，就是使品牌富有本土化的文化气息，用品牌对当地的目标群体进行文化的本土化渗透。

虽然中韩两国文化背景和价值观念极其相似，但是三星仍然认为，要在中国市场扎根，必须全面实现本土化，从员工到产品都要赢得中国老百姓的认同。三星制定了本土化经营理念：以最好的产品和服务，为提高中国人民的生活水平提供便利，与中国经济共同成长。

目前，三星在中国已有 8 家独资或合资的企业。三星现在正在使这些企业变成真正的中国企业，不仅员工要中国化，而且要在中国开发新产品。三星在北京已经成立了一家通信技术研发中心，以后还会有多媒体研究所。三星还请中国的营销专家做方案，以更好地适应中国的市场特点。

总之，三星正在努力成为技术领域和产业上的领导者，真正成为中国人喜爱的企业。为了完成这个目标，三星不断培养中国的人才，让他们成为三星中国事业的主角。

13.3　数码技术领导者

如今，应用和服务已经越来越成为技术开发和创新的动力，三星电子则是一个早已将数码科技产品定位在一种普及数码应用服务上的厂商。三星并

■ 本土化就是针对不同的目标市场在社会、经济、政治、文化、科技等环境的差异和由这些差异而导致的消费者的不同需求和偏好等，提供适应目标市场消费者需求的营销组合。

不希望占领所有的市场。一些产品附加值较低的市场已经不是三星的关注点，三星要做的是数码技术领导者。

为了成为数码技术的领跑者，三星公司作了一系列的努力。在与全球战略保持同步的同时调整事业结构，并果断地实施了为确立企业竞争力的各种改革：进行产品结构、人力结构、业务流程的改革，建立应变市场与经营环境变化的体制，提高决策的速度。

1997 年，三星清点中国的业务，撤换了大部分的中国主管，关闭了 23 个销售网点，而且下了命令：7 家工厂要生存的话就必须扭亏为盈。后来，三星果断改变原有的以大众市场为目标的全面出击的方式，不再推出其全部产品，而是精心选择一些核心高端产品，如 GPS 和 CDMA 运动时尚手机、液晶显示器、笔记本电脑、等离子电视、液晶电视和激光打印机等，大力进行营销，并将其主要精力集中在北京、上海、广州、深圳等十个中国最大最成熟的消费市场上而不是在全中国铺开。在其他领域——CDMA 手机、MP3、LCD 显示器等，三星也如法炮制，抢占高端市场。

1999 年，三星电子作出重大战略调整，把品牌塑造列为公司战略的重中之重，确立了以数字技术为中心，经营核心转向自有品牌的发展方向。

2000 年初开始积极推进数字事业战略，这一时期成为三星电子发展为数字企业的时期。通信产品在三星电子中国的产业结构中所占的比重也增至 80%，家电产品则以高端产品为中心来发展。

2002 年 10 月 22 日，“2002 三星数字灵感全球巡演”在北京登场，在中国展示三星数字王国的风采。三星将全球巡展的亚洲首站放在北京，因为“未来将是亚洲的时代，作为亚洲的核心——中国已经成为国际型企业决胜

■ 1999 年，三星电子作出重大战略调整，把品牌塑造列为公司战略的重中之重，确立了以数字技术为中心，经营核心转向自有品牌的发展方向。

全球的战略要地”。在这次巡展中，三星公司展出了包括其在数字集成领域最新的技术和应用方案，并带来了家庭网络、办公室网络和移动网络类数码产品等一系列数码新品。

如今，对于在数字时代的竞争，三星电子踌躇满志，它已经真正成为行业的领跑者。作为行业的领跑者，三星电子有三个方面的优势至关重要：

一是产业结构。三星拥有成熟的数码产品、核心零部件，这是一个完整的机构，是提供全面的数码解决方案的基础和保障。面对强大的对手，三星电子正把产业领域重新划分为四大块——家庭网络、移动网络、办公网络、核心部件，力图取得新突破。

二是数码核心技术。三星电子在半导体、液晶显示等多方面的技术处于世界领先地位。

三是技术专利和版权。三星拥有非常多的技术专利和版权，在美国，三星电子在该项的排名为第五位。

正是在如此强大的技术、产品和服务后盾的支持之下，三星电子才树立起强有力的品牌形象。现在，三星在中国已经成为数码技术的领导者。

案例：LG 的中国扩张策略

LG 是韩国最大的日化企业集团，它是由乐喜（Lucky）与金星（Goldstar）两家公司于 1995 年进行企业重组而成的。

Lucky 和 Goldstar 都曾是韩国顶尖的企业。Lucky 是韩国国内第一个制造牙膏的公司。Goldstar 则是韩国最初建立电子公司的企业，它曾经于 1959

■ 三星拥有成熟的数码产品、核心零部件，这是一个完整的机构，是提供全面的数码解决方案的基础和保障。

年、1965年、1966年先后研制并生产出韩国第一台晶体管收音机、第一台冰箱和第一台电视机，在1969年研制出了韩国第一台洗衣机、空调器和电梯，在1982年研制出韩国的第一台微机和摄影机。Goldstar过去40年一直领导着韩国的电子工业，如今的Goldstar已经成为一家世界级的电子企业。

为了适应全球化的发展，两个企业重组后，分别成了现在的LG化工与LG电子。在《财富》杂志评选的世界500强企业里，这两家企业都榜上有名。

LG进入中国十年，但真正在中国销售产品的时间却不到五年。LG中国的销售收入在2000年为20亿美元，2001年为30亿美元，2002年达到40亿美元。如今，LG的产品线在中国全部进入第一梯队：LG显示器、光存储、空调、微波炉、CDMA手机销售量全部跻身前三位，而洗衣机、冰箱、彩电业务也全部进入前十名。

每个跨国公司进入中国市场的营销策略各有不同，LG则以中低端定位、全面本土化、低价销售和整合营销等策略为其赢得了今天的市场地位和高额的经济效益。

1. 中低端定位

LG落后于日本和欧美企业进入中国，选择了与中国企业的正面交锋——以中档价格占领市场。它的目的是在市场占有率没有超过8%之前，先让中国的消费者知道LG。

LG作为一家出口导向型的跨国公司，要在中低端同其他国外企业和国内产品争夺市场，主要是依靠规模制胜、在本地采购零配件和LG的研发力

■ 每个跨国公司进入中国市场的营销策略各有不同，LG则以中低端定位、全面本土化、低价销售和整合营销等策略为其赢得了今天的市场地位和高额的经济效益。

量来支撑其低成本。与此同时，LG 通过对于生产的管理来提供具有当地竞争力的产品，在所有环节都降低成本，提供具有价格竞争力的生产配件，将研发与当地的需求结合起来也在支撑其低成本竞争。

中国的家电企业已经感受到了来自 LG 的压力，LG 微波炉的成本甚至比格兰仕还要低。当其他的跨国公司都尽量避开与中国企业在中低端产品的正面交锋时，LG 则在高中低端产品上全线开花，在 LG 空调的产品结构中，中低档产品基本占一半左右，直接打击了国产品牌在中低端产品上的价格优势。

2. 全面本土化

LG 的前会长曾说过："需要的话转换当地企业，然后开发和生产当地顾客需要的产品，与当地研究机构合作，及雇用当地人才等，从开发到销售服务所有的经营都要符合当地的惯例。"

考虑到中国在全球市场中的重要地位，也为了降低生产成本，LG 在 1992 年中韩建交后开始积极向中国投资，并专门制定了中国战略，其目标之一就是把自己变成一家全面的本土化企业。在投资了一两个合资企业之后，LG 发现，真正的本土化经营，首先要做的就是策略的本土化。为此，从 1993 年开始，LG 设立投资公司，就是现在的 LG 电子中国有限公司，总管中国市场，负责中国的投资和经营。LG 派遣集团会长团成员之一的会长负责，他完全独立做决定，处理在中国境内所发生的事情，这样 LG 可以实现真正本土化的经营。

2004 年 4 月 23 日，LG 电子宣布，LG 电子（中国）有限公司将更名为

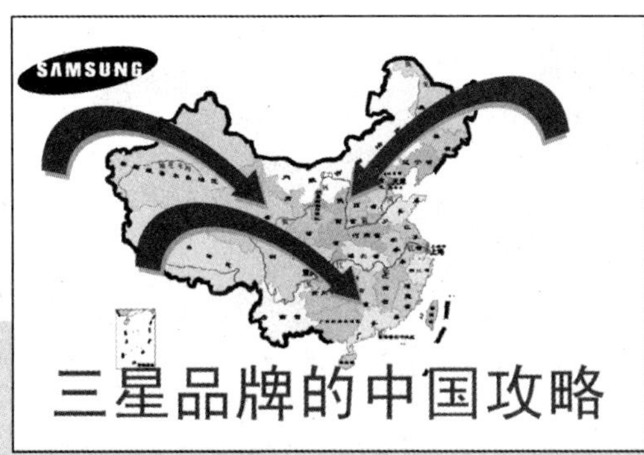

■ LG 的前会长曾说过："需要的话转换当地企业，然后开发和生产当地顾客需要的产品，与当地研究机构合作，及雇用当地人才等，从开发到销售服务所有的经营都要符合当地的惯例。"

LG 电子中国有限公司。这意味着 LG 本土化行动实质性的启动。

如今，LG 在中国的投资规模已经超过了韩国本土以外的任何地区，总投资超过 15 亿美元，在中国拥有 17 个生产基地，全球 6.4 万名员工中有近一半在中国公司，而在 LG 全球 150 亿美元的销售额中，中国公司贡献了 20%。

全面本地化战略使 LG 后来居上，它一心要做一家成功的中国企业，而非在中国成功的外资企业。在人才、技术和资本这三个要素上 LG 做到了四个方面高度本地化，即人才本地化、产品本地化、生产本地化和研发本地化。

人才本地化是指在中国培养本地管理人才，向企业注入中国的文化；产品本地化是指要立足中国消费者的要求，在产品的设计与开发上按照中国的思维方式和消费习惯来进行；生产本地化，是指零部件国产化；在研发本地化方面，2003 年 10 月，LG 在北京成立了一家面向全世界的科研中心。

LG 目前在中国的产品和国产率已超过了 90%，在不久后将实现完全国产化。

3. 低价销售

在中国市场，LG 以价格策略为重点，以当地化经营为支撑，追求降低成本和低价格策略。

由于 LG 在中国的投资充足，初步奠定了其市场基础，当地一条龙事业体系初具规模。LG 通过物资流通基地化和以战略基地为中心的综合性生产基地化建设，使得其产品的生产成本和配送成本大幅度减少，当地生产、当

■ 全面本地化战略使 LG 后来居上，它一心要做一家成功的中国企业，而非在中国成功的外资企业。在人才、技术和资本这三个要素上 LG 做到了四个方面高度本地化，即人才本地化、产品本地化、生产本地化和研发本地化。

地销售的比例相应提高。70％～80％的当地化率为 LG 电子产品带来了价格上的优势。LG 彩电价格比国产品牌高 10％左右，比海外品牌则低得多；LG 洗衣机比国产品牌高 20％左右，但比国内生产的日本品牌要低 10％；LG 微波炉和空调的价格与国产品牌差不多，甚至还更低。

具有明显技术优势的 LG 将其产品的价格定位在与国产品牌几乎相同的水平上，这给国产品牌及其他海外品牌带来了巨大的压力。LG 用“相同的价格、更好的质量”或“相同的质量、更低的价格”的优势，吸引了大批精打细算的中国消费者。

4. 整合营销

为了加强在中国市场的营销管理，LG 在营销方面进行了整合，并已经初见成效。LG 在营销方面的整合行动主要体现在以下两个方面：

（1）变革销售体系

1995 年初，LG 在北京成立了营销总部，成为一家独立法人的公司。

2002 年初，LG 营销总部将原来分别隶属于不同产品线的彩电、洗衣机、冰箱、微波炉、手机销售队伍进行整合，按照不同区域下设八大[illegible]司。从此，在与国美等大经销商进行谈判时，LG 不再是单独产品或[illegible]地区的谈判，而是营销总部和对方总部之间的谈判，显然这样更容易在[illegible]中取得优势；另一方面，这也有利于对销售、物流、配送进行分配和平衡，对全国的营销进行整体的管理。

LG 认为，厂商与消费者之间单纯的商品交易肯定会被淘汰，而未来的制胜之道则是“整体消费解决方案”——从卓越的产品、到位的售前服务及周

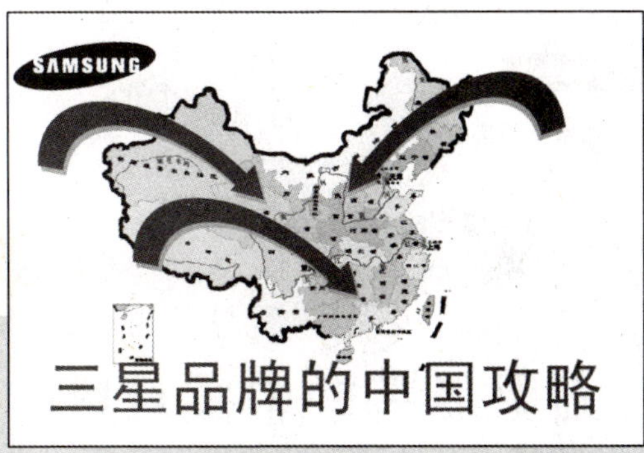

■ 具有明显技术优势的 LG 将其产品的价格定位在与国产品牌几乎相同的水平上，这给国产品牌及其他海外品牌带来了巨大的压力。

到的售后服务，而这要求整个产品及服务供应链的各个环节融为一体。LG率先对销售体系进行整合并牢牢把握了对于渠道的控制权，提高了销售的运作效率，降低了运作成本，这将有助于统一终端的品牌形象并进行捆绑销售。

（2）建立“客户关系管理”系统

LG的北京营销总部认为，建立LG的“客户关系管理”系统，将是LG未来持续发展的动力之源。在顾客管理系统中，LG将顾客分为两种：一种是已经在使用LG产品的顾客；另一种是没有使用过LG产品的客户。对于前者，LG要通过客户关系管理使这些顾客再次购买LG的产品，而对于后者，LG要开发这些潜在的客户，让他们购买使用LG的产品。LG目前的客户资料已经超过450万，按照计划到2005年LG在中国的产品销售将达3000万台，中国有接近1/10的家庭将使用LG的产品。

LG进行客户关系管理的目标是让中国的家庭使用成套的LG产品，变成“LG化”的家庭，而不是单件的LG产品。LG北京营销总部的总裁姜升求说：“如果说我们以前的工作目标是为了让每个家庭至少有一台LG的产品，那么我们现在努力的方向就是让每个家庭有两台以上的LG产品，也就是说，不是用一个LG产品而是用LG产品群来攻克这个家庭。如何让顾客买了第一台还想买更多的LG产品，这就是我们所做的顾客管理。”

LG的客户关系管理集中于两个渠道。其一是销售产品，如果一个月在全国能够销售50万～60万台商品，上门安装的大件商品（如冰箱、空调、洗衣机）将占到50%左右，这些顾客的个人资料、家电产品的使用情况甚至个人爱好将会在销售产品提供上门安装服务的过程中被记录下来；其二是售后，LG通过售后服务来建立顾客档案。

■ LG的北京营销总部认为，建立LG的“客户关系管理”系统，将是LG未来持续发展的动力之源。

参考文献

刘元煌等编著. 加速度：跨国企业全球攻略8种模式. 北京：电子工业出版社，2004

崔蕾，方青主编. 世界顶级企业市场营销经典模式. 北京：经济科学出版社，2004

李相铉，刘必和著. 经营宪章：三星，与众不同的公司. 太原：北岳文艺出版社，2004

李光斗著. 扩张：跨国公司凭什么. 北京：北京大学出版社，2004

金错刀著. 虎！虎！虎！三星进化. 北京：中国方正出版社，2004

（韩）洪夏祥，（韩）李浩栽著. 三星总裁李健熙. 北京：华夏出版社，2004

晓光，倪宁主编. 员工培训. 北京：京华出版社，2004

徐国良，汪进编著. 企业管理案例精选精析（第二版）. 北京：经济管理出版社，2003

赵中生，李勇编著. 中国城市营销实战. 北京：中国物资出版社，2003

孙黎，朱武祥编著. 轻资产运营：以价值为驱动的资本战略. 北京：中国社会科学出版社，2003

众行管理资讯研发中心编. 透视名企培训. 广州：广东经济出版

社，2003

世界著名企业研究组编著．世界著名企业管理模式．珠海：珠海出版社，2002

金友著．他们怎样坐大天下．延吉：延边人民出版社，2002

周国林编著．100个成功的促销策略．北京：机械工业出版社，2002

吴建兵著．超速崛起：成长为大企业的策略．北京：民主与建设出版社，2000

声　明

“点击行业巨头”书系在写作过程中，作者查询、参考了国内外的众多相关图书、文章资料，并在参考文献和文内列明所引用资料的出处与来源。但是由于资料来源广泛而繁多，仍然有一些资料未来得及查明及标注出处，特此表示歉意。

对于部分直接引用的相关图文资料，我们一直在努力寻找版权拥有者并向其支付稿酬，但由于各种原因仍未联系到部分版权拥有者，希望版权拥有者看到本声明后及时与我们联系。在此表示深深的谢意。

本书的一些观点来自三星的官方资料及相关专家的著述，在此一并表示感谢。

最后，欢迎关于本书的各种交流与合作。

联系人：陈先生

联系电话：010－88152465 转 818

电子邮箱：guanliguven@126. com